Cervantes revisitado: su vida, su obra, su legado

Esther Bautista Naranjo
Jorge Fco. Jiménez Jiménez (eds.)

Cervantes revisitado: su vida, su obra, su legado

PETER LANG

Berlin - Bruxelles - Chennai - Lausanne - New York - Oxford

Información bibliográfica publicada por la Deutsche Nationalbibliothek
La Deutsche Nationalbibliothek recoge esta publicación en la Deutsche Nationalbibliografie; los datos bibliográficos detallados están disponibles en Internet en http://dnb.d-nb.de.

Catalogación en publicación de la Biblioteca del Congreso
Para este libro ha sido solicitado un registro en el catálogo CIP de la Biblioteca del Congreso.

Universidad de Castilla-La Mancha, Cortes de Castilla-La Mancha.

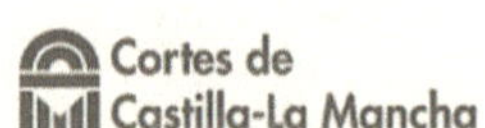

ISBN 978-3-631-87327-4 (Print)
E-ISBN 978-3-631-91317-8 (E-PDF)
E-ISBN 978-3-631-91318-5 (E-PUB)
DOI 10.3726/b21472

Publicado por Peter Lang GmbH, Berlin, Alemania

info@peterlang.com - www.peterlang.com

Esta publicación ha sido revisada por pares.

Agradecimientos

Esta publicación es fruto del esfuerzo colectivo de diversos organismos que han apoyado de forma unánime y generosa la voluntad de desarrollar un Congreso anual multisede en diversas localidades de La Mancha en torno a la vida y obra de Cervantes. Dicho encuentro ha dado lugar a sendas publicaciones científicas posteriores a las cuales se suma la presente. Queremos dar las gracias por apoyar ambas iniciativas a la Universidad de Castilla-La Mancha, y su Vicerrectorado de Internacionalización, a las Cortes de Castilla-La Mancha, y a los Ayuntamientos de Alcázar de San Juan, Argamasilla de Alba, Miguel Esteban, La Puebla de Almoradiel y El Toboso, no solo por su compromiso con la cultura, sino por demostrar, con este gesto conjunto, que lo que Cervantes ha unido no debe separarlo la política.

Esther Bautista Naranjo
Universidad de Castilla-La Mancha

Jorge Fco. Jiménez Jiménez
Escuela de Arte Elena de la Cruz Novillo-UNED Quintanar de la Orden

A la memoria de Jean Canavaggio, el más cervantino y alto cantor del Quijote

Índice

Introducción

Esther Bautista Naranjo

Universidad de Castilla-La Mancha

Cervantes y la posteridad: el espejo inagotable

Al hilo de los siglos, Cervantes vive en sus lectores y en los estudios que siguen esforzándose por desentrañar los misterios de una creación particularmente profunda, diversa y paradigmática de nuestras letras universales. Por imposible que parezca, leer a Miguel de Cervantes, como sucede con los clásicos, implica siempre una forma de descubrimiento. De él, tanto o más que de otros, nunca está todo dicho, como demuestra la enorme producción científica que se sigue publicando acerca de los temas que aquí nos ocupan. Siguiendo la estela de los últimos trabajos[1] que recientemente han visto la luz en torno a su figura, el presente volumen lleva por título *Cervantes revisitado: su vida, su obra, su legado*. El concepto mismo de "revisitar" es definido por la Real Academia Española en el *Diccionario de la lengua española* (2023) como "volver a considerar una idea, una obra o un autor, a veces con un nuevo enfoque". Es esta última parte de la definición la que dota de sentido y en la que radica la originalidad del volumen que aquí presentamos. Revisitar implica caminar por sendas señaladas, atajar problemas o cuestiones ya debatidas, considerar asuntos de sobra conocidos, pero adoptando puntos de vista diferentes que vengan a enriquecer el conocimiento sobre el asunto preciso que se está abordando. Esta tarea se revela tanto o más difícil –a la par que estimulante–, por cuanto nos hallamos ante un escritor tan inmenso como lo es Cervantes.

1 De la ingente producción surgida en años recientes al abrigo de reuniones, congresos, y materializada en volúmenes colectivos destacaremos por su cercanía en el tiempo (aunque de forma irremediablemente parcial) las producciones de Canonica de Rochemonteix, Darnis y Montaner Frutos (2023), Lucía Megías (2021), Escudero Buendía (2021), Migueláñez y Vargas Díaz-Toledo (eds.) (2021), Sáez (ed.) (2019), los últimos números de las revistas *Anales cervantinos* (2022) y *Cervantes: Bulletin of the Cervantes Society of America* (2022 a y b, núms. 1 y 2), además de los trabajos galardonados con galardones y premios literarios de temática cervantina, como el Premio de Investigación José María Casasayas, cuya última edición ha reconocido el trabajo de Sara Santa-Aguilar (2022).

Nuestro propósito es el de volver a mirar al escritor, a sus textos y a su posterior pervivencia para buscar nuevos enfoques, innovadoras perspectivas, novedosos hallazgos dentro de una tradición crítica que cuenta, sin duda, con numerosos y notables precedentes. La serie de reflexiones que aquí prologamos no ha mucho que cobraron vida en un foro que aglutina desde hace años nuestro particular esfuerzo común por el estudio y divulgación de la obra de Cervantes. En este caso particular, los artículos recopilados son el resultado del IV Congreso Internacional "Espejismos cervantinos", que tuvo lugar en Puebla de Almoradiel, Miguel Esteban y Alcázar de San Juan en el marco de las reuniones científicas organizadas por la Asociación Cultural Cervantes en el Origen[2] durante los días del 1 al 3 de julio de 2021. La Asociación se funda en el año 2017 con el objetivo de profundizar y dar a conocer la obra de Miguel de Cervantes desde la base geográfica de las localidades manchegas donde existe una filiación particular con la vida y obra del autor. Busca, sobre todo, poner en valor las tierras de La Mancha que inspiraron a Cervantes a la hora de escribir sus obras más importantes mediante un conjunto de actividades académicas y lúdicas. Así pues, varios son los congresos con periodicidad anual organizados por la Asociación celebrados hasta la fecha que han fructificado posteriormente en publicaciones científicas. La primera de ellas, *Nuevas perspectivas cervantinas. Fuentes, relaciones, recepción* (eds. Hans Christian Hagedorn y Francisco Javier Escudero, Cuenca, Universidad de Castilla-La Mancha, 2020) reúne nueve estudios originales que pretenden realizar una aproximación innovadora a la obra de Cervantes, marcando así la principal senda por la que transita la presente obra; la segunda *En el país de Cervantes. Estudios de recepción e interpretación* (Eds. Esther Bautista Naranjo y Jorge Fco. Jiménez Jiménez, Madrid, Visor, 2020), recoge varios estudios cuyo nexo común es la interpretación del espacio que inspiró a Cervantes en sus obras, aspecto fundamental que también da sentido al congreso de 2021, del cual surge el volumen que aquí presentamos. El presente trabajo retoma aquellas últimas comunicaciones que han sido revisadas, ampliadas y adaptadas con el hilo conductor del título congresual en cuyo seno nacieron los espejismos cervantinos.

La noción de espejismo, muy popular en los relatos de viajeros finiseculares por tierras manchegas tras las huellas de don Quijote, sirve para evocar una suerte de falsificación, a caballo entre lo consciente y lo inconsciente, de la

2 El sitio web de la Asociación es el siguiente: <http://www.cervanteseneloorigen.com/#:~:text=¿Quiénes%20somos%3F,de%20actividades%20académicas%20y%20lúdicas>

realidad muy propia del síndrome quijotesco. El término ("espejismo" 2023) se relaciona con el de ilusión óptica originada por la reflexividad de la luz sobre diversas superficies, dando lugar a una imagen invertida que no deja de constituir una mentira que se asume como verdadera por comulgar con la noción preconcebida por el curioso observador. Viajeros memorables como José Martínez Ruiz "Azorín", August Jaccaci o Rubén Darío se dejaron llevar por los espejismos que la tierra de don Quijote produce en el visitante que ha idealizado de algún modo la novela cervantina y en consecuencia, sucumbe a la misma ensoñación que hizo enloquecer a Alonso Quijano en las páginas de la novela de Cervantes. En tales términos es como nos refieren sus peculiares andanzas siguiendo los pasos del personaje, porque visitar La Mancha era entonces y sigue siendo ahora la mejor forma de rememorar y rendir tributo, mediante una suerte de metamorfosis producida por el entorno –o, más bien, diría Cervantes, en contra de él–, a su héroe más universal.

La Puebla de Almoradiel, El Toboso, Argamasilla de Alba, Miguel Esteban y Alcázar de San Juan se consagran como ciudades cervantinas caracterizadas por esa misma sugestividad que atrajo a los viajeros finiseculares dando lugar al surgimiento de los espejismos. De ahí la imagen de cubierta que hemos elegido para esta publicación, con la que pretendemos sugerir la eterna identificación de los lectores con el ingenioso hidalgo soñador de caballerías a través de ese espejo inagotable que es la tierra manchega. Y los reflejos que aquí presentamos en forma de artículos dan prueba de ello. Los asuntos que se discuten en este libro sonarán indudablemente familiares a sus lectores. Sin embargo, pretendemos innovar al indagar en aspectos antes ignorados, volviendo a plantear problemas que se daban por solucionados, reinterpretando asuntos dilemáticos, todo ello con el fin de abrir nuevas vías de investigación y suscitar el interés o la sorpresa del lector tratando de hacerle descubrir o redescubrir algunos hitos primordiales que definen a nuestro más célebre escritor desde una triple aproximación.

En efecto, el libro que aquí presentamos se estructura en tres ejes principales: vida, obra y legado de Miguel de Cervantes. El primero de ellos se articula en torno a asuntos biográficos, esclareciendo aspectos de su vida que aún siguen en entredicho. El segundo se centra en su producción, y, más en concreto, en su obra magna, el *Quijote*. Los estudios que en esta sección se congregan ahondarán en asuntos relacionados con los personajes, en el ámbito individual o grupal, el tema general de la magia, la fantasía y los encantos, la poesía de Cervantes y, por otra parte, la traducción como elemento central en la estructura de la obra. Finalmente, el tercer apartado se dedica al legado cervantino, es decir, a las diversas formas de influencia desde la perspectiva del mito de don Quijote y su reescritura en otras literaturas, su recepción en otras obras y autores, así como desde la crítica cervantina en diversos países. Con todo, el libro constituye un crisol de trabajos que tienen como eje común la búsqueda de nuevas aproximaciones a la producción de nuestro escritor revisitado.

Los textos participan del carácter científico y divulgativo que dio forma a las comunicaciones presentadas, aunque han sido reorientados y sometidos al examen del comité científico en una posterior revisión anónima y por pares. La publicación resultante pretende conjugar lo viejo con lo nuevo y satisfacer a un amplio público lector. El colectivo principal al que va destinado nuestro libro es erudito, dado el carácter científico e innovador de los textos que la componen. Pretenden estos constituir una base para la investigación literaria y, más en concreto, cervantista. Al mismo tiempo, por la forma en que está escrito y la naturaleza de los temas tratados este volumen puede resultar de interés para el público en general, para los admiradores de Cervantes y de la literatura española y universal. Con todo, consideramos que el libro puede llegar a constituir un importante punto de apoyo para estudiantes e investigadores cervantistas tanto noveles como consagrados, al mismo tiempo que motivar a lectores curiosos y desocupados que busquen imbuirse de la esencia de un escritor fundamental desde una mirada fresca, novedosa y actualizada sobre su obra, antes y ahora, para redescubrir así los reflejos inagotables de estos, nuestros espejismos cervantinos.

El libro se articula en una trayectoria expansiva que va de la persona al escritor y a su producción –en sí misma y en perspectiva–, dando lugar a tres ejes que avanzan desde la vida de Cervantes hasta su obra y la repercusión de esta a través de los siglos. El primer capítulo contiene un trabajo original dedicado a una fase muy desconocida de Cervantes. Se trata de un definitivo estudio que desmiente la presencia de Cervantes en Bragança. La profesora Alexia Dotras Bravo concluye aquí una serie de pesquisas a las que lleva tiempo dedicando su atención crítica, en relación con las hipótesis que sitúan el nacimiento de Cervantes en Puebla de Sanabria y en virtud de las cuales se sostendría el paso del autor por Bragança. Esta presencia queda desestimada a juzgar por los fondos del Archivo Distrital, que aparecen aquí glosados y analizados. Sin embargo, no se descarta totalmente la vinculación del autor con la ciudad portuguesa, pues se incorporan, en una segunda fase del estudio, los hallazgos encontrados en las bibliotecas personales de eruditos locales, especialmente la del cervantista Francisco Manuel Alves, abad de Baçal. Este trabajo viene, por tanto, a destacar la bibliofilia como una de las más destacadas formas de cervantismo en Portugal, reivindicando la labor del abad de Baçal, menos conocido que otros estudiosos y coleccionistas como Teófilo Braga, Carolina Michäelis de Vasconcelos o Antonio Duarte Gomes Leal.

El segundo bloque incluye varios trabajos sobre la obra de Miguel de Cervantes. El primero de ellos corre a cargo de la investigadora Reyes Lázaro Gurtubay, quien se propone reevaluar la importancia de la traducción en el *Quijote*. Se trata de un tema ya antes abordado, aunque de forma no concluyente hasta ahora. Respetando la segmentación tripartita de la presencia de la traducción en dicha obra según Valentín García Yebra, la autora se centra en desentrañar las implicaciones del símil que aparece en el capítulo 62 de la Parte Segunda, en la que don Quijote visita la imprenta de Barcelona y pone en parangón la labor del traductor con mirar los tapices flamencos del revés, observando además los modos en que dicho fragmento ha sido traducido en diferentes versiones inglesas. El símil de los tapices flamencos, al que no se ha dedicado suficiente atención crítica, resulta, en opinión de la investigadora, fundamental para comprender no solo la importancia que Cervantes concedía al fenómeno de la traducción, sino también para proponer una estrategia de lectura del propio *Quijote*, además de, por su condición de "flamencos", aludir a la estrategia de propaganda de la monarquía de los Habsburgo. De este modo, eleva un símil a la categoría de clave interpretativa con numerosas y decisivas implicaciones.

A continuación, el crítico Carlos Mata Induráin se propone revelar cómo la poesía constituyó un interés fundamental y conductor en la trayectoria de Cervantes, tanto cultivada en sí misma como inserta en sus diferentes producciones novelescas y teatrales. Desde su óptica, aunque Cervantes no destacó como poeta, le debemos algunas composiciones ciertamente excelentes, y se atrevió a experimentar con diferentes formas, géneros y tonos, haciéndose eco de las tendencias principales de su tiempo, pero también revelando, a través de dichas producciones, muchos de los temas que vertebran el resto de sus obras. Aunque por las limitaciones en la extensión el estudio no puede abordar el asunto con todo el detalle que merece, sí ofrece una nutrida perspectiva de las poesías cervantinas en la *Galatea*, el *Quijote*, las *Novelas ejemplares*, el teatro, el *Persiles* y algunas poesías sueltas. Siguiendo las afirmaciones de Vicente Gaos y Gerardo Diego, y como también ha aseverado más recientemente José Montero Reguera (2021), concluye Carlos Mata que el propio Miguel de Cervantes cayó víctima de la "enfermedad incurable y pegadiza" (*Quijote I*, 6: 84) que es el oficio de la poesía.

El profesor José Manuel Martín Morán adopta, en el estudio que sigue, una posición novedosa en el análisis de los personajes novelescos. Desarrollando la noción de personaje colectivo, a la que aplica las teorías de Freud y Elías Canetti, se centra en comparar los dos *Quijotes* de Cervantes y el apócrifo de Avellaneda de acuerdo con varios conceptos fundamentales, como el anonimato y seudoanonimato, la despersonalización, la presencia o ausencia de la conciencia, la identidad y los estereotipos literarios. Se pregunta de qué manera los personajes grupales siguen una dinámica esencial en cada uno de los textos y cómo, a través del contacto dialógico con los principales, estos últimos desarrollan sus respectivas personalidades y determinan sus puntos de vista. Adopta, para su análisis, el neologismo "lo baciyélmico". A través de numerosos ejemplos y mediante un enfoque comparativo que va y viene entre las tres obras analizadas, el crítico enuncia una serie de conclusiones muy iluminadoras sobre los aspectos en que Cervantes y Avellaneda convergen y, sobre todo, divergen, evaluando los modos en que la configuración del personaje colectivo revela el arte poético de cada uno de los autores y la posición y roles a los que dicha técnica relega al lector.

Este segundo capítulo se cierra con el trabajo de Alicia Villar Lecumberri sobre los episodios de burlas que salpican constantemente el *Quijote*. La profesora demuestra que la burla, el engaño y el juego están presentes en múltiples tramas quijotescas y que prácticamente cualquier personaje puede ser, de forma indistinta, burlador y burlado. Un primer foco de atención lo constituyen los encantadores, figuras tradicionalmente asociadas a la imaginación, que en el *Quijote* aparecen como reales y cuya intervención puede orientarse en direcciones diferentes, bien trastocando la realidad, o bien autentificando la fantasía, y las acciones que tienen como fin encantar y desencantar a personas y hechos del mundo narrado. La autora se detiene a evaluar, siguiendo a Julia D'Onofrio, las connotaciones de la llamada "ximia de bronce", que es la figura en la que se ve transformada la infanta Antonomasia a manos del gigante Malambruno en el relato de la dueña Dolorida (*Quijote II*, 38). Para finalizar, el texto nos propone una reflexión sobre las concomitancias que el texto de Cervantes puede tener con la sátira de la burguesía propuesta por Luis Buñuel, todo ello demostrando la crítica social que une a ambos artistas. Concluye de este modo nuestro segundo capítulo.

El tercero, dedicado al legado cervantino, es decir, su repercusión en influencia en obras y autores posteriores, se abre con un trabajo de Matías Barchino Pérez donde se analizan las alusiones al *Quijote* en los discursos de agradecimiento de los escritores hispanoamericanos distinguidos con el Premio Cervantes. Este galardón, que reconoce desde 1976 a los más excelentes autores en lengua castellana por su contribución al patrimonio cultural hispánico, otorgado por el Ministerio de Cultura y Deporte a propuesta de la Asociación de Academias de la Lengua Española, recae alternativamente en autores españoles e hispanoamericanos, por lo que resulta interesante preguntarse de qué manera los discursos pronunciados por los galardonados acusan la huella del autor que da nombre al premio y su universo literario. El recorrido que el crítico establece desvela cómo casi todos los condecorados escritores se consideran deudores de la herencia cervantina y cómo su ejemplo determinó en muchos casos sus vocaciones literarias. Sin embargo, también hay voces desmitificadoras que subvierten la lectura canónica de las aventuras del ingenioso hidalgo. El trabajo constituye, en su conjunto, un curioso y valioso ejemplo de recepción cervantina.

Le sigue la propuesta de José Montero Reguera, quien atiende con precisión y certeza a la huella cervantina en la obra de José María Pereda. Escritor realista, célebre autor de novelas de tesis y de costumbres, Pereda se revela como un ávido lector y admirador de Cervantes en sus obras de la pesca y la montaña, así como en la madrileña *Pedro Sánchez*. El experto autor del artículo nos sumerge en la lectura de esta y otras dos novelas esenciales, *De tal palo, tal astilla* y *Peñas arriba*, destacando el intertexto cervantino que vincula a las tres. Muy especialmente se atiende aquí al episodio de la biblioteca, tan esencial en Cervantes, y cómo las bibliotecas de estas tres novelas acusan la huella de aquel precedente, amén de otras coincidencias como la participación de las figuras narratoriales o la idealización de la caballería andante. Con todo, la lectura propuesta nos invita a reconsiderar a José María Pereda a la luz de los modelos cervantinos, del mismo modo que otros autores clave de su generación como Leopoldo Alas "Clarín" o Benito Pérez Galdós.

Seguidamente nos adentramos en el texto de Alfredo Moro Martín, que nos hace rememorar las reescrituras cervantinas dieciochescas en una obra contemporánea, *The Good Lord Bird*, de James McBride. En esta obra se narra la historia de Henry Shackelford, esclavo en Kansas durante los prolegómenos de la guerra de Secesión norteamericana, y su relación con John Brown, reverendo abolicionista, en un contexto de crispación y violencia pro- y antiesclavista. El crítico pone en relación la figura del reverendo con la tradición cervantina del quijotismo espiritual, muy fructífera en la novela angloamericana del siglo XVIII, esbozando algunas similitudes entre este párroco y el ejemplo de Robert Graves, y otros que se orientaron hacia la sátira del fanatismo religioso. El padre Brown ha idealizado la Biblia, que funciona como intertexto en cada uno de sus parlamentos y sus acciones, pero también llega a considerarse émulo de otros modelos históricos y heroicos, y así lo hace valer en sus aventuras con el esclavo al que hace llamar "Little Onion". El artículo concluye destacando además varios paralelismos estructurales que vinculan la novela de Cervantes y la de McBride, de modo que la filiación no solo se basa en el quijotismo del personaje, sino también en el común modelo narrativo.

Toma a continuación el relevo Silvia Núñez Vivar para trasladarnos hasta el universo del *western* en el cómic titulado *Un tal Cervantes*, de Christian Lax. Desde la óptica de la reescritura del mito de don Quijote según Esther Bautista, que aquí se aplica como molde analítico, el protagonista, significativamente llamado Mike Cervantes, resulta ser un trasunto del héroe cervantino. Mike, exsoldado estadounidense participante en la guerra de Afganistán, se convierte en un nuevo Quijote tras leer la obra original e idealizar el arquetipo de la andante caballería como medio para hacer triunfar el ideal de justicia sobre la realidad dolorosa de los conflictos y desigualdades sociales. En sus peripecias, que emulan con asombrosa similitud el mundo cervantino, el protagonista sufre numerosos desengaños y es en estos momentos cuando el propio Miguel de Cervantes, metamorfoseado en personaje del cómic, se presenta como voz de la conciencia soñadora e idealista tratando de revitalizar las imaginaciones sensibles del héroe. De este modo se completa la actualización no solo de personajes, episodios y tramas cervantinas, sino que también se retoma el fenómeno de metaliteratura magistralmente desarrollado por el autor alcalaíno.

El siguiente estudio se caracteriza por su originalidad, ya que nos hace entrar en contacto con la recepción cervantina en Serbia, país geográfica y culturalmente alejado del nuestro que, sin embargo, se ha interesado bastante por la obra de Cervantes. Su autora, Jasna Stojanović, lleva años dedicada a establecer un paradigma receptivo de la obra cervantina en su país, amén de otros estudios literarios sobre el autor. Para empezar, determina cuáles han sido las etapas del proceso de recepción, desde finales del siglo XVIII hasta la actualidad, destacando los contextos editoriales y filológicos que han beneficiado los avances en dicho proceso, como las nuevas versiones, efemérides o estudios, desde la primera traducción hasta llegar al momento presente de general admiración por la figura incuestionable de don Quijote y su autor. Este fenómeno resulta tanto más llamativo y único por cuanto Serbia, y los Balcanes en general, no cuentan con una fuerte tradición hispanística, hecho que comenzó a cambiar a partir de los años 80 de la pasada centuria, cuando surgieron los primeros trabajos sobre Cervantes a cargo de profesionales de la literatura española.

Finalmente, la profesora Alicia Villar Lecumberri nos ofrece un segundo estudio en el que aborda la obra de Nikos Kazantzakis, escritor griego fundamental en el siglo XX y autor de poemas, novelas, ensayos, obras de teatro y libros de viaje. Es en esta última dimensión en la que aparece dentro del artículo de Villar Lecumberri. El creador de *Zorba el griego*, la *Carta al Greco*, *La última tentación de Cristo*, además de una *Secuela moderna a La Odisea*, se nos muestra, en su literatura de viajes, como un apasionado conocedor de la vida y obra de Cervantes. La helenista nos muestra la faceta viajera del colosal autor griego y se detiene a evaluar la impronta cervantina de sus pasos por Toledo. Esta peculiar odisea resulta igualmente deudora de su pasión por el Greco. Se encuentra así pues en la tradición de otros viajeros por La Mancha, especialmente de finales de siglo, como Maurice Barrès o Gustave Doré y Charles Davillier. Al igual que ellos, Kazantzakis apoya la visión doble del alma de España: idealista como don Quijote y pragmática como Sancho. De las páginas de Cervantes extrae la máxima de la libertad como divisa de la humanidad, sentimiento que le inspira, a la vez, la historia de Zorba, que tanta fama le granjeó con el devenir del tiempo, y cuyo nombre significa "aquel que vive cada día".

Y con esa peculiar invitación al *carpe diem* concluye nuestro libro, en el que, a lo largo de todos estos trabajos sobre la vida, obra y el legado cervantino habremos acompañado a los curiosos y desocupados lectores hacia nuevas y peculiares andanzas por los mundos inmortales del genial Cervantes.

Para terminar, quisiéramos, en nombre de todos los autores que firman colectivamente el presente libro, dedicarlo a la memoria de Jean Canavaggio, cuya pérdida nos sorprendió mientras ultimábamos su preparación en el verano de 2023. Todos nosotros reconocemos unánimemente la huella imborrable de su excelencia científica, su profundo amor por España, su cultura y su literatura, y nos sentimos deudores de las grandes aportaciones que hizo al conocimiento de la vida y obra de Cervantes. Un espejo en el que siempre querremos mirarnos.

Bibliografía

Bautista Naranjo, Esther y Jiménez Jiménez, Jorge Fco. (eds.), *En el país de Cervantes. Estudios de recepción e interpretación*, Madrid, Visor, 2019.

Canonica de Rochemonteix, Elvezio, Pierre Darnis y Alberto Montaner Frutos (eds.), "A la sombra de la Camacha. Formas y funciones de la superstición en Cervantes". *Etiópicas, Revista de letras renacentistas*, anejos 13, 2023.

Cervantes, Miguel de, *Don Quijote de La Mancha*, ed. Francisco Rico. Barcelona, Crítica, 2001.

Escudero Buendía, Francisco Javier, *Personas y personajes del Quijote*, 3 vols., Almud, Toledo, 2021.

"Espejismo", *Diccionario de la Lengua Española*, 23.ª edición, actualización de 2022, (consulta el 28 de septiembre de 2023).

<https://dle.rae.es/espejismo?m=form>

Hagedorn, Hans Christian y Fco. Javier Escudero (eds.), *Nuevas perspectivas cervantinas. Fuentes, relaciones, recepción*, Cuenca, Ediciones de la Universidad de Castilla-La Mancha, 2020.

Lucía Megías, José Manuel. *Soy Catalina de Salazar, mujer de Miguel de Cervantes*. Madrid, Huso, 2021.

Montero Reguera, José. *Miguel de Cervantes. El poeta que fue novelista*. Madrid, Sial Pigmalión, 2021.

Migueláñez, Daniel y Vargas Díaz-Toledo, Aurelio (eds.), *De mi patria y de mí mismo salgo. Actas del X Congreso Internacional de la Asociación de Cervantistas (Madrid, 3-7 septiembre 2018)*, Alcalá de Henares, Universidad de Alcalá, 2022.

"Revisitar", *Diccionario de la Lengua Española*, 23ª edición, actualización de 2022, (consulta el 28 de septiembre de 2023).

<https://dle.rae.es/revisitar?m=form>

Sáez, Adrián J. (ed.), *Admiración del mundo. Actas selectas del XIV Coloquio Internacional de la Asociación de Cervantistas (Venecia 2-4 octubre 2019)*, Venecia, Università Ca'Foscari, 2021.

Santa Aguilar, Sara, *El Aleph de los poetas: la poesía inserta en la narrativa de Cervantes*, VI Premio de Investigación José María Casasayas, Alcalá de Henares, Universidad de Alcalá de Henares, 2022.

VV. AA., *Asociación Cervantes en el Origen. Geografía, historia y fuentes documentales*, 2019, (consulta el 28 de septiembre de 2023).

<http://www.cervanteseneloritgen.com/#:~:text=¿Quiénes%20somos%3F,de%20actividades%20académicas%20y%20lúdicas>

VV. AA., *Anales cervantinos*, 2022, 54, (consulta el 28 de septiembre de 2023).

<https://analescervantinos.revistas.csic.es/index.php/analescervantinos>

VV. AA., *Cervantes Bulletin of the Cervantes Society of America*, 2022a, vol. 1, (consulta el 28 de septiembre de 2023.

<https://muse.jhu.edu/issue/49507>

VV. AA., *Cervantes Bulletin of the Cervantes Society of America*, 2022b, vol. 2, (consulta el 28 de septiembre de 2023).

<https://muse.jhu.edu/issue/49507

I. VIDA

Alexia Dotras Bravo

Instituto Politécnico de Bragança / Centro de Literatura Portuguesa

La verdadera presencia de Cervantes en el nordeste de Portugal: patrimonio bibliográfico y recepción

Resumen
Algunos estudiosos han manejado la posibilidad de que Cervantes, ya que habría nacido en Puebla de Sanabria, hubiese estudiado en el colegio de jesuitas de Bragança. En un pasado reciente he demostrado que no existen pruebas documentales de tal hecho (Dotras Bravo 2016c). En esta ocasión pretendo recuperar esos datos y añadir otros procedentes de manuscritos e impresos sobre la vida institucional, cultural y cotidiana, especialmente conservados en el Archivo Distrital, del cual destaco su depósito A, con más de 5300 volúmenes, así como fijar definitivamente la figura como cervantista de Francisco Manuel Alves, abad de Baçal (Dotras Bravo 2018) y su biblioteca personal donada al antiguo y prestigioso *Liceu*, fundado en 1853. Con todo ello, quiero reunir de una forma concluyente la verdadera presencia de Miguel de Cervantes en Bragança, tanto la imposibilidad de su paso físico por la ciudad como la verdadera recepción de la obra cervantina en esta ciudad, ya sea en los trabajos de eruditos locales, ya sea en ediciones cervantinas en los fondos antiguos y en los diversos manuscritos u otras fuentes documentales. Todo ello contribuirá además al análisis y divulgación de la cultura literaria española transfronteriza en Portugal (Dotras Bravo 2019a, 2019b).

Palabras clave: Miguel de Cervantes, Bragança, biografía cervantina, cultura literaria transfronteriza.

1. Introducción: las bibliotecas y archivos en la frontera

Una de las razones de la presencia o ausencia de huellas bibliográficas en un espacio geográfico concreto tiene que ver con la producción de proximidad. Independientemente de lo interesante que pueda ser la conservación de un ejemplar de una obra de autor reconocido en el siglo XVII, un archivo o una biblioteca locales tienden a atesorar libros producidos en ciudades cercanas y con una temática lo más semejante posible a su realidad. Es decir, no todas las bibliotecas pequeñas y de provincias van a mostrar una colección con los mejores y más conocidos autores, como sí podemos observar en las grandes ciudades y las capitales, ya que, en este caso, muchas veces son ellas mismas las productoras de esas ediciones.

Esta circunstancia es tanto más plausible cuanto más cerca de la frontera esté geolocalizado el archivo en cuestión. La frontera, en este caso la luso-española, actúa como catalizador de estas sinergias propias de los espacios donde lo internacional es lo cotidiano, está protegido por medidas políticas, académicas, inversoras y turísticas comandadas muchas veces desde Europa (Dotras Bravo 2019b), especialmente en los 1300 km de Raia, ya sea seca o húmeda que presenta particularidades y estereotipos bien estudiados pormenorizadamente en anteriores trabajos (Medina García 2006; Nunes, 2009; Kavanagh 2011; Lois-Cairo 2011; Campesino Fernández 2013; Campesino Fernández y Jurado Almonte 2014; Lois González y Carballo Lomba 2015; Martín Jiménez y Hortelano Mínguez 2017; Cruz, Romero y Zamarreño 2018; Nascimento 2018; Nascimento, 2019; Lois 2020).

Es una frontera que bascula entre lo identitario local y lo globalizado (Dehoux y Durante 2019) más que en ninguna otra geolocalización delimitada y que ofrece una serie de especificidades que cuestionan lo patrimonial, lo mundial y la literatura nómada (Aínsa, 2012), errante, migrante y la mundialización (Glissant, Gilles y Bertelli 2016), desde los mismos años 80 (Moura y Lalagianni 2014) según los conceptos de la imagología más actual:

> Surge aquí la combinación de tres procesos distintivos, aunque interrelacionados (Dietz, 2003), que llegan a mostrar cómo los procesos de globalización y la creciente diversidad cultural comienzan a cuestionar nuestra particularizada versión de lo que es o no es patrimonial: en primer lugar, la creciente integración supra-nacional de los viejos Estados-nación de cuño europeo en bloques continentales y hemisféricos (por ejemplo, la lenta pero paulatina "europeización" de las identidades nacionales en los países de la Unión Europea). En segundo lugar, la (re-)aparición de identidades sub-nacionales y regionalismos que "desde abajo" cuestionan el monopolio del Estado-nación en la identificación y gestión del patrimonio colectivo (por ejemplo, la federalización y la creciente devolución de competencias en el Estado de las Autonomías). Y, en tercer y último lugar, el establecimiento de redes, diásporas y comunidades transnacionales producto de procesos migratorios oscilantes y continuos que van más allá de las clásicas pautas de emigración e inmigración. (Rosón Lorente 2010: 10)

Con este marco teórico es más fácil entender las circunstancias bibliográficas y lectoras de una ciudad como Bragança, la más alejada de la capital, Lisboa, en todo el territorio de Portugal. Se podría esperar que albergase un legado en español de cierto calibre y abundancia, como así posee. Es cierto que conserva centenares de ejemplares en la lengua del país vecino en dos grandes archivos bibliográficos, pero no por ello se trata de las obras más leídas, populares o canónicas del sistema literario español (Dotras Bravo 2019a y 2022). La más sonada de las ausencias es precisamente la de Cervantes, ya sea en su obra magna, *Don Quijote de la Mancha*, ya sea en cualquiera de las otras obras del autor alcalaíno (Dotras Bravo 2016b, 2016c). Y con él desaparecen Garcilaso, Góngora o Calderón de la Barca. En su lugar, obras de numerosos jesuitas, agustinos, carmelitas, dominicos y otros religiosos ocupan el espacio, dando origen a esa delgada y confusa línea que no distingue lo religioso de lo literario en los siglos XVII y XVIII. Esto se debe a la pertenencia de los fondos a los antiguos obispos de la diócesis Miranda-Bragança, constituida en 1780 con sede en Bragança, a la Mitra, llamada así a toda la producción de documentos relacionados con el obispado, a la Junta General y al Seminario, así como a otros estamentos de la Iglesia (Dotras Bravo 2022).

Sin embargo, resulta evidente que la lectura en español, de los más variados temas, permanece a lo largo de los siglos en la educación literaria de los hombres cultos y de la iglesia de la frontera transmontana. En estas lecturas destacan materias sobre la seda, la historia de China, la Contrarreforma y el protestantismo (ya estudiados en 2022), los textos de autores judíos menos conocidos, como Enríquez Gómez, y las ediciones de ciudades cercanas como Salamanca, Ferrol, Valladolid o Medina del Campo.

En este artículo definitivo sobre la presencia juvenil de Miguel de Cervantes retomo y organizo toda la información sobre la verdadera manifestación del escritor alcalaíno en Bragança y recopilo toda la recepción de este en los archivos de los estudiosos locales, especialmente en el abad de Baçal.

2. Miguel de Cervantes en Sanabria y Bragança en el siglo XVII

No existe ninguna prueba documental del paso o de la existencia de Miguel de Cervantes en Puebla de Sanabria, Zamora o Bragança. Los trabajos seudocientíficos de Leandro Rodríguez (1978, 1999a, 1999b, 2003, 2012) y Brandariz (2011), basados en algunos textos que se remontan al siglo XIX de religiosos y autores cuyas tesis nunca transcendieron, no presentan pruebas físicas, escritas, documentales.

La única posibilidad de buscar vestigios escritos cervantinos *in situ* se reduce al Archivo Distrital de Bragança y a la biblioteca Abade de Baçal, que se encuentra en el Liceu, actual Escola Secundária Emídio Garcia, cuya historia y fondos han sido analizados con mimo (Cabrita, 2004). Realizamos esa labor desde 2016 (Dotras Bravo 2016a, 2016b, 2016c, 2018, 2019a, 2019b, 2020, 2022) hasta la actualidad. En ambos legados bibliográficos, no existe ningún ejemplar de obras cervantinas del siglo XVII, es decir, en los casi 8000 volúmenes que componen las dos bibliotecas.

En el Archivo Distrital se encuentran unos cinco mil trescientos tomos de los siglos XVI, XVII, XVIII y XIX, además de algunos textos de inicios del siglo XX. De entre todos ellos, 498 son en español, 58 en inglés y 704 en portugués, entre obras escritas originariamente en la lengua citada y obras traducidas. Además, hay miles de documentos notariales, manuscritos e imágenes que, gracias a un proyecto financiado, van a ser digitalizados en los próximos meses hasta alcanzar la cifra de un millón de imágenes, que serán producidas para la consulta de los usuarios interesados.

2. a.El *Quijote* de Smollett

De las más de 1250 obras consultadas solo destaca una obra cervantina, que no es precisamente en español o portugués. Se trata de *The History and Adventures of the Renowned Don Quixote*, traducido por T. Smollett, en su quinta edición, de 1782 en Londres, que reza así: "Translated from Spanish by T. Smollett, to which is prefixed some account of the author's life; 5th edition (corrected)". Consta de cuatro volúmenes, muy bien conservados, pero no presenta ningún sello de obispos o antiguos poseedores, por lo que no tenemos datos de su verdadera lectura. El lomo en pergamino con la inscripción de "Histor de don Quixote" indica que debió de ser encuadernado posteriormente, ya que está en portugués. Se inicia con un "The life of Cervantes" y una nota del traductor. Como cuestión peculiar, podemos indicar que en el tomo IV hay un recorte de una hoja rayada con la siguiente indicación: "Ulloa (Antoine de). Voyage historique de l'Amerique Meridionale fait par ordre du roi d'Espagne". Es llamativo que se refiera a la traducción francesa de 1752 de una obra publicada cuatro años antes en Madrid por Antonio de Ulloa en colaboración con Jorge Juan, titulada *Relación histórica del viaje a la América Meridional.* Es decir, en un texto español traducido al inglés, se encuentra una nota de otra obra española, en este caso traducida al francés. No es más que el sistema literario-cultural multimodal y plurilingüe en el que se manejan los intelectuales del siglo XVIII luso.

El escritor y traductor inglés Tobias Smollett (1721-1771) escribió cinco novelas de tradición española, tres bajo el paraguas del género picaresco y dos "a la manera de Cervantes, cuyo *Don Quijote* Smollett conocía bien ya que trabajó en su traducción, considerada una de las mejores en lengua inglesa, por siete años, de 1748 a 1755" (Rotella, 2001: 1267). Dicha traducción no fue la más conocida en el mundo anglosajón, ya que Charles Jarvis había publicado en 1742 la que más se había leído hasta la fecha y que, posteriormente, fue la más conocida: "During the latter half of the nineteenth century, it was more popular than Smollett's. Mary Wagoner's checklist of Smollett's works (New York, 1984) lists more than thirty complete editions of his *Don Quixote* by 1839. Smollett's translation was reprinted only once more, in 1858, and then not again until its republication in 1986 by André Deutsch in England and by Farrar, Straus and Giroux in the United States" (Hart 1988: 118).

La presencia de esta obra del siglo XVIII en su quinta edición, de 1782, podría verse en el contexto de las otras 57 publicaciones en inglés conservadas en el Archivo Distrital, y no con relación a la recepción cervantina en Bragança, ya que, como he señalado, no existe ninguna presencia documental del paso de Cervantes por la ciudad, ningún manuscrito o impreso que lo avale, así como tampoco tiene lugar la custodia de ejemplares de obras cervantinas en español o portugués de ninguna época. Sin embargo, sí se puede asociar a la importancia de la cultura y literatura anglosajonas, británicas específicamente, en el siglo XVIII, momento en que comienza a rivalizar como expresión lingüística y cultural con Francia y el francés. De las 58 obras en inglés, 45 se editaron en el siglo XVIII, solo una en el XVII y las restantes en el siglo XIX o no tienen fecha, pero son presumiblemente del XVIII. Además de diccionarios y volúmenes de cariz lingüístico, político y religioso, como ya es habitual en los fondos del Archivo, los tomos de literatura que más destacan consisten en las obras de Jonathan Swift y las de John Locke.

En relación con las ediciones de Jonathan Swift, el conocido autor irlandés de *Los viajes de Gulliver*, se encuentran ocho ejemplares con edición de 1755 (seis volúmenes), una de 1764 y otra de 1765, a cargo de diferentes editores como Charles Bathurst; C. Davis, J. Hodges, W. Bowyer; C. Davis, C. Hitch, L. Hawes; W. Bowyer, L. Davis, C. Reymers y J. and R. Tonson, W. Johnston. Del mismo autor son las *Letters, written by J. Swift and several of his friends*, de la segunda mitad del siglo XVIII (1766-1768). En total, son doce volúmenes, lo que indica el interés por este autor. John Locke aparece con sus obras completas en la edición de 1794, a cargo de T. Longman, B. Law and Son. Este filósofo, médico y pensador inglés es considerado uno de los fundadores del empirismo británico y padre del liberalismo clásico, cuyas teorías influyeron decisivamente en la identidad británica. En ninguno de los dos casos existen sellos o marcas de antiguos poseedores.

Por ello, el *Quijote* de Smollett resurge como una obra destacada del siglo XVIII inglés, no como un volumen cervantino en sentido estricto. Como han afirmado algunos de los más importantes estudiosos en recepción cervantina en el mundo anglosajón (Anthony Close 2005, 2019; Javier Pardo 1997, 2005; Esther Bautista Naranjo 2015; Cristina Valdés 2004, 2008), las primeras lecturas, recepciones y éxitos internacionales se deben a los ingleses, que desde la misma fecha de su publicación han traducido la primera parte del Quijote, y después el de 1615, en versiones, adaptaciones y traducciones que vuelven la obra más inglesa, "por tanto podemos afirmar que el *Quijote* fue recibido en el siglo XVIII inglés como obra canónica e influyente, y este estatus le serviría para dar el gran salto a la esfera de los clásicos literarios, en la que hoy se mueve" (Valdés 2004: 240). La sátira y la parodia de la sociedad, propia del XVIII inglés, comulga especialmente con las intenciones cómicas de la obra cervantina, por lo que su lectura, auténtica y cercana a las intenciones de Cervantes, es completamente acertada. Siguiendo, entonces, este marco teórico, las obras dieciochescas británicas del Archivo responden a un objetivo lector, a una educación literaria coherente con la secular relación histórica, diplomática y cultural de Portugal e Inglaterra, que se remonta al siglo XIV y que en el XVIII es especialmente intensa.

2. b.Libros entre 1547 y 1699 en el Archivo Distrital en español y portugués

Como forma de analizar la educación literaria y la recepción de Cervantes en su época contemporánea, he hecho un vaciado analítico de las obras comprendidas entre 1547 y 1699, fechas simbólicas del nacimiento de Cervantes y el final del siglo XVII.

Sorprendentemente, hay el triple de obras en español que en portugués en esos 150 años. De los 47 volúmenes que existen en lengua portuguesa entre las dos fechas indicadas, la mayor parte pertenecen al ámbito religioso y moral, con textos que ofrecen preceptivas de comportamiento para frailes y demás miembros del mundo religioso. Los únicos textos que se alejan de cuestiones morales, cristianas y filosóficas tratan sobre leyes y otros asuntos jurídicos, algo que, por otra parte, es muy habitual en este archivo, siendo como son los textos procedentes de la Mitra, el Cabido o la Junta General. En este caso, los tomos encontrados sí manifiestan relación con el país vecino por la anexión a la corona española, en la época de la monarquía dual (1580-1640), específicamente en los inicios del siglo XVII. Así, *Ordenações e leis do reino Portugal*, en casa de Pedro Crasbeeck, entre 1603 e 1610, dedicadas al rey Felipe, contrastan con las *Leis Extravagantes collegiadas...*, publicadas en 1569 por Joam da Costa, en honor al rey dom Sebastião. En todo el resto del fondo antiguo en portugués no se aprecia ni un texto literario, ni siquiera traducciones de los autores españoles más leídos porque se puede comprobar en el patrimonio bibliográfico del Archivo que se leían en su idioma, de los que se conservan muchos más ejemplares.

Por su parte, en lengua española, se conservan 150 volúmenes donde la variedad es mucho más evidente. Además de numerosas obras de corte religioso y moral, también abundan las de tipo jurídico, con especial mención de los catorce ejemplares de *Las siete partidas*, ya sea en un volumen conjunto, ya sea por separado, todos entre 1555 y 1610. De las obras literarias hasta 1699, despuntan autores de un canon laxo como Antonio de Guevara, con las *Epístolas familiares* (1603, 1648 y un volumen en mal estado, donde no figuran datos), *Oratorio de religiosos y ejercicio de virtuosos* (no figura información) y *Menosprecio de corte y alabanza de aldea* (deteriorada, sin datos), los *Emblemas morales* de Covarrubias (1610), Juan Solórzano Pereira con un volumen de obras escogidas (¿1676?), Agustín de Salazar y Torres, que presenta una posible parte de comedias en un volumen deteriorado sin datos, y *Academias morales de las musas*, de Enríquez Gómez (1690). Incluso conserva un texto peculiar, una obra teórica literaria como *Discurso teológico sobre los teatros y comedias de este siglo* (1690), de la mano del padre Ignacio de Camargo.

La mayor parte de los autores pertenecientes a un canon más estricto del Siglo de Oro que se conservan en el Archivo Distrital residen en ediciones del siglo XVIII, de la misma época que el *Quijote* de Smollett, e incumben al ámbito religioso, a la ascética y mística españolas tan propias de la Contrarreforma del rey Felipe II y I de Portugal. Teresa de Jesús (dos volúmenes en peor estado sin información, 1740), Juan de la Cruz (un ejemplar sin datos, dos volúmenes de 1694, uno de ellos bastante deteriorado, y el que está en mejor estado es de 1743) y Luis de Granada (cinco volúmenes de 1756, siete de 1757) constituyen los ejemplares que se conservan de estos autores españoles y, por ende, católicos. Por otro lado, pero de la misma época siglodorista, encontramos a autores especialmente graves, de literatura seria, en contrapartida con los géneros entendidos como entretenimiento. Debajo de este paraguas se hallaría la picaresca, los libros de caballerías, los sentimentales, pastoriles y hasta el género bizantino, de los cuales no se preserva nada en los archivos mencionados. Nada de esto descuella en el Archivo Distrital de Bragança, mientras que los autores conservados son, por ejemplo, Gracián (1720) y Quevedo (1720), con ejemplares sueltos de ediciones en varios volúmenes. También de la producción quevediana se conservan cinco libros de 1729 con diversos títulos del escritor y un texto de Gracián de 1734.

Para concluir, y de nuevo como un hecho esclarecedor, encontramos autores portugueses que escribían en español, en esa conocida etapa de bilingüismo literario y cultural (Vázquez Cuesta 1981; Buescu 2004; Fernández García 1999, 2004; García Martín 2008). Tal es el caso de Faria e Sousa o Botelho de Vasconcelos, ambos con ediciones de 1731.

Podemos deducir que el patrimonio bibliográfico de Siglo de Oro en portugués, español e inglés, conservado en los fondos antiguos de Bragança, está en consonancia con los gustos e intereses de sus antiguos poseedores, obispos y religiosos atentos a lecturas serias, edificantes y provechosas en lo moral. Con todo, ese *Quijote*, el único libro de entretenimiento, quizás con los de Guevara, deja entrever que se tiene especial sensibilidad con la literatura muy conocida por sus éxitos de público y crítica, aunque no sean las lecturas esperadas de los intelectuales religiosos brigantinos.

2. c.Documentos y manuscritos (1547-1668)

Esta falta de presencia de obras del escritor alcalaíno en español o portugués del siglo XVII redunda en la imposibilidad de que haya estudiado en el colegio de jesuitas de Bragança. La documentación sobre el mismo la ha analizado Cristina Oswald (2010) donde estudia el día a día de un colegio con muy pocos estudiantes y sujeto, en todo, a las condiciones climatológicas de la zona, que restringieron elementos como la alimentación, el resguardo, el ocio y el horario. En todo ese análisis, basado en la documentación encontrada toda fuera de la ciudad (en la Biblioteca Brotéria jesuita del Barrio Alto de Lisboa y, sobre todo, en la Biblioteca Nacional de España), nada consta sobre ningún alumno español, de Sanabria, Zamora o gallego, ni tampoco referencias a personajes ilustres. De la documentación posible en el mismo Archivo, puedo extraer alguna información de las fichas vinculadas a la iglesia entre la fecha de nacimiento de Miguel de Cervantes, que hemos considerado de forma simbólica, y la de 1699, final del siglo y de toda una época.

Existen cuatro apartados para esta documentación manuscrita, denominados "Cabido", "Mitra", "Capelas" y "Pastorais". En cualquiera de ellos encontramos únicamente datos eclesiásticos dedicados a la organización y administración de estos. Como ya se ha reseñado, la Mitra, nombre de la toca de papas, obispos y otros mandatarios eclesiásticos, reconocida visualmente como terminada en punta, también se refiere a la dignidad episcopal conferida y, en términos archivísticos, define toda la producción documental que genera la gestión de la diócesis atribuida a ese obispado. El Cabido, como en España, consiste en el "agrupamento de cónegos ou de outros sacerdotes, instituído para assegurar o serviço religioso numa igreja catedral ou numa colegiada e, no primeiro caso, também para colaborar no governo da diocese"[1], por lo que mantiene funciones

1 https://www.infopedia.pt/dicionarios/lingua-portuguesa/cabido

similares a la Mitra. En estas carpetas manuscritas dan cuenta de la mesa capitular, especialmente en relación con balances económicos, elecciones de oficiales, finanzas, inspecciones de intendencia y gestiones similares. Vinculado con la Mitra, sobresalen documentos sobre erecciones de capillas u oratorios a lo largo de todo el siglo XVII. De hecho, la gestión del propio Archivo ha decidido generar un apartado específico para las capillas. Además, se conservan algunas pastorales, todas en la línea clásica de la iglesia, como la necesidad de pureza de sangre en el acceso a las órdenes sacramentales. Como curiosidad, es verdad que hay toda una serie de anotaciones manuscritas cotidianas, domésticas: las "sebentas", que son apuntes y anotaciones sin autor que cumplen la función de diarios. En ninguno hay una mínima información sobre Miguel de Cervantes ni siquiera, si tuviese ese origen judío que se le achaca desde los presupuestos de sus pretendidas raíces sanabresas, aparece en las "devassas", es decir, en los procesos judiciales que se abrían para punir con castigos los malos comportamientos, la brujería o la prostitución.

3. La recepción de Cervantes y el *Quijote* en Bragança

Al no poseer datos del antiguo poseedor o de las lecturas inspiradas por el *Quijote* de Smollett conservado en el Archivo distrital, poco se puede decir de la recepción de Cervantes en Bragança o en el nordeste transmontano, ya que, realmente, no se poseen vestigios documentales.

Sin embargo, la consulta en otra biblioteca de notable interés en la ciudad, la del abad de Baçal arroja datos de interés e inéditos. Francisco Manuel Alves (1865-1947), etnógrafo, filólogo e historiador transmontano, más conocido como abad de Baçal, del que ya he realizado su semblanza y su aportación en otras ocasiones (Dotras Bravo 2016b, 2016c), poseía 196 libros, separatas o documentos en español, de los cuales 30 son artículos de temática gallega (Dotras Bravo 2020), ya estudiados. En esta colección sí aparece un *Quijote* leído y anotado por el abad (Dotras Bravo 2018). Con sus anotaciones y con la revisión exhaustiva de sus *Memorias arqueológico-históricas do distrito de Bragança* (1909-1947) es posible compendiar todas sus referencias al escritor alcalaíno y comprobar sus "lecturas cervantinas, la más que previsible anotación de su *Quijote*, y su coherencia con lo publicado en las *Memórias*" (Dotras Bravo 2018: 244). Por falta de espacio o de localización exacta de las citas, no habíamos podido reunir antes todas las veces que el abad recurre a Cervantes, ni habíamos ofrecido un análisis detallado de sus anotaciones a la edición del *Quijote*, de bolsillo y asequible, que manejaba el erudito. En este artículo daremos la versión definitiva de Francisco Manuel Alves como lector experto cervantista.

3. a.El *Quijote* del abad de Baçal

> La edición encontrada, desgraciadamente, no presenta ningún dato en ninguno de los dos volúmenes, ya que faltan las diez primeras hojas. Tiene pegado unos papeles sobre la Sociedad editorial La maravilla, pero el volumen en cuestión no es el de esta editorial, de 1863, ya que la he consultado en su edición digital de la BNE y no se trata de la misma obra. Además, son papeles comerciales, sobre venta de libros. La de Alves es sencilla, no presenta guiones de diálogo, lleva hasta el margen la tinta de imprenta y está realizada en un papel tosco en edición de bolsillo. Pegadas o grapadas hay unas hojas incluidas a continuación de las hojas de guardas con varias informaciones del *Quijote*. (Dotras Bravo 2018: 244)

Aunque se relacionan los contenidos de las anotaciones y las referencias a Cervantes, ya mencionadas, en las *Memorias arqueológico-históricas do distrito de Braagança*, en esta ocasión optamos por separarlo con la intención, común a todo el artículo, de dar la versión definitiva de la verdadera presencia documental de Cervantes en Bragança y su recepción a través del abad de Baçal. Como ya señalamos en 2018, buena parte de estas notas se transforman en afirmación de autoridad para validar muchas de sus investigaciones sobre Bragança en las citadas *Memórias*. El volumen susodicho del *Quijote* está anotado, de forma breve y sencilla, pero completa. Se percibe que la lectura comienza de forma muy entusiasta, ya que se encuentran muy glosados los primeros capítulos. Además, las hojas de guardas y las hojas pegadas traen todo tipo de información manuscrita, del interés del abad y relacionada con el *Quijote*. Algunas de las anotaciones versan sobre las traducciones a diferentes idiomas con sus fechas, páginas exactas con su interpretación de los pasajes, la copia del poema "Antipodas" de Thomaz Ribeiro; también nombra a Clemencín y a Rodríguez Marín como sus referencias cervantistas fundamentales, existen notas sobre cuestiones lingüísticas, etnográficas y folclóricas que aparecerán en las *Memórias*, etc. En ocasiones, las tacha o no se pueden apenas leer, al estar escritas en lápiz.

En la primera parte, los episodios que más le interesaron desde el punto de vista del contenido fueron el I, 6, que se ocupa del escrutinio de la librería; el I, 40, que trata sobre la historia del cautivo, o el I, 49, con la conversación de Sancho y don Quijote sobre los encantamientos al uso de los libros de caballerías cuando el hidalgo va enjaulado. Presta especial atención a sucesos con personajes femeninos, como es el caso de Maritornes, que citará varias veces en las *Memórias*, de Dulcinea, que le hace comparar con otras damas literarias (I, 25) y de Luscinda, que le hace reflexionar sobre conocer por dentro a una mujer (I, 27). Como es propio del abad, también se reserva sus comentarios para curiosidades literarias (dos veces referencias a Ariosto: en I, 10, sobre el romance al marqués de Mantua, y I, 26, que critica la mala lectura de Ariosto en ese pasaje) y lingüísticas (la lengua francesa en la historia del cautivo, I, 41, o la expresión "tener vacíos los aposentos de la cabeza" en el episodio del cabrero, I, 52: 583).

En el *Quijote* de 1615, con más anotaciones que en el de 1605, destacan los mismos intereses. Por un lado, prevalece la importancia de la hermenéutica de la obra, especialmente relacionada con los intertextos clásicos y las noticias culturales, por el otro, el interés por las mujeres de la obra y, para finalizar, las cuestiones lingüísticas y etnográficas.

Las primeras anotaciones, nada más comenzar el capítulo II, 2, atienden a los famosos varones calumniados, como Julio César y Alejandro Magno, así como en II, 26, comenta que el verso de Carlo Magno sería un romance de la autoría de Miguel Sánchez, contemporáneo de Cervantes o marca la anotación a Camões (II, 58). Pero quizás la referencia más importante se debe a un texto nunca antes visto como influencia cervantina sobre Voltaire, ceñida a pocos estudios (Buceta 1920; Goulemot, Vázquez e Ibeas 2016). Se trata de *La princesa de Babilonia*, circunstancia que amplía la influencia del escritor alcalaíno sobre el francés (Dotras Bravo 2018: 251). En cuanto a las mujeres de la segunda parte del *Quijote*, sobresalen Altisidora (II, 46; II, 70), Dulcinea de nuevo, la novia de las bodas de Camacho, Melisendra o Ana Félix. Continúa siendo el abad etnógrafo el que se deleita con los juegos lingüísticos, con los términos polisémicos y con las posibilidades etimológicas ("sapos y culebras", "malhadas", "aliagas"), así como con las cuestiones étnicas, ya que marca la expulsión de los moros (II, 54), probablemente relacionado con su estudio de los judíos.

3. b.*Memórias arqueológico-históricas do distrito de Bragança* y Cervantes

Está comprobado que al abad le interesa *Don Quijote de la Mancha* y ninguna otra obra cervantina. Nunca alude a la *Galatea*, a las *Novelas Ejemplares*, al *Parnaso* o al *Persiles*. Todas sus evocaciones rememoran las aventuras del caballero, en grafía española o portuguesa. Y no aparece en 15 ocasiones, como arroja el volumen XII, que contiene los *Índices* y por el cual nos guiamos anteriormente, sino que son 25 glosas a diferentes capítulos del *Quijote*, unos nombrados de memoria y otros citados directamente del texto, después de una búsqueda exhaustiva y pormenorizada.

Una de ellas, la primera, no es propiamente una referencia al *Quijote* como autoridad, sino que es un adjetivo dado a una persona, calificada de "quixotesca" en el tomo II, lo que supone una interiorización clara del término en su versión más idealizada, o sea, según la lectura alemana romántica decimonónica. Las otras 24 pertenecen, en menor medida, a los volúmenes VII sobre *Os notáveis* y VIII, *No arquivo de Simancas. A restauração de 1640 no distrito de Bragança*, mientras que los tomos restantes sobre *Arqueologia, Etnografia e Arte* (IX, X) y *Arqueologia e Etnografia* (XI) ostentan la mayor parte de citas.

La primera referencia que florece es de tipo literario. En el capítulo de los notables, cita a Francisco de Morais, natural de Bragança, autor del Palmeirim, y lo trae de nuevo a colación en el tomo XI (p. 426), así como relaciona el capítulo de los odres de vino con Apuleyo (XI: 510). En el tomo VIII, de contenido histórico, solo resurge Cervantes en dos ocasiones, una como recuerdo al estar paseando por Valladolid, en un pasaje más literario que erudito, "a propósito das damas que acompanhavam os cavaleiros andantes por montes e vales" (Alves, VIII: V) y otra sobre la pretendida hidalguía de Maritornes, acompañada de cita textual sin indicar página.

Serán los tomos dedicados a etnografía, arqueología y arte los más adecuados para utilizar a Cervantes como autoridad indiscutible en lo lingüístico y lo etnográfico (Dotras Bravo 2018: 246-249). Podrá utilizar pensamientos anotados en su edición de bolsillo del *Quijote*, como que estropea los textos, abundando en la idea de "ingenio lego", "aguas mayores y menores" y otras escatologías: "O peido, expoente máximo da sadia alacridade e sua mais barata manifestação" (tomo XI: 254) que puede apreciar en la obra cervantina. En total son 18 las anotaciones de tipo etnográfico, filológico en esos tres tomos donde Miguel de Cervantes emerge como autoridad literaria y lingüística de primer orden, sobre significados de palabras específicas del mundo rural, refranes y toponimia. Para ultimar el índice del tomo XII, que no está completo, he decidido indicarlos aquí: tomo II (p. 108), tomo VII (p. 336), tomo VIII (p. V, p. 9), tomo IX (p. VII, p. 171, p. 270, p. 306, p. 316, p. 365, p. 512), tomo X (p. 70, p. 128, p. 143, p. 146, p. 156, p. 252) y tomo XI (p. 249, p. 254, p. 426, p. 452, p. 453, p. 455, p. 462, p. 510).

Como se puede observar en los dos últimos tomos, las menciones son muy seguidas, es evidente que el erudito coloca el *Quijote* en el privilegiado lugar de libro de cabecera.

Para concluir este apartado, quisiera recordar cómo Cervantes no se trata del único escritor canónico siglodorista mencionado en las *Memórias*, sino que al menos otros dos cobran algún protagonismo, aunque sus libros no están en la biblioteca del abad:

> No se encuentran registros de Calderón ni de Tirso ni de otros autores siglodoristas. Vamos a tratar de esta cuestión en detalle, como ejemplo de creación de un referente cultural, tanto ajeno como propio. Es decir, las menciones de los tales escritores sirven de autoridad para refrendar usos y costumbres portugueses, borrando cualquier frontera cultural entre ambos países. Si Cervantes lo ha dicho, no interesa si lo ha hecho

como portugués o español, es importante porque lo ha hecho desde un sustrato común -probablemente ibérico- anterior a nacionalidades y fronteras.

A Lope no lo menciona, sí en cambio a Quevedo, unas tres veces, mientras que a Góngora solo una. La forma de abordar a los escritores se asemeja a la que realiza con Cervantes. De memoria, como una lectura que se hace cercana y para objetivos etnográficos o lingüísticos. (Dotras Bravo 2019a: 607)

4. Conclusiones

El paso de Miguel de Cervantes por la ciudad de Bragança es inexistente, sin resquicio de duda. De una manera definitiva y apoyada en los volúmenes de autores del Siglo de Oro español que existen en el Archivo Distrital, se puede concluir que no concurre razón bibliográfica para sostener que haya podido transitar por el colegio de jesuitas de la ciudad ni que haya vivido en esta zona. Los manuscritos que faltaban por consultar, pertenecientes a la Mitra y al Cabido, todos en el entorno catedralicio y diocesano, no arrojan información alguna del escritor alcalaíno. Otros fondos, como el de los jesuitas, estudiados por Osswald, no contemplan ningún dato.

Sin embargo, se dan dos circunstancias que permiten ampliar los estudios de recepción de Cervantes en Portugal. En primer lugar, el estudio del texto de Smollett en su contexto, al que todavía no le había prestado la atención debida, permite deducir que la educación literaria de los hombres de letras brigantinos a lo largo de los siglos es estrictamente ejemplar, seria, con visos morales en todas sus elecciones. La crítica a la sociedad de la época, la parodia tan inglesa en la literatura consigue lanzar una mirada al escritor español desde su propia óptica, no desde la estela cervantina en la recepción ibérica del *Quijote*. En segundo lugar, una vez que todos los documentos, impresos y notas del abad de Baçal, Francisco Manuel Alves, han sido observados bajo ópticas filológicas, es posible ampliar los datos que se tenían de él como lector experto cervantino, tan en boga en la erudición ibérica desde el siglo XIX. Sus preocupaciones de crítico literario, de etnógrafo, de lingüista y de filólogo colocan a Cervantes como la máxima autoridad en la literatura española, desde sus perspectivas cómica y paródica, mientras que otros escritores de la línea cristiana del Siglo de Oro, como Quevedo o Góngora, se observan en leves pinceladas.

De esta forma, queda fijada una semblanza cabal y definitiva del verdadero nexo de Miguel de Cervantes con estas tierras portuguesas transmontanas, mucho más ricas en patrimonio bibliográfico y cultural de lo que se pueda imaginar.

Bibliografía

Aínsa, Fernando, *Palabras nómadas: Nueva cartografía de la pertenencia*. Frankfurt a. M./ Madrid, Vervuert Verlagsgesellschaft, 2012.

Alves, Francisco Manuel, (abade de Baçal), *Memórias arqueológico-históricas do distrito de Bragança*, Bragança, Câmara Municipal de Bragança/Instituto Português de Museus, 2000 (1.ª ed. 1909-1947).

Bautista Naranjo, Esther, *La recepción y reescritura del mito de Don Quijote en Inglaterra (siglos XVII-XIX)*, Madrid, Dykinson, 2015.

Brandariz, César, *El hombre que hablaba difícil. ¿Quién era realmente Cervantes? Primer siglo y cuarto de ignorancia biográfica y tres siguientes de error histórico (1616-2010)*. Madrid, Ézaro, 2011.

Buceta, Erasmo, "Voltaire y Cervantes", *Revista de Filología Española*, 7, 1920, 60-61.

Buescu, Ana Isabel, "Aspectos do bilinguismo português-castelhano na época moderna", *Hispania*, LXIV/1, 216, 2004, 13-38.

Cabrita, João, *O Liceu Nacional de Bragança e o seu patrono: uma história por contar*, Lisboa, Colibri, 2004.

Campesino Fernández, Antonio José (dir.), *Turismo de frontera (I)*, Vigo, Riet/ Eixo Atlântico do Noroeste Peninsular, 2013.

—— y Jurado Almonte, José Manuel (eds.), *Turismo de frontera (III). Productos turísticos de la Raya ibérica*, Huelva, Universidad de Huelva, 2014.

Close, Anthony, *La concepción romántica del «Quijote»*, Barcelona, Crítica, 2005.

——, *Guía esencial del «Quijote»*, Madrid, Visor, 2019.

Cruz Ruiz, Elena, Ruiz Romero de la Cruz, Elena y Zamarreño Aramendia, Gorka, "El río Duero/ Douro puente turístico entre España y Portugal", *International journal of scientific management and tourism*, 4, 2, 2018, 219-235.

Dehoux, Amaury y Durante, Erica, "Fictionaliser les dérives de la globalisation / Fictionalizing Dark Sides of Globalization: Introduction", *The Canadian Review of Comparative Literature*, 46, 1, 2019, 7-13.

Dotras Bravo, Alexia, "Leer y representar clásicos siempre (re)escritos. Angélica y Medoro del Barroco a la corte de Fernando VI", *Atalanta. Revista de las letras Barrocas*, 4 (2), 2016a, 137-154.

——, "La recepción de Miguel de Cervantes en el Portugal contemporáneo", *Edad de Oro*, (35), 2016b, 67-78.

——, "Las falsificaciones de la historia: Cervantes entre Bragança y Sanabria" *Boletín de la Biblioteca de Menéndez Pelayo*, (XCII), 2016c, 115-131.

——, "La recepción más desconocida de Cervantes en Portugal", Vargas Díaz-Toledo, Aurelio y José Manuel Lucía Megías (coords.), *Cervantes y Portugal: Historia, Arte y Literatura- Cervantes e Portugal: História, Arte e Literatura*, Oporto, Estratégias Criativas/Fundação Calouste Gulbenkian, 2018, 237-254.

——, "Cultura literaria transfronteriza hispánica en Portugal: vestigios documentales actuales del Siglo de Oro en el territorio oriental de Trás-os-Montes", *Hipogrifo. Revista de literatura y cultura del Siglo de Oro*, 7(1), 2019a, 597-613.

——, "Cultura literaria española transfronteriza en tiempos de Francisco Botelho: de 1670 a 1747", Apolinário Lourenço, António, D'Abreu, Carlos e Insúa, Mariela (eds.), *Francisco Botelho de Morais e Vasconcelos y las letras hispánicas de su tiempo*, Nueva York, Instituto de Estudios Auriseculares (IDEA), colección Batihoja, 2019b, 95-118.

——, Eruditos políglotas: de Carolina Michaelis a Francisco Manuel Alves y su relación con la cultura galega", Silva, Elisabete, Dotras Bravo, Alexia, Chumbo, Isabel, Alves, Ana, Martins, Cláudia y Guillemin, Dominique (eds.), *Culturas, Identidades e Litero-Línguas Estrangeiras. Atas do III Colóquio Internacional de Línguas Estrangeiras (CILE)*. Bragança, Instituto Politécnico de Bragança, 2020, 13-24.

——, "Leituras históricas na Raia brigantina: diálogos hispano-lusos no contexto tridentino", Pires, Basileu dos Anjos, d'Abreu, Carlos, Andrade Lemos, Fernando, Rodrigues, João Bartolomeu, Silva Rosa, José Maria, Fernandes da Silva, Levi Leonido, Vale, Luís, Leal Leonardo, Rui (orgs.), *Diálogo intercultural e religioso. XXIV Jornadas Culturais de Balsamão*, Chacim, Centro Cultural de Balsamão, 2022, 285-314.

Fernández García, María Jesús, "Personajes castellanos en el teatro portugués del siglo XVI: El tipo del castellano fanfarrón y poeta", *Anuario de Estudios Filológicos*, XXII, 1999, 113-129.

——, "Comunicación y bilingüismo en el teatro portugués del siglo XVI", Fernández García, María Jesús y Pociña López, Andrés José (coords.), *Gil Vicente: clásico luso-español*, Mérida, Editora Regional de Extremadura, 2004, 233-265.

García Martín, Ana María, "El bilingüismo luso-castellano en Portugal: estado de la cuestión", Marcos de Dios, Ángel (ed.), *Aula bilingüe. Investigación y archivo del castellano como lengua literaria en Portugal,*, Salamanca, Luso-Española de ediciones, 2008, 15-44.

Glissant, Édouard, Gilles, Yovan y Bertelli, Federica, "Conversation sur la mondialisation", *Chimères*, 90, 2016, 32-44.

Goulemot, Jean Marie, Vázquez, Lydia e Ibeas, Juan Manuel, "La locura en el siglo de la razón: visiones de *Don Quijote* en el siglo XVIII francés", Hagedorn,

Hans Christian (coord.), *Don Quijote en los cinco continentes: Acerca de la recepción internacional de la novela cervantina*, Cuenca, Ediciones de Castilla La-Mancha, 2016, 261-292.

Hart, Thomas R., "Review of *Cervantes, Miguel de. The Adventures of Don Quixote de la Mancha. Translated by Tobias Smollett.* With an introduction by Carlos Fuentes. New York: Farrar, Straus and Giroux, 1986", *Cervantes: Bulletin of the Cervantes Society of America*, VIII, 1, 1988, 118-122.

Kavanagh, William, "Identidades en la frontera luso-española: permanencias y transformaciones después de Schengen", *Geopolítica(s). Revista de estudios sobre espacio y poder*, 2(1), 2011, 23-50.

Lalagianni, Vassiliki y Moura, Jean-Marc (dirs.), *Espace méditerranéen. Écritures de l'exil, migrances et discours postcolonial*, Amsterdam/Nueva York, Rodopi, 2014.

Lois, María, "Los Estados cierran sus fronteras por seguridad… pero los virus están emancipados de las fronteras", *Geopolítica(s). Revista de estudios sobre espacio y poder*, 11(Especial), 2020, 293-302.

Lois, María y Cairo, Humberto, "Desfronterización y refronterización en la península ibérica", *Geopolítica(s). Revista de estudios sobre espacio y poder*, (2)1, 2011, 11-22.

Lois González, Rubén Camilo y Carballo Lomba, Antón, "La frontera hispanolusa en la actualidad: una visión geográfica", *Revista de Historiografía*, 23, 2015, 191-214.

Martín Jiménez, María Isabel y Hortelano Mínguez, Luis Alfonso, "Cohesión y convergencia en la frontera de Castilla y León con Portugal (1986-2016): Población, economía y territorio", *Anales de geografía de la Universidad Complutense*, vol. 37, n.º 1, 2017, 183-216.

Medina García, Eusebio, "Orígenes históricos y ambigüedad de la frontera hispano-lusa (La Raya)", *Revista de Estudios Extremeños*, (62) 2, 2006, 713-723.

Nascimento, Luís Miguel Fonseca do, "A cultura como caminho de afirmação, coesão e desenvolvimento das geografias da interioridade em Portugal", *REA - Revista Euroamericana de Antropología*, n.º 5, 2018, 53-63.

——, "A metamorfose do espaço rural em Portugal: mudança social e consumo", *REA - Revista Euroamericana de Antropología*, n.º 7, 2019, 179-189.

Nunes, António Jorge (coord.), *Comemoração dos 545 anos de Bragança cidade.* Bragança, Câmara Municipal de Bragança, 2009.

Osswald, Cristina, "O colégio do Santo Nome de Jesus em Bragança: um quotidiano Jesuíta", *Via Spiritus, Revista de História da Espiritualidade e do Sentimento Religioso*, CITCEM, 17, 2010, 261-272.

Pardo García, Pedro Javier, *La tradición cervantina en la novela inglesa del siglo XVIII*, Salamanca, Universidad de Salamanca, 1997.

——, "El Quijote y la novela inglesa: de Laurence Sterne a James Joyce", Buitrago Gómez, María Cruz y Senabre, Ricardo (eds.), *La ficción novelesca en los Siglos de oro y la literatura europea*, Madrid, Ministerio de Educación Cultura y Deporte, Secretaría General Técnica, 2005, 57-71.

Rodríguez, Leandro, *Don Miguel judío de Cervantes*, Santander, Cervantina, 1978.

——, *Cervantes en Sanabria. Ruta de don Quijote de la Mancha*, Zamora, Diputación de Zamora, 1999a.

——, *Ruta de Don Quijote de la Mancha. Vías romanas. Camino Meridional de Santiago*, Zamora, Patronato de Turismo/Diputación de Zamora, 1999b.

——, "Miguel de Cervantes Saavedra, ¿fue también súbdito portugués?" *Brigantia*. XXIII. 3/4. 2003, 175-228.

——, *Cervantes caballero por Europa*, Zamora, Semuret, 2012.

Rosón Lorente, Francisco Javier, "Dimensiones de patrimonialización cultural: "intangibilidad" local vs. Transnacional", *Sphera Pública*, número especial, 2010, 167-188.

Rotella, Pilar V., "Cervantes y Smollett. Una lectura de *The expedition of Humprhy Clinker*", Bernat Vistarini, Antonio Pablo (ed.), *Volver a Cervantes. Actas del IV congreso internacional de la Asociación de Cervantistas*, Palma de Mallorca, Universitat de lles Illes Balears / Ministerio de educación y deporte, 2004, 1267-1274.

Valdés Cristina, "La imagen de don Quijote en las traducciones inglesas del siglo XVIII", Martínez Mata, Emilio (ed.), *Cervantes y el «Quijote». Actas del Coloquio Internacional*, Madrid, Arco Libros, 2007, 239-248.

——, "La construcción del personaje de don Quijote en las traducciones inglesas del siglo XVIII", Dotras Bravo, Alexia, Lucía Megías, José Manuel, Magro García, Elisabet y Montero Reguera, José (eds.), *Tus obras los rincones de la tierra descubren. Actas del VI Congreso Internacional de la Asociación de Cervantistas*, Alcalá de Henares, Centro de Estudios Cervantinos, 2008, 747-756.

Vázquez Cuesta, Pilar, "O bilinguismo castelhano-português da época de Camões", *Arquivos do Centro Cultural Português. Exemplar dedicado a Camões*, 16, 1981, 807-827.

II. OBRA

Reyes Lázaro Gurtubay

Smith College

Tapices flamencos, traducción, *don Quijote*

> In our three-dimensional world, tapestry can be optically perceived -and just as often dismissed - as flat and two-dimensional. Tapestry is not flat. It is not two-dimensional, literally or metaphorically.
>
> Charissa Bremer-David[1]

Resumen

Este artículo argumenta que es imprescindible tener en cuenta la traducción para comprender *Don Quijote*, no solo en tanto que una de las obras más traducidas del mundo, sino también, y de manera central, en tanto que una "transficción" u obra que hace comentarios sobre la traducción y la incluye en la misma ficción: *Don Quijote* incluye dos importantes figuras de traductores ficticios (el "morisco aljamiado" y el "traductor") y múltiples comentarios sobre la traducción o alusiones a la misma, además de un famoso símil por medio del cual se compara leer un texto en traducción con mirar un tapiz flamenco por el revés. Dicho símil, alega novedosamente el artículo, proporciona una clave fundamental para comprender *Don Quijote*.

Palabras clave: *Don Quijote*, traducción, traductor, símil, tapices flamencos.

La importancia de la traducción es tan inmensa como inmenso ha sido su olvido por décadas[2]. El crítico Lawrence Venuti ha llamado la atención a este

1 Mi agradecimiento a Jorge Jiménez y Francisco Javier Escudero Buendía, motores del excepcional "IV Congreso Internacional Cervantes en el origen", por invitarme a dar la conferencia que está en la base de este trabajo; a la audiencia memorable, ayuntamientos patrocinadores y copanelistas por el diálogo y manchega convivialidad; al seminario "Translations" del Kahn Liberal Arts Institute de Smith College (organizado por Nalini Bhushan y Janie Vanpée), por un año de iluminador debate. *Last but not least*, a mis colegas Abril Navarro y Adrian Gras-Velazquez por su generosa e inestimable ayuda técnica.
"En nuestro mundo tridimensional los tapices pueden ser ópticamente percibidos —y rechazados— como planos y bidimensionales. No son ni planos ni bidimensionales, ni literal ni metafóricamente" (Bremer-David 2020).

2 En Toledo, a escasa distancia de los escenarios de "Cervantes en el origen" que motivaron este libro, traducciones del árabe y hebreo al latín vía el dialecto castellano hicieron

inexcusable olvido en un libro famoso titulado *La invisibilidad del traductor*. Personalmente es iluminador considerar cuántos libros hemos leído en traducción a lo largo de nuestras vidas y cuántos de sus traductores recordamos. Afortunadamente, desde los años 80 los estudios de la traducción están contribuyendo a recuperar el prestigio de esta práctica cultural de primer orden.

El *Quijote* está en el origen de las ficciones que atribuyen un papel central a la traducción y los traductores. En este trabajo sostengo el papel central de la traducción para comprender la novela cervantina en su conjunto, y explico un aspecto (creo que hasta ahora nunca explicado) de un famoso símil (II, 62) en el que don Quijote compara traducir con mirar un tapiz flamenco por el revés.

El traductor, historiador y crítico de la traducción Valentín García Yebra (1994) clasifica la aproximación a la traducción en el *Quijote* en tres categorías: la primera, las numerosas traducciones de la novela a otros idiomas; la segunda, la traducción como parte del entramado ficticio del *Quijote*, y la tercera, los comentarios sobre la traducción contenidos en la novela. Dentro de esta tercera categoría ocupa un lugar preeminente el célebre símil de II, 62.

En cuanto a la primera categoría (traducciones de la obra) el *Quijote* es una de las ficciones más traducidas del mundo. El idioma al que ha sido más vertido es el inglés, principalmente de Inglaterra. El crítico Ilan Stavans hace un divertido recuento de traducciones y traductores del *Quijote* en inglés, que incluyen posibles espías, pintores, plagiarios, empleados de correos y traductores que no hablaban español (2015: 175-193).

Respecto al papel ficticio de la traducción, en el *Quijote* hay múltiples escenas de traducción, como la interpretación que hace el trujamán de las acciones de los títeres del teatro de Maese Pedro. Hay también momentos de incomunicación, como en el intercambio entre el vasco y don Quijote, o de amorosa comunicación y traducción, como en el relato interpolado del cautivo cristiano y la conversa argelina Zoraida. La ficción más relevante, por supuesto, es la de que el *Quijote* es una traducción de un manuscrito escrito en árabe.

En el capítulo 9 de la primera parte el Autor ficticio se topa en el mercado de la antigua judería de Toledo con un niño que va a vender manuscritos en árabe a un sedero. La escena es un verdadero nudo de significados. En una España en pleno proceso de eliminación y ocultamiento de su esencial componente islámico, donde lengua y costumbres árabes han sido prohibidas por decreto, evidentemente, dichos manuscritos no están destinados a la lectura sino a ser

posible el excepcional proyecto cultural de combinar los saberes de Oriente y Occidente en el siglo XIII.

comida, envoltorio, o alfombra de gusanos de seda. El hecho de que la profesión de sedero fuera típica de moriscos ilumina e incrementa la tragedia del proceso de exterminio cultural que Cervantes documenta en esta escena. Paralelamente, el que el Autor ficticio encuentre sin dificultad a un "morisco aljamiado" para que le traduzca lo que será el resto de la primera parte del *Quijote*[3], y el que este se ría al leer que Dulcinea, vecina de El Toboso (por tanto de posible ascendencia morisca), está salando carne de cerdo (actividad que hace brillar por su ausencia lo que las autoridades pretenden borrar, a saber, la identidad morisca), convierte la irrupción del traductor ficticio en un momento de ironía exquisita.

> Estando yo un día en el Alcaná de Toledo, llegó un muchacho a vender unos cartapacios y papeles viejos a un sedero; y como yo soy aficionado a leer, aunque sean los papeles rotos de las calles, llevado desta mi natural inclinación tomé un cartapacio de los que el muchacho vendía, y vile con caracteres que conocí ser arábigos. Y puesto que aunque los conocía no los sabía leer, anduve mirando si parecía por allí algún morisco aljamiado que los leyese, y no fue muy dificultoso hallar intérprete semejante, pues aunque le buscara de otra mejor y más antigua lengua, le hallara. En fin, la suerte me deparó uno, que, diciéndole mi deseo y poniéndole el libro en las manos, le abrió por medio, y leyendo un poco en él, se comenzó a reír. (I, 9: 107-108)

El manuscrito encontrado en una lengua extranjera es un *topos* de las novelas de caballerías para, por ejemplo, hacerlas verosímiles. Por medio del recurso a este lugar común es posible que Cervantes, además, aluda al hecho de que la historia en su época se escribía en latín, incluso haga guiños irónicos a falsas historias como los "manuscritos plúmbeos" del Sacromonte (Hagedorn 2006, Martí-Alanis 1985, Moner 1990). De cualquier modo, el traductor ficticio del *Quijote* es muy peculiar. Su personalidad desafiante e intervencionista le hace claramente visible, al contrario del traductor de Venuti. Debido a la inusual participación y agencia del traductor, Martí Alanis y otros críticos defienden que la traducción es una metáfora de la escritura de la novela. El traductor ficticio del *Quijote* opina de viva voz, duda, interpreta y se niega a traducir lo que le parece verboso, innecesario, inapropiado o aburrido. Dos ejemplos, entre otros posibles: "Llegando a escribir el traductor desta historia este quinto capítulo, dice que le tiene por apócrifo, porque en él habla Sancho Panza con otro estilo del que se podía prometer de su corto ingenio" (II, 5: 663); en otro lugar el traductor especula con la interpretación de la intrigante frase de Cide Hamete "juro como

---

3 "Morisco" significa español descendiente de musulmanes; los críticos no coinciden sobre el significado preciso de "aljamiado" en esta cita, pero está claro que designa a un joven que habla árabe y castellano, posiblemente escolarizado.

católico" de esta manera, "no quiso decir otra cosa sino que así como el católico cristiano cuando jura, jura, o debe jurar, verdad... así él la decía… como si jurara como Cristiano católico" (II, 27: 855).

El tercer tipo de aparición de la traducción en el *Quijote* que menciona García Yebra (1994) son los comentarios acerca de la misma. Personajes como el cura y el barbero alaban la obra de traductores reales de la época como Juan de Jáuregui, denuncian la de otros, señalan la dificultad de traducir poesía. De entre todos ellos, el comentario sobre la traducción más importante y famoso del *Quijote* es el símil de los tapices flamencos del final de la segunda parte. Don Quijote visita una imprenta de Barcelona llena de máquinas y empleados, incluido un traductor del italiano, con quien habla. El traductor, que traduce las palabras del toscano "bagatelle" y "pignatta" literalmente como, respectivamente, "juguetes" y "olla" (no sabemos si bien o mal) parece tener una concepción muy literal de la traducción. Don Quijote lo alaba (no está claro si sincera o irónicamente). Sí está claro que don Quijote alaba el trabajo de ciertos traductores reales, sentencia que "hay peores actividades" que traducir, y ofrece su propia opinión sobre la traducción en general en el siguiente símil:

> Pero, con todo esto, me parece que el traducir de una lengua en otra, como no sea de las reinas de las lenguas, griega y latina, es como quien mira los tapices flamencos por el revés, que, aunque se vean las figuras, son llenas de hilos que las escurecen, y no se ven con la lisura y tez de la haz (II, 62: 1144).

No es fácil descifrar la opinión de don Quijote en esta cita sobre la traducción, incluso sobre la calidad del traductor concreto con el que habla. Señalando dobles significados, algunos sexuales, de "pignatta" y "bagatelle" que el traductor parece desconocer, Helena Percas de Ponseti defiende convincentemente que Cervantes está siendo irónico. A pesar de la oscuridad de la cita, sin embargo, esta es mayoritariamente interpretada por la crítica como un rechazo de las traducciones (en tanto que inferiores a los textos originales) por parte de don Quijote y de Cervantes mismo.

Irónicamente, a la malinterpretación del símil de los tapices flamencos han contribuido en gran medida las traducciones al inglés de la frase "como quien mira los tapices flamencos por el revés", que traducen "revés" por "wrong side" y borran del mapa el adjetivo "flamencos". A continuación, incluyo cinco famosas traducciones representativas de las traducciones al inglés en su conjunto, con énfasis añadido por mí:

Ozell's revision of the Translation of Peter Motteux (1700-1703).

Though, by the way, Sir, I think this kind of Version from one Language to another, **except it be they the wrong Side,** where, though the Figures are distinguishable, yet there are so many Ends and Threads, that the Beauty and Exactness of the Work is obscur'd, and not so advantageously discern'ed as on the right Side of **the Hangings**…

Charles Jarvis (1742)

But, for all that, I cannot but be of opinion, that translating out of one language into another, unless it be from those queens of the languages, Greek and Latin, is like **setting to view the wrong side of a piece of tapestry,** where, though the figures are seen, they are full of ends and threads, which obscure them, and are not seen with the smoothness and evenness of the right side…

Tobias Smollett (1755)

Yet, nevertheless, a translation from one language to another, excepting always those sovereign tongues the Greek and Latin, is, in my opinion, like **the wrong side of Flemish tapestry**, in which, tho' we distinguish the figures, they are confused and obscured by ends and threads, without that smoothness and expression which the other side exhibits…

Burton Raffel (1999)

It seems to me, all the same, that translating from one language to another, except from those queens of all languages, Greek and Latin, is rather like **looking at Flemish tapestries on the wrong side,** because even though you can make out the figures, they're partially hidden behind this thread and that thread, and you can't ever see them as clearly and with all the detail you can find on the right side…

Edith Grossman (2003)

Translation from one language to another, unless it is from Greek and Latin, the queens of all languages, is like **looking at Flemish tapestries from the wrong side**, for although the figures are visible, they are covered by threads that obscure them, and cannot be seen with the smoothness and color of the right side…

Como la mayoría de los traductores al inglés, los arriba citados traducen "revés" por "wrong side" ("el lado equivocado"). Evidentemente, esta valoración negativa del revés de un tapiz no está en el original, del mismo modo que no lo está la valoración positiva de "haz" implícita en la traducción "the right side". En inglés parece no haber término equivalente a "haz" y "revés" en el lenguaje de la tapicería, pero los traductores podían fácilmente haber optado por "reverse", etimológicamente relacionado con "revés", incluso por "backside"[4], u otro término. Optar por "wrong side" y "right side" implica un grado de simplificación inadecuado para un texto que repetidamente rechaza de plano todo tipo de binarismos excluyentes.

Basándose en traducciones al inglés como las de arriba, una gran mayoría de críticos interpretan que Cervantes cuestiona la traducción. Solo una minoría se opone a esta visión[5]. Entre los pocos críticos que explican por qué de ninguna manera se puede considerar el símil de los tapices una crítica a la traducción por parte de Cervantes destaca, por su argumentación, un excelente artículo de Kathryn Vomero Santos. Dicha crítica nos recuerda que la comparación de la traducción con el reverso de un tapiz no es de Cervantes sino de Temístocles, según expresa Plutarco en *Vidas paralelas* (capítulo 29) y añade que el símil circulaba por España en el siglo XVI. Ofrece ejemplos de contemporáneos de Cervantes que lo usaron con intención peyorativa, como el traductor Luis Zapata y el poeta Diego Hurtado de Mendoza (2016: 346)[6], y también de quienes proporcionaron una interpretación positiva como el traductor y poeta inglés Leonard Digges. Para comprender el símil cervantino, Vomero señala la necesidad de un análisis histórico tanto del arte de la tapicería como del uso del símil del tapiz en la época del *Quijote*. Vomero mantiene que, al igual que el estudio de la técnica de la tapicería en el Renacimiento ayuda a entender la complejidad de la relación entre originales y traducciones ("can complicate our traditional understanding of the hierarchy between originals and translations" [2016: 345]), el símil de la traducción como tapiz puede mostrar que la relación entre traducciones y originales dista de ser simple ("that the relationship between **translations** and originals is messy, knotty, and not at all binary" [2016: 352], mi traducción). Del

4 Un sinónimo de "revés" o "reverso" de un tapiz es "espalda" (Herrero Carretero 2008: 143).

5 Por ejemplo, Percas de Ponseti (1989); Tang (2008) también argumenta en contra de la interpretación negativa de la visión cervantina de la traducción. Stavans considera incongruente que Cervantes denueste la traducción: "this is a rather pessimistic view for a book like *El Quijote*, which purports to be a translation -and a rather impromptu one, made by a morisco aljamiado- from the Arabic and which, ironically, has been accessed by the vast majority of its own readers in a language other than its original Spanish" (2015: 174).

6 Según Percas de Ponseti, la atribución a Diego de Mendoza es errónea (1991: 112).

hecho material de que los tapices se tejían por detrás en el siglo XVII, Vomero extrae una contribución verdaderamente esencial para la lectura del *Quijote*, a saber, la necesidad de leerlo al revés. Para Vomero, leer el *Quijote* al revés significa dos cosas fundamentales: conocer la historia de la traducción ("**read backwards** toward a history of translation" [2016: 352]) y leer un texto buscando sus nudos internos de significados no evidentes ("to attend to the "knots within" [2016: 345]). Vomero asegura que esta lectura al revés revela la complejidad de la cita cervantina, cuya malinterpretación secular lamenta: "Read from this backward perspective, the tapestry metaphor made famous in Cervantes's print shop scene begins to unravel, indeed to reweave itself into something far more complex than the centuries of unquestioned quotation and repetition would seem to suggest" (2016: 345).

El artículo de Vomero es fundamental para la interpretación adecuada del símil expresado en II, 62. Esta crítica, sin embargo, no menciona la contribución personal de Cervantes al mismo, a saber: el toponímico "flamencos", sin el que la versión cervantina del símil no se puede comprender.

De nuevo, las traducciones al inglés ignoran la importancia nodal del adjetivo "flamenco". La primera versión inglesa de la segunda parte (Thomas Shelton, 1620) lo traduce como "colgaduras de Arras" ("Arras Hanging")[7]; Ozell (1700-1703) sencillamente como "the Hangings"; Charles Jarvis (1742) no lo traduce y opta por "a piece of tapestry". Por el contrario, Tobias Smollett (1755), Burton Raffel (1999) y Edith Grossman (2003) preservan el fundamental adjetivo "flamencos", que traducen como "Flemish".

Para entender por qué es fundamental el que los tapices del símil cervantino sean "flamencos" (y no de Arras o ningún otro lugar) tenemos que hacer historia de los tapices flamencos[8]. La mayor colección de tapices flamencos del mundo (procedentes de Flandes, Bélgica y de Holanda) fue encargada por la corona española debido a su historia imperial. Muchos de ellos se realizaron en el taller del prestigioso artesano belga Willem de Pannemaker. Hoy en día, de los aproximadamente 3100 tapices que posee el Patrimonio Nacional español, una

---

7 Aparentemente, el término "Arras Hangings" para tapices se introdujo al inglés en la Edad Media. Para finales del siglo XVI la industria tapicera conectada con los Habsburgo, y con Carlos V de manera especial, decayó en Bélgica debido a la guerra, y otros monarcas, como Luis XIV en el caso de Arras, llevaron la industria a sus países respectivos. De ahí que en la primera traducción al inglés de la segunda parte del *Quijote* (1620) traduzcan "tapices flamencos" por "Arras Hangings", o que la palabra italiana para tapices sea "arazzo".

8 Ver "Tapices flamencos en España" (Fundación Carlos de Amberes, 2013).

sexta parte son flamencos: 8000 metros de tapices. Suelen ser espectaculares. Usualmente miden unos 5 metros de alto por 8 a 10 de ancho. Se conservan en el Prado, en la Granja de San Ildefonso, en los Reales Alcázares de Sevilla, en catedrales y monumentos históricos como la Catedral de Zamora, que posee una magnífica colección, regalo del emperador Carlos V y de personas y familias poderosas.

Estos tapices gigantes eran mucho más valiosos que cuadros[9] por el tiempo que se necesitaba para manufacturarlos y los materiales preciosos (seda e hilo de plata y oro) de los que estaban hechos. Brillaban en la oscuridad en una época en la que no existía la electricidad. Hasta el siglo XVIII la tapicería era la principal de las artes visuales, cumpliendo funciones ceremoniales y propagandísticas de primer orden.

Las colecciones más famosas de tapices flamencos del patrimonio español son *Los Honores* (1500-1558) y *La conquista de Túnez* (1549-1554). *Los Honores*, estudiado por el historiador del arte Guy Delmarcel, son nueve tapices creados para conmemorar la coronación de Carlos V en Aquisgrán (Aachen) en 1520. Con su gran tamaño y sus temas mitológicos la serie servía para educar a futuros monarcas en los ideales atribuidos a la ética imperial (fe, honor, nobleza sabiduría, compromiso). Delmarcel llama a *Los Honores* posiblemente la serie más literaria y erudita producida nunca[10]. Visitarla en la Granja de San Ildefonso es una experiencia única. *La conquista de Túnez*, doce paneles monumentales del taller de Wilhelm Pannemaker, fue la colección más importante comisionada por los Austrias y la enseña de la dinastía[11]. La serie se conserva entre la Real Armería

9 Para hacernos una idea de su precio podemos compararlos con el de pinturas de la época. Cuando Isabel de Castilla muere en 1504 sus posesiones se subastan. Uno de sus cuadros favoritos se vende por unos 1500 maravedís, un precio considerable, habida cuenta de que un panel de El Bosco se vende por solo 170. Por otro lado, uno de los tapices de la reina, *La resurrección de Lázaro*, se valoró en 150 000 maravedís. Hay que tener en cuenta que Isabel nunca poseyó tapices como los de su imperial nieto Carlos V. Medio siglo más tarde Felipe II, su biznieto, paga casi tres millones de maravedís por los ocho tapices que componen la serie del Apocalipsis.

10 "… perhaps the most literary and erudite set ever produced in Flemish tapestry art" (2000: 157).

11 Carlos V encargó la serie "La conquista de Túnez" en 1546 en honor de su conquista de Túnez a los turcos en julio de 1535. La campaña duró unos tres meses. El emperador comisionó al pintor flamenco Jan Cornelisz Vermeyen (*circa* 1559-1606) que acompañara a la expedición haciendo esbozos de primera mano de la gente, los escenarios y paisajes para producir innumerables dibujos y grabados. Además, el emperador invitó a poetas e historiadores para que glorificasen sus victorias en el norte de África.

del Palacio de Oriente en Madrid y en los Reales Alcázares de Sevilla. Celebran el papel de Carlos V como defensor de la fe católica contra turcos y musulmanes en La Goleta y Túnez en 1535. *La conquista de Túnez* se exhibía en festividades de la corte, ceremonias religiosas y actos oficiales como afirmación visual de la hegemonía de los Habsburgo. Inicialmente colgaron de las paredes del salón de recepción principal del palacio de Bruselas. Durante los reinados de Carlos V y Felipe II estuvieron en el Alcázar de Madrid. Colgados juntos, los doce paneles ocupaban aproximadamente 600 metros cuadrados.

Revisitemos ahora la pregunta inicial: ¿Por qué especifica Cervantes que los tapices son flamencos y no habla de tapices en general? La respuesta es sencilla, clara y fundamental: porque con su magnificencia y resplandor, los tapices flamencos eran el mayor instrumento de propaganda de los Habsburgo. Como dice Delmarcel en su ensayo sobre *Los Honores*, en los tapices flamencos "la autoridad [de los Austrias] se auto exhibía" (2000: 157)[12]. Hasta 1573 la serie *La Conquista de Túnez* se mostraba cada año en el Monasterio de las Descalzas Reales de Madrid el jueves de Corpus Christi, y por toda la península en actos oficiales. Ciertamente Cervantes tuvo muchas ocasiones de ver esta serie y otras en su vida. *La Conquista de Túnez* tuvo que revestir un significado especial para un soldado como él que había combatido en el mismo escenario bélico, La Goleta.

En conclusión, en este trabajo sostengo dos puntos de importancia para la lectura del *Quijote* que elaboro en otro artículo (2022), a saber, que el término "flamencos" tiene una importancia fundamental y, en la medida de mi conocimiento, absolutamente no estudiada, para comprender el famoso símil de Cervantes sobre la traducción en cuanto práctica extremadamente importante. Pero es que hay mucho más. Con el símil de los tapices flamencos Cervantes nos regala a las lectoras y los lectores que estamos concluyendo el libro un silogismo de consecuencias inmensas para la lectura del *Quijote*. Su primera premisa afirma que, en cuanto traducción, el *Quijote* es un tapiz; la segunda premisa nos recuerda que los tapices tienen dos lados. Como conclusión, Cervantes nos invita a una lectura al revés del *Quijote*, donde leer al revés significa, por un lado, identificar

Once años después de la campaña, Vermeyen fue contratado para hacer los cartones para los tapices, los cuales se tejieron en el taller de Wilhelm Pannemaker. Debían usar exclusivamente los mejores materiales: seda de Granada en 63 colores, la mejor lana, hilo de Lyon. Carlos V se comprometió a suministrar grandes cantidades de oro y plata. El encargo les costó a los Habsburgo el equivalente a millones de dólares de los actuales. España perdió La Goleta unos pocos años después.

12 Todavía hoy el rey Borbón de España exhibe su autoridad ante la nación en los telediarios con el fondo de un tapiz flamenco en actos oficiales celebrados en el Palacio Real.

nudos profundos de significado ocultos en una lectura superficial, y, por otro lado, conectar a contracorriente por medio del hilo temático de la traducción la cita final de II, 62 y la inicial de I, 9. Colocadas a similar distancia, respectivamente, del principio y del final del *Quijote*, ambas citas enmarcan, uniéndolas, las dos partes de la obra. El símil del tapiz-traducción extiende la invitación de hacer una segunda lectura de la novela al revés: del final al principio mirando esta vez el reverso del tapiz. El viaje de regreso inevitablemente nos lleva al morisco aljamiado del principio. El escrutinio a fondo nos muestra por todas partes huellas nodales de un mundo morisco que está siendo barrido bajo el tapiz de la ideología oficial de la España de Felipe III. Leído a esta luz, el *Quijote* se revela (y se rebela) como un texto/tejido de haz y envés que amorosamente preserva en la oscuridad un mundo cuya existencia se empeña en aniquilar e invisibilizar la ideología oficial de los Habsburgo.

Bibliografía

Cervantes, Miguel de, *Don Quijote de la Mancha*, ed. Martín de Riquer, Barcelona, Juventud, 1955.

Bremer-David, Charissa, "Foreword. Visual poetry", en Sidore, Micala, *The Art is the Cloth. How to Look at and Understand Tapestries,* Pennsylvania, Schiffer Publishing, 2020.

Delmarcel, Guy, *Los Honores: Flemish Tapestries for the Emperor Charles V,* Bélgica, SDZ, 2000.

Fundación Carlos de Amberes (2013), "Tapices flamencos en España", [en línea], 2013, (consulta el 9 de diciembre de 2020).

<http://tapestries.flandesenhispania.org/index.php/The_Conquest_of_Tunis_series>

García Yebra, Valentín, "El Quijote y la Traducción", en García Yebra, Valentín (ed.), *Traducción. Historia y teoría,* Madrid, Editorial Gredos, 1994, 187-202.

——, *En torno a la traducción,* Madrid, Gredos, 1983.

Grossman, Edith, "Foreword", en Vignon, Charlotte, *Coypel's Don Quixote Tapestries. Illustrating a Spanish Novel in Eighteenth Century France*, New York, The Frick Collection, 2015, 7-11.

Hagedorn, Hans Christian, *La traducción narrada: el recurso narrativo de la traducción ficticia,* Cuenca, Ediciones de la Universidad de Castilla-La Mancha, 2006.

Herrero Carretero, Concha, *Vocabulario histórico de la tapicería*, Madrid, Patrimonio Nacional, 2008.

Lázaro Gurtubay, Reyes, "The Knots in the Tapestry. Teaching Translation Through *Don Quijote*, Teaching *Don Quijote* Through Translation", en Baer, Brian James y Michelle Woods (eds.), *Teaching Literature in Translation. Pedagogical Contexts and Reading Practices*, London y New York, Routledge, 2022, 44-54.

Martí Alanis, Antonio, "La función epistemológica del traductor en el Quijote", *Anales Cervantinos*, 23, 1985, 31-46.

Moner, Michel, "Cervantes y la traducción", *Nueva Revista de Filología Hispánica*, 38: 2, 1990, 513-524.

Percas de Ponseti, Helena, "Cervantes y su sentido de la lengua: Traducción", *Actas del II coloquio internacional de asociacion de cervantistas*, Barcelona, Anthropos, 1991, 111-122.

Sidore, Micala, *The Art is the Cloth. How to* Look *at and Understand Tapestries*, Pennsylvania, Schiffer Publishing, 2020.

Stavans, Ilan, *Quixote. The Novel and the World*, New York, W.W. Norton and Company, Inc., 2015.

Tang, Wan Sonya, "Mirar tapices flamencos por el revés: Elogio implícito de la traducción en Don Quijote", *Revista de Estudios Hispánicos*, 42: 3, 2008, 483-502.

Venuti, Lawrence, *The Translator's Invisibility*, London y New York, Routledge, 1995.

Vomero Santos, Kathryn, "The Knots Within. Translations, Tapestries and the Art of Reading Backwards", *Philological Quarterly*, 95 (3-4), 2016, 343-357.

Carlos Mata Induráin

Universidad de Navarra, GRISO

La poesía en el origen (y en la trayectoria) de la creación literaria de Cervantes

Resumen
La poesía estuvo presente a lo largo de toda la trayectoria literaria de Cervantes, desde sus tiempos de juventud hasta el momento de redacción de su última novela, ya de publicación póstuma. En este trabajo se hace un recorrido -necesariamente breve y esquemático- por toda la obra lírica cervantina: las poesías insertas en *La Galatea*, en el *Quijote*, en las *Novelas ejemplares*, en el teatro y en el *Persiles* (con las funciones que desempeñan) y también sus poesías sueltas. Cervantes no fue un virtuoso del verso: su producción poética es desigual en calidad, tiene sus luces y sus sombras, pero su corpus poético incluye algunas composiciones excelentes. En él se da entrada a distintos subgéneros y distintas tonalidades, y sus versos constituyen un completo muestrario de los principales temas y preocupaciones que encontramos en el conjunto de la obra cervantina.

Palabras clave: Siglo de Oro, manierismo, lírica, poesía inserta.

Miguel de Cervantes fue poeta desde el principio de su carrera como escritor hasta el fin de sus días, hasta las vísperas mismas de su muerte. Suele comentarse que su salto a la arena literaria se produce en 1585 con la aparición de *La Galatea*, y ciertamente ese es su primer libro publicado; sin embargo, ya antes había dado a las prensas algunos escritos, y esas primeras publicaciones del ingenio complutense fueron precisamente varios poemas, los dedicados a la muerte de la reina Isabel de Valois, en el año 1569. Si pasamos al otro extremo y nos situamos al final de sus días, ¿cómo no recordar la famosa cuanto emotiva dedicatoria del *Persiles* al conde de Lemos, que firma "Puesto ya el pie en el estribo / con las ansias de la muerte…"? No es solo que, para su despedida del mundo, eche mano, adaptándolos, de unos versos de la copla antigua, sino que además, en esa novela, que a la postre sería póstuma, introduce Cervantes cuatro hermosos sonetos y otras diversas poesías. Entre ambos hitos, las composiciones juveniles dedicadas a Isabel de la Paz y las insertas en su *Historia setentrional*, numerosos testimonios nos iluminan acerca de la vocación poética cervantina. Así, en las palabras a los "Curiosos lectores" con que se abre *La Galatea*, justifica su decisión de dar a la estampa esa novela escrita en prosa y verso, y para ello alega "la inclinación que a la poesía siempre he tenido…". Esa vocación la reitera decididamente en el *Viaje del Parnaso*: "Desde mis tiernos años amé el arte / dulce de la agradable poesía" (IV, vv. 31-32). Así lo reconoce ahora que ya es un anciano, y puede nombrarse el "Adán de los poetas" o presentarse graciosamente: "Yo, socarrón; yo, poetón ya viejo".

En definitiva, la poesía está presente desde los orígenes hasta el final de la creación literaria cervantina, y en este trabajo me propongo ofrecer unas breves calas en este corpus poético. En mi acercamiento prestaré atención a los temas, las tonalidades, la métrica, los recursos expresivos, etc., presentes en una selección de sus composiciones, correspondientes tanto a sus poesías sueltas como a las intercaladas en su prosa (*La Galatea*, el *Quijote*, las *Novelas ejemplares* y el *Persiles*) o incluso en su teatro. Dadas las limitaciones de espacio, la selección habrá de ser necesariamente parcial, aunque confío en que los textos reproducidos, con las someras notas explicativas que los acompañan, sirvan a modo de pequeño muestrario del quehacer poético cervantino[1].

1. Poesía inserta en *La Galatea*

En *La Galatea* (1585), novela pastoril, encontramos por definición genérica la mezcla de prosa y verso[2]. Entre las poesías insertas abundan los sonetos, y como muestra de ellos elijo el célebre de Gelasia del libro VI. Se trata de una buena composición, de gran tensión poética, construida con una serie de interrogaciones retóricas y un hermosísimo verso final con el que la pastora pondera su entera libertad para amar o no amar. Gelasia -personaje que podemos emparentar con la Marcela del *Quijote*- protesta contra el "falso amor" (v. 11) y añade una enumeración de sus perniciosos efectos:

¿Quién dejará del verde prado umbroso
las frescas yerbas y las frescas fuentes?
¿Quién de seguir con pasos diligentes
la suelta liebre o jabalí cerdoso?
¿Quién, con el son amigo y sonoroso,

1 He dedicado varios trabajos al estudio de la poesía cervantina (entre otros, Mata Induráin 2005), de los cuales aprovecho aquí algunos pasajes para este recorrido panorámico. Ver también ahora Montero Reguera 2021. Recientes ediciones de las poesías cervantinas son la de Adrián J. Sáez en Cátedra y la de José Montero Reguera y Fernando Romo Feito, con la colaboración de Macarena Cuiñas Gómez, para la Real Academia Española, ambas de 2016.

2 Para las funciones poéticas en *La Galatea*, ver Trambaioli 1993 y Trabado Cabado 2000.

no detendrá las aves inocentes?
¿Quién, en las horas de la siesta ardientes,
no buscará en las selvas el reposo,
por seguir los incendios, los temores,
los celos, iras, rabias, muertes, penas
del falso amor, que tanto aflige al mundo?
Del campo son y han sido mis amores;
rosas son y jazmines mis cadenas;
libre nací, y en libertad me fundo
(*La Galatea* 6: 615).

En el haber poético del Cervantes sonetista en *La Galatea* podemos poner: 1) su dominio de los tópicos amorosos y la imaginería petrarquista y neoplatónica, derivado de las lecturas de Garcilaso y Herrera, por ejemplo, el amor que causa el acabamiento-muerte del amante; la ingrata amada enemiga; las alternancias en los estados anímicos (esperanza/desesperanza, etc.); 2) su habilidad en el manejo de estructuras artificiosas, es decir, no solo paralelismos y quiasmos, sino también series trimembres o cuatrimembres, que son recursos que apuntan a un estilo manierista; el acierto expresivo de determinados versos que brillan con luz propia en un determinado soneto (destacando por encima de la calidad global del conjunto); 4) el uso del epíteto y el empleo del léxico de la navegación aplicado a la experiencia amorosa, etc. En cuanto a la función que cumplen estas composiciones líricas, todas ellas pueden ser leídas de forma autónoma, admitiendo un análisis como textos exentos. Pero hay que añadir que todas las poesías insertas en *La Galatea* -y en el resto de la narrativa cervantina- están sabiamente integradas en la prosa que las enmarca, desempeñando una determinada función, ya sea esta referencial, emotiva, conativa o poética (ver Santa-Aguilar 2021). Por el contrario, en el debe poético cervantino hemos de señalar: 1) la pobreza de ciertas rimas, conseguidas con formas verbales conjugadas, o bien la repetición de palabras en posición de rima que no parecen responder a una voluntad de estilo; 2) la caída del ritmo poético en el caso de algunos versos en los que la cadencia prosódica se resiente; en efecto, a veces el ritmo del poema no fluye debido a la mala colocación de los acentos, que no es todo lo perfecta que sería de desear. Todo lo indicado hace que los sonetos de *La Galatea*, como la poesía de Cervantes en general, nos dejen una impresión doble: de gran belleza y acierto expresivo en algunas ocasiones, con ciertas composiciones muy logradas; de poesía francamente mejorable, en otras. Son, en suma, unos sonetos y una poesía llenos de luces… y también de algunas sombras.

2. Poesía inserta en el *Quijote*

Igualmente encontramos poesías insertas en el *Quijote*, que cumplen asimismo distintas funciones. Como en el caso de *La Galatea*, solo puedo recoger aquí algún ejemplo significativo. En este caso me inclino por recordar los dos sonetos de Lotario incluidos en la historia intercalada de *El curioso impertinente*. El primero de ellos está compuesto por Lotario (tomado, con retoques, de *La casa de los celos*, donde abría la tercera jornada). Lotario -que es con quien se identifica el yo lírico- se pasa el día quejándose y lamentando la ingratitud de Clori, mientras enamora a Camila, casada con Anselmo. Como se anota en la edición del *Quijote* coordinada por Rico, el poema -cuya cadencia marca muy bien el paso del tiempo: noche, amanecer, mediodía, noche- se apoya en Petrarca, *Canzoniere*, núm. CCXVI. Desde el punto de vista estilístico, cabe destacar la antítesis paralelística del verso 3 ("la pobre cuenta de mis ricos males") y el verso final también bimembre, "al cielo sordo, a Clori sin oídos" (como también lo es el undécimo, "el llanto crece y doblo los gemidos"), donde resulta patente que no hay variación en la situación del amante, para quien solo queda el sufrimiento:

> En el silencio de la noche, cuando
> ocupa el dulce sueño a los mortales,
> la pobre cuenta de mis ricos males
> estoy al cielo y a mi Clori dando.
> Y al tiempo cuando el sol se va mostrando
> por las rosadas puertas orientales,
> con suspiros y acentos desiguales
> voy la antigua querella renovando.
> Y cuando el sol, de su estrellado asiento
> derechos rayos a la tierra envía,
> el llanto crece y doblo los gemidos.
> Vuelve la noche, y vuelvo al triste cuento
> y siempre hallo, en mi mortal porfía,
> al cielo sordo, a Clori sin oídos.
> (*Quijote* I, 34: 399)

Hay un segundo soneto de Lotario que forma serie con este e insiste en el tópico de la "amada enemiga". Camila, sabiendo que ella es la Clori aludida en el texto anterior, le pide que recite más poemas, si sabe algún otro, y Lotario indica: "Sí sé [...], pero no creo que es tan bueno como el primero, o, por mejor decir, menos malo" (I, 34: 400). Tras ser recitado, anota el narrador: "También alabó este segundo soneto Anselmo como había hecho el primero añadiendo eslabón a eslabón a la cadena con que se enlazaba y trababa su deshonra" (I, 34: 401). Ahora el yo lírico anuncia su muerte desde el primer verso y se sigue quejando de su "bella ingrata" (v. 3), aunque insiste en que no se arrepiente de adorarla. El segundo cuarteto retoma el motivo neoplatónico del rostro dibujado (aquí, esculpido) en el pecho del amante. El segundo terceto desarrolla la imagen de la navegación peligrosa, sin esperanza de llegar a seguro puerto. Como se anota en la edición de Rico, los versos 1 y 8 son ecos de Garcilaso, sonetos I, verso 7, "sé que me acabo, y más he yo sentido", y V, verso 1: "Escrito'stá en mi alma vuestro gesto". Añadiré que el verso 5: "Podré yo verme en la región de olvido", es otro eco garcilasista que evoca el verso 14 del soneto XXXVIII, "por la oscura región de vuestro olvido". El texto reza así:

Yo sé que muero, y si no soy creído,
es más cierto el morir, como es más cierto
verme a tus pies, ¡oh, bella ingrata!, muerto,
antes que de adorarte arrepentido.
Podré yo verme en la región de olvido,
de vida y gloria y de favor desierto,
y allí verse podrá en mi pecho abierto
como tu hermoso rostro está esculpido.
Que esta reliquia guardo para el duro
trance que me amenaza mi porfía,
que en tu mismo rigor se fortalece.
¡Ay de aquel que navega, el cielo escuro,
por mar no usado y peligrosa vía,
adonde norte o puerto no se ofrece!
(*Quijote* I, 34: 400)

Solo unas líneas puedo dedicar a la canción desesperada inserta en *Quijote*, I, 14, en el contexto del episodio pastoril de Grisóstomo y Marcela. Abre ese capítulo, que lleva el epígrafe: "Donde se ponen los versos desesperados del difunto pastor, con otros no esperados sucesos". En Sierra Morena, don Quijote tiene ocasión de asistir al entierro de Grisóstomo. Su amigo Ambrosio -que conserva los escritos del pastor, aunque tiene el encargo de quemarlos todos- explica que el último papel que escribió fue uno con el título de "Canción desesperada", y se lo entrega a Vivaldo para que lo lea mientras abren la sepultura. El adjetivo *desesperada* se puede entender en un doble sentido: 'sin esperanza' o 'propia de un suicida', ya que en el Siglo de Oro la palabra *desesperarse* valía 'suicidarse'. A lo largo del episodio Cervantes es ambiguo con relación a las causas del fallecimiento de Grisóstomo: suicidio o muerte por amor. Sea como sea, la canción, compuesta seguramente antes que el *Quijote*, fue introducida aquí para justificar, desde un punto de vista poético y subjetivo, la muerte del enamorado pastor. La canción consta de ocho estancias más el envío final dirigido a la propia canción.

Desarrolla el tópico de la "bella ingrata", de la "hermosa amada enemiga", que ya hemos encontrado en algún texto anterior. El yo lírico anuncia que quiere lanzar su son doliente para que todo el mundo conozca la fuerza del "áspero rigor" (v. 3) de la amada desdeñosa, "tu rigor tan sin segundo" (v. 46), y la "pena cruel" (v. 31) que le causa. Así las cosas, anuncia: "Yo muero, en fin" (v. 81) y afirma que no le cabe esperar "buen suceso" (v. 82), ni en vida ni en muerte; pese a todo, señala, "alegre a tu rigor me ofrezco" (v. 102).

En fin, dejo de lado otros registros de las poesías insertas en el *Quijote*, como los textos con finalidad burlesca (son varios ejemplos) o los que plantean el tema bélico (así, los dos sonetos dedicados a la pérdida de La Goleta que abren el capítulo I, 40, localizados en el contexto narrativo de la historia del cautivo; ver Mata Induráin 2007), entre otras modalidades.

3. Poesía inserta en las *Novelas ejemplares*

De las poesías intercaladas en las *Novelas ejemplares* consideraré únicamente el soneto de Clemente, segundo poema del paje-poeta inserto en *La gitanilla*[3], novela ejemplar que cuenta la historia amorosa que se establece entre Preciosa, supuesta gitana, y el noble caballero Juan de Cárcamo, quien para probar su constancia vive dos años entre los gitanos bajo la identidad de Andrés Caballero. El soneto del paje, que despertará los celos del noble enamorado, desarrolla el tópico clásico de la *descriptio puellae* o, más bien, de la descripción de los efectos que causa la belleza de Preciosa entre quienes la contemplan: a todos los deja enamorados, todos quedan prendidos de su hermosura. En cualquier caso, la muchacha incita a un amor honesto, no lascivo (segundo cuarteto). Notemos la estructura paralelística de los versos 3-4, y la alusión de los versos 10-11: "a sus plantas tiene / amor rendidas una y otra flecha", que se refiere a las dos flechas del dios Amor (o de Cupido), una de oro y otra de plomo, que causan respectivamente amor o desdén. Además, el texto lírico inserto en la narración avisa de que la muchacha es más de lo que aparenta ("y aún más grandezas de su ser sospecha", v. 14). Dice así:

> Cuando Preciosa el panderete toca
> y hiere el dulce son los aires vanos,
> perlas son que derrama con las manos,
> flores son que despide con la boca.
> Suspensa el alma, y la cordura loca,

3 Para los poemas insertos en *La gitanilla*, ver especialmente Joly 1993.

queda a los dulces actos sobrehumanos,
que, de limpios, de honestos y de sanos,
su fama al cielo levantado toca.
Colgadas del menor de sus cabellos
mil almas lleva, y a sus plantas tiene
amor rendidas una y otra flecha.
Ciega y alumbra con sus soles bellos,
su imperio amor por ellas le mantiene,
y aún más grandezas de su ser sospecha.
(*La gitanilla*, en *Novelas ejemplares* I: 96)

4. Poesía inserta en el teatro

Entrando ya en el terreno de la dramaturgia cervantina, encontramos sonetos amorosos como por ejemplo el declamado por Porcia, la enamorada de Anastasio, duque de Dorlán, en *Laberinto de amor*, un nuevo aviso de que el amante tiene que mantenerse siempre constante en su fe. Por otro lado, en *La entretenida* pulsa Cervantes el registro cómico con un "soneto fregonil" de versos de cabo roto. Lo declama el celoso lacayo Ocaña, que está enamorado de la criada Cristina, la cual tiene otros dos pretendientes, el paje Quiñones y el criado de Cardenio, Torrente. Gustaba mucho Cervantes de estos versos de cabo roto (aquí lo son no solo al final, sino también al medio), y de esas rimas truncas agudas (baste recordar los poemas de los preliminares del *Quijote*). Es, en suma, una buena muestra de la gracia y el humor cervantinos en poesía:

Que de un lacá- la fuerza poderó-,
hecha a machamartí- con el trabá-,
de una fregó- le rinda el estropá-,
es de los cie- no vista maldició-.
Amor el ar- en sus pulgares to-,
sacó una fle- de su pulí- carcá-,
encaró al co-, y diome una flechá-,
que el alma to- y el corazón me do-.
Así rendí-, forzado estoy a cre-
cualquier mentí- de aquesta helada pu-,
que blandamen- me satisface y hie-.
¡Oh de Cupí- la antigua fuerza y du-,
cuánto en el ros- de una fregona pue-,
y más si la sopil se muestra cru-!
(*La entretenida*, en *Obras completas*: 1079b)

5. Poesía inserta en el *Persiles*

De las poesías insertas en el *Persiles*, traigo a estas páginas el soneto del enamorado portugués. Incluido en el capítulo noveno del Libro I, el tema central de esta composición -que se vale de una imagen marinera para simbolizar los riesgos y padecimientos del amor[4]- es la ponderación de la constancia. Se maneja el tópico del ejercicio amoroso, de la vida en general, como navegación (alegoría tópica de la nave de amor, guiada en esta ocasión por la "limpia honestidad", v. 8). Se trata de un soneto de temática amorosa, que encaja perfectamente en el plano de la historia personal de Manuel de Sosa Coitiño, enamorado portugués que se mantiene firme en el ejercicio amoroso hasta las últimas consecuencias, hasta la muerte. El yo lírico defiende que el amante debe seguir firme su rumbo amoroso, sin desviarse de su derrota ni dar marcha atrás, por muchos que sean los peligros que lo amenacen, e incluso aunque falte la esperanza de llegar a seguro puerto. El amor, se explica, es enemigo de la mudanza, y ningún amor que no se aquilate con la firmeza en la adversidad -verdadera piedra de toque de su calidad- puede tener buen fin ("próspero suceso", v. 13). La fuente sería el soneto CLXXXIX de Petrarca. Por otra parte, en el macrocontexto de la narración, se ajusta asimismo de forma espléndida a la situación que viven los personajes en ese instante, cuando van navegando en medio de un mar amenazador de borrascas y están rodeados de peligros por todas partes, algunos visibles, otros imprevisibles. Es buen ejemplo, de nuevo, de soneto manierista, con tema doble (amor y navegación) y hermosas series trimembres en el primer cuarteto (especialmente bello y cadencioso es el primer verso):

Mar sesgo, viento largo, estrella clara,
camino, aunque no usado, alegre y cierto,
al hermoso, al seguro, al capaz puerto
llevan la nave vuestra, única y rara.
En Scilas ni en Caribdis no repara
ni en peligro que el mar tenga encubierto,
siguiendo su derrota al descubierto,
que limpia honestidad su curso para.
Con todo, si os faltara la esperanza
del llegar a este puerto, no por eso
giréis las velas, que será simpleza.
Que es enemigo amor de la mudanza

4 Para las poesías del *Persiles*, ver Díez Fernández 1996; para los sonetos, en concreto, Mata Induráin 2004.

y nunca tuvo próspero suceso
el que no se quilata en la firmeza.
(*Persiles I*, 9: 196)

Cervantes inserta solamente cuatro sonetos en el *Persiles*, pero lo hace eligiendo sabiamente cuatro momentos de gran tensión y dramatismo y de notable importancia estructural. Dos de ellos, el primero ("Mar sesgo, viento largo, estrella clara...") y el tercero ("Cintia, si desengaños no son parte..."), inciden en el tema del amor (amor y navegación, amor y silencio, respectivamente), mientras que el segundo ("Huye el rigor de la invencible mano...") y el cuarto ("¡Oh grande, oh poderosa, oh sacrosanta...") apuntan más bien hacia el sentimiento religioso (la salvadora arca de Noé y la ciudad santa de Roma, "cielo de la tierra"). Todos ellos están magníficamente imbricados en la trama narrativa: se relacionan con las respectivas acciones de cada episodio (a veces con marcas textuales que enlazan muy claramente el texto del soneto y el de la narración), de forma que lo predicado en los textos líricos está en paralelo con la situación que viven los personajes en cada momento. Sabemos que Cervantes tenía en muy alto concepto la poesía (la poesía considerada como ciencia; otra cosa distinta es su opinión sobre los poetas), y en su narrativa -lo mismo podría decirse de sus obras dramáticas- usa las composiciones poéticas para subrayar líricamente aquellos momentos o episodios especialmente peligrosos, dramáticos o intensos, momentos en los que el sentimiento de los protagonistas alcanza una notabilísima altura. En definitiva, los cuatro sonetos constituyen cuatro hermosas perlas líricas sabiamente engarzadas por Cervantes en el oro narrativo del *Persiles*.

6. Poesías sueltas

En el terreno de las poesías sueltas, y dejando de lado los tempranos poemas dedicados a la muerte de Isabel de Valois (poesía de circunstancia), como ejemplo de su poesía religiosa podríamos recordar algunos de sus poemas hagiográficos (ver Mata Induráin 2008), como el dedicado a san Jacinto, la glosa de "El cielo a la Iglesia ofrece..." (*Poesías completas*, II: 373-374). El contenido del poema -que no puedo transcribir, ni siquiera parcialmente- juega con la palabra *Jacinto*, que es el nombre de pila del santo, pero también el de una piedra preciosa a la que se atribuían en la época propiedades taumatúrgicas. En este sentido, por ser piedra preciosa de su corona, el santo resplandece delante de Dios con "vivos rayos", con una "luz jacintina" que se muestra "viva y rutilante" ante la luz del propio Sol. Además, se dice, esa piedra preciosa la ofrece el cielo (=Dios, el esposo) a su esposa la Iglesia y, por otra parte, el hombre se ve restituido en su salud merced a la eficacia medicinal de san Jacinto.

En fin, por lo que respecta a la poesía satírico-burlesca, Cervantes es autor de dos notables textos. El soneto dedicado "A la entrada del duque de Medina en Cádiz", que comienza: "Vimos en julio otra Semana Santa…", es una de las composiciones poéticas cervantinas que destaca por su incisiva ironía al presentar la "triunfal" entrada del noble en Cádiz en julio de 1596, tras el prolongado saqueo de la ciudad llevado a cabo por los ingleses (ver Mata Induráin 1999). De él afirmó Menéndez Pelayo que era "todavía más punzante" que el soneto dedicado al túmulo de Felipe II en Sevilla (el célebre: "¡Voto a Dios que me espanta esta grandeza…!"), que en reiteradas ocasiones ha sido considerado como el más famoso del ingenio complutense. Ambas composiciones -que tampoco cabe reproducir aquí- pueden ponerse en parangón por su fuerza expresiva y por su propia estructura, con su contundente y demoledor final.

7. A modo de conclusión

Si damos por bueno que Cervantes no nació poeta, al menos tendremos que reconocer también que, a lo largo de toda su vida, trabajó y se desveló por serlo, cultivando la poesía con entrega y dedicación, "desde la natural inclinación de su temprana mocedad hasta la constancia conmovedora de su vejez", por decirlo con palabras de Gerardo Diego (1948: 214). El breve recorrido que hemos hecho por estos poemas cervantinos nos muestra –creo- esa dedicación constante. Cervantes, valga decirlo así, dio en hacerse poeta, "que es enfermedad incurable y pegadiza", según sentenció la sobrina de don Quijote. El alcalaíno cultivó el arte (y el artificio) de la poesía, convencido de que, si la naturaleza no le había dotado excepcionalmente para el genio poético, el trabajo continuo y el cultivo tenaz del verso podía ayudarle a mejorar su estilo: no en balde el arte perfecciona a la naturaleza. Como indica Gaos (1979), Cervantes no llegó a ser un virtuoso del verso, pero sí fue capaz de presentar distintos registros poéticos, haciendo gala de variados recursos estilísticos para el ornato retórico de sus poemas. La de Cervantes es una poesía con sus cumbres y caídas, y así Gerardo Diego habla de su "desigual e intermitente vena poética" (1948: 214), pero es cierto también que en ese corpus podemos encontrar algunas composiciones verdaderamente excelentes. En fin, concluiré señalando que la poesía de Cervantes constituye un muestrario de los principales temas y preocupaciones presentes en el conjunto de su obra: el amor, la mujer, el mundo pastoril, la guerra y las armas, la libertad, la amistad, la reflexión sobre la literatura, la alegoría y el simbolismo, temas circunstanciales, etc.

Bibliografía

Cervantes, Miguel de, *Viaje del Parnaso y poesías sueltas*, ed. de José Montero Reguera y Fernando Romo Feito, con la colaboración de Macarena Cuiñas Gómez, Barcelona / Madrid, Círculo de Lectores / Real Academia Española, 2016.

——, *Poesías*, ed. de Adrián J. Sáez, Madrid, Cátedra, 2016.

——, *Los trabajos de Persiles y Sigismunda*, ed. de Carlos Romero Muñoz, 2.ª ed. revisada y puesta al día, Madrid, Cátedra, 2002.

——, *La Galatea*, ed. de Francisco López Estrada y María Teresa López García-Berdoy, 2.ª ed., Madrid, Cátedra, 1999.

——, *Obras completas*, ed. de Florencio Sevilla Arroyo, Madrid, Castalia, 1999.

——, *Don Quijote de la Mancha*, ed. dirigida por Francisco Rico, 2.ª ed. corregida, Barcelona, Instituto Cervantes / Editorial Crítica, 1998, 2 vols.

——, *Novelas ejemplares*, ed. de Harry Sieber, 13.ª ed., Madrid, Cátedra, 1990, 2 vols.

——, *Poesías completas*, ed. de Vicente Gaos, Madrid, Castalia, 1981, 2 vols.

Diego, Gerardo, "Cervantes y la poesía", *Revista de Filología Española*, XXXII, 1948, 213-236.

Díez Fernández, J. Ignacio, "Funciones de la poesía en *Los trabajos de Persiles y Sigismunda*", *Dicenda*, 14, 1996, 93-112.

Gaos, Vicente, "Cervantes, poeta", en *Cervantes. Novelista, dramaturgo, poeta*, Barcelona, Planeta, 1979, 159-198.

Joly, Monique, "En torno a las antologías poéticas de *La gitanilla* y *La ilustre fregona*", *Cervantes*, XIII, 2, 1993, 5-15.

Mata Induráin, Carlos, "Elementos religiosos en la poesía de Cervantes", en Fine, Ruth y Santiago López Navia (eds.), *Cervantes y las religiones*, Madrid / Frankfurt am Main, Iberoamericana / Vervuert, 2008, 175-198.

——, "Los dos sonetos a la pérdida de La Goleta (*Quijote*, I, 40) en el contexto de la historia del Capitán cautivo", *Rilce. Revista de Filología Hispánica*, 23.1, 2007, 169-183.

——, "Veinte poemas de amor y una canción desesperada de Miguel de Cervantes Saavedra", *Mapocho. Revista de Humanidades*, 57, 2005, 55-88.

——, "Algo más sobre Cervantes poeta: a propósito de los sonetos del *Persiles*", en Villar Lecumberri, Alicia (ed.), *Peregrinamente peregrinos. Actas del V Congreso Internacional de la Asociación de Cervantistas*, Barcelona, Asociación de Cervantistas, vol. 1, 2004, 651-675.

——, "El soneto de Cervantes 'A la entrada del duque de Medina en Cádiz'. Análisis y anotación filológica", en Ruiz Pérez, Pedro (ed.), *Cervantes y Andalucía: biografía, escritura, recepción*, Estepa, Ayuntamiento de Estepa, 1999, 143-163.

Montero Reguera, José, *Miguel de Cervantes: el poeta que fue novelista*, Madrid, Grupo Editorial Sial Pigmalión, 2021.

Santa-Aguilar, Sara, *El aleph de los poetas: la poesía inserta en la narrativa de Cervantes*, Alcalá de Henares, Universidad de Alcalá, 2021.

Trabado Cabado, José Manuel, *Poética y pragmática del discurso lírico: el cancionero pastoril de "La Galatea"*, Madrid, CSIC, 2000.

Trambaioli, Marcella, "La utilización de las funciones poéticas en *La Galatea*", *Anales Cervantinos*, XXXI, 1993, 51-73.

José Manuel Martín Morán

Università del Piemonte Orientale, Italia

Tipología y dinámica de grupos en los *Quijotes* de Cervantes y Avellaneda

Resumen
Estamos tan acostumbrados a pensar en la trama de las novelas como el fruto de las acciones de una serie de personajes individuales, que raramente reparamos en la nube de personajes colectivos que la acompaña, con funciones y atribuciones de relevancia variable para el relato. En el caso de los tres *Quijotes*, los dos de Cervantes y la continuación apócrifa de Avellaneda, el análisis de la tipología de personajes colectivos y las tareas que les son asignadas por los narradores nos permitirá medir la distancia técnica y estética entre el arte narrativo de los dos autores.

Palabras clave: personaje colectivo, anonimia y seudonimia, Cervantes, Avellaneda.

En los tres *Quijotes* los personajes colectivos intervienen a menudo como interlocutores, pacíficos o violentos, de los personajes principales, con funciones que varían mucho según el tipo de episodio y, por supuesto, el autor. A veces, son poco más que espectadores que asisten a la *performance* del protagonista con una participación limitada en la misma; otras veces, expresan su parecer en torno a lo que han visto u oído; otras aún, descomponen la unidad colectiva previamente formada en varias individualidades que se conceden un momento de gloria, manifestando su posición respecto a los temas y hechos de la trama. En las páginas que siguen, abordaré el estudio y la comparación de las diferentes intervenciones de los personajes colectivos de los tres *Quijotes*, para tratar de comprobar de qué modo estas líneas maestras se realizan en los tres textos y si nos pueden ayudar a comprender un poco mejor la distancia que separa la concepción cervantina de la novela de la concepción de Avellaneda.

1. Colectivo dividido en Avellaneda y Cervantes

En el *Quijote* de Avellaneda, en alguno de los muchos momentos de confrontación entre el protagonista loco y su antagonista colectivo, puede suceder que este último llegue incluso a tomar la palabra; en la cita que sigue escuchamos a dos grupos diferentes con sus respectivas voces en el mismo episodio, el del reto de don Quijote a toda la ciudad de Zaragoza, culpable de no haber esperado su llegada para celebrar las famosas justas:

> Unos decían:
>
> —¡Voto a tal que este hombre se ha vuelto loco y que es lunático!
>
> Otros:
>
> —No, sino que es algún grandísimo bellaco; y a fe que si le coge la justicia, que se le ha de acordar para todos los días de su vida (VIII: 318)[1].

Sorprende constatar tanta unanimidad en la expresión de estas opiniones; tanta, que se puede transcribir con frases concretas y que, de tomarlas al pie de la letra, deberíamos imaginar que han sido pronunciadas al unísono por los integrantes de cada grupo. La voz anónima colectiva es más bien rara en narrativa, aunque se escucha a menudo en el teatro áureo (Kirschner 1994: 159-160); por lo que, habida cuenta de la teatralidad de otros aspectos técnicos del *Quijote* de Avellaneda -por ejemplo, en el uso del diálogo o en la composición de los episodios (Martín Morán 2016: 92 y para una visión más amplia, Gómez Canseco 2006)–, no nos costará gran esfuerzo aceptar la hipótesis de que el tratamiento del personaje colectivo en Avellaneda podría provenir de la comedia. Por otro lado, como se recordará, es el propio apócrifo el que declara el parentesco teatral de su historia en el prólogo de la misma: "… como casi es comedia toda la historia de don Quijote de la Mancha, no puede ni debe ir sin prólogo" (195).

La segunda constatación atañe a la división del colectivo en dos posiciones dialécticamente encontradas; o mejor, aparentemente encontradas, pues, leídas con mayor atención, salta a la vista que son complementarias, sino incluso sinonímicas: denuesto del retador e invocación de la justicia. Si lo que Avellaneda pretendía era fijar las personalidades de los dos hemicolectivos en una formulación dialéctica contrapuesta, tal vez para hacer de ellos sendos agentes del episodio que comienza, no parece que lo consiguiera; claro que lo más probable es que simplemente se propusiera hacer un poco más dinámica la reacción de la masa espectadora, dado que en la acción sucesiva adoptarán posiciones análogas y coincidentes. No obstante, no deja de sorprender al lector el doble proceso de personalización e individuación de un colectivo, y la atribución al mismo de una unanimidad de pensamiento, así se la presente escindida.

En el libro de Avellaneda, don Quijote se las tiene que ver a menudo con grupos más o menos amplios –lo decía más arriba–, que suelen ser presentados

---

1 De ahora en adelante, con los números romanos y arábigos entre paréntesis haré referencia a la edición del *Quijote* de Avellaneda al cuidado de Luis Gómez Canseco, Madrid, Biblioteca Nueva, 2000.

divididos, como este del reto, aunque no siempre –en realidad, casi nunca– el narrador les permita expresarse en estilo directo; es más habitual la división de opiniones en el seno del colectivo por corrientes de pensamiento inexpresas, como, por otro lado, sucede también en el *Quijote* de Cervantes. He aquí un ejemplo extraído del episodio del baciyelmo, cuando un pequeño grupo de personajes informados trata de convencer al barbero propietario de la bacía y a los demás ignorantes del caso de que tras la apariencia de adminículo barberil bien podría ocultarse todo un glorioso yelmo:

> Para aquellos que la tenían [noticia] del humor de don Quijote, era todo esto materia de grandísima risa; pero, para los que le ignoraban, les parecía el mayor disparate del mundo, especialmente a los cuatro criados de don Luis, y a don Luis ni más ni menos, y a otros tres pasajeros que acaso habían llegado a la venta, que tenían parecer de ser cuadrilleros, como, en efeto, lo eran. Pero el que más se desesperaba era el barbero, cuya bacía, allí delante de sus ojos, se le había vuelto en yelmo de Mambrino, y cuya albarda pensaba sin duda alguna que se le había de volver en jaez rico de caballo (I: 45)[2].

Tanto Avellaneda como Cervantes escrutan en el interior del colectivo en busca de las diferentes reacciones ante un acto rompedor. El primero usa la estratagema para enumerar los varios componentes de la recepción de los testigos; ninguno de los individuos subsumidos en el grupo saca la cabeza por encima de los demás y se identifica con nombre o profesión; al narrador no le interesa trasladar una vivencia individualizada y no va a conectar el episodio con ninguna vicisitud personal, porque la única línea argumental de su relato es la generada por los desmanes del loco andante; se diría que, a lo sumo, lo que le interesa es orientar la recepción del episodio, sugiriendo al lector una única clave interpretativa. Cervantes, por su parte, en la presentación del grupo de parroquianos de Palomeque, primero ofrece una impresión general y luego detalla los particulares, con un movimiento de síntesis-análisis que a Hempel (1982: 574) le recuerda los procedimientos del retrato individual; y así, el alcalaíno, después de haber generalizado las reacciones de los individuos del grupo en dos posibles modalidades (abandonarse a la risa o considerarlo todo un disparate), identifica a dos subgrupos por la profesión –cuatro criados y tres cuadrilleros– y a dos personajes individuales: don Luis, el único de entre los cultos que no ha entendido la burla (acaba de llegar a la venta; denle tiempo), y al barbero anónimo,

---

2 He utilizado la edición en línea del *Quijote* del Instituto Cervantes, dirigida por Francisco Rico, <http://cvc.cervantes.es/literatura/clasicos/quijote/>, consultada el cinco de octubre de 2020.

sin nombre porque ha de representar a la categoría arquetípica de los entremeses -género del que el autor pudiera haber tomado el modelo para el episodio-, que ve cómo se conculcan públicamente sus derechos de propiedad sobre las herramientas de trabajo. Los cuadrilleros van a tener un papel fundamental en el desarrollo de la situación, con su intento de prender a don Quijote, así como don Luis y sus criados, muy pendientes los unos del otro y viceversa en vistas de una nueva hipotética huida. De modo que el colectivo opinante de Cervantes, al menos la almendra del mismo, queda configurado por actantes de una situación en devenir, individualizados ya desde su primera aparición con un oficio o un nombre; de alguno de ellos, como el susodicho barbero, el narrador nos transmite incluso la experiencia íntima, la alteración de su equilibrio interno, por lo que los demás le obligan a vivir.

Así pues, en situaciones análogas (despropósitos de don Quijote, de acción o de palabra, ante un grupo de personajes) y con estrategias narrativas parecidas (división de opiniones en el colectivo espectador), el uno, Avellaneda, usa al grupo para subrayar la dimensión espectacular del episodio, su interpretación y su mensaje, y para construir un vínculo de complicidad con el lector; mientras que el otro, Cervantes, convierte en actantes a los espectadores, para integrar la situación en una articulación narrativa superior, al desplazar el acento hacia sus respectivas vivencias individuales. Avellaneda le niega al episodio otras posibles lecturas, al recalcar la unanimidad de exégesis de los dos hemigrupos y el lector en contra de don Quijote; Cervantes, después de haberlo planteado inicialmente en términos parecidos con la irrupción del "sobrebarbero" en la venta reclamando sus posesiones, hace virar la situación por la improvisación de uno de los personajes -el barbero, con la complicidad de su amigo el cura-, transformando lo que podía haber sido una chanza excluyente, con el protagonista como chivo expiatorio, en un momento de inclusión del mismo en la comunidad -eso sí, a expensas del legítimo propietario de la bacía-. En cierto sentido, podríamos decir que Cervantes adelanta aquí las claves del proceso de quijotización del mundo que veremos aplicado en toda su extensión en la continuación de 1615, cuando un buen número de los personajes que encontrará a la pareja andante le propondrá una deformación caballeresca de la realidad, haciendo innecesaria la intervención de don Quijote para fundar la aventura.

2. El baciyelmo y la antinomia masa / público

Como vemos, la concepción del personaje colectivo es diferente en los dos autores por su constitución -uniforme en Avellaneda y variopinta en Cervantes- y, sobre todo, por su dinámica interna, que para el apócrifo es sustancialmente inexistente, mientras que para Cervantes es la clave semántica y estructural del episodio, además del vínculo de unión con el resto del relato; gracias a ella, el episodio quedará inserto en macroestructuras narrativas superiores, como pueden ser la persecución de don Quijote por los cuadrilleros, tras la liberación de los galeotes, o la de don Luis por los criados de sus padres.

Otra consecuencia de la estrategia cervantina es que el foco de atención se desplaza desde las locuras de don Quijote al potencial dramático intrínseco del episodio, con lo que el mismo deja de ser simplemente una burla en su daño para transformarse en algo más complejo y estructurado. Para activar ese potencial dramático, el narrador enfrenta a los personajes con un objeto sobre cuya apariencia nadie duda –no hay posible desacuerdo sobre la conformación y la materialidad del objeto que ven y tocan– y los pone a discutir sobre su esencia; en seguida se dividen en dos grupos, por un lado el de los "baciístas" y por el otro el de los "yelmistas" y sus aliados los "baciyelmistas"; a tanto llega la diatriba, que don Fernando, para solventarla sin violencia, ha de recoger los votos de cada uno. Esta dicotomía entre apariencia y esencia de la bacía podría corresponder a la distinción entre "ser" y "valor" que Park (1996), exponente británico de la psicología social de principios del siglo XX, identifica en la base del nacimiento del público, una variedad de las agrupaciones sociales diferente de la masa, porque sus constituyentes, contrariamente al hombre masa, no necesariamente han de estar en el mismo lugar y tiempo, y, sobre todo, no se han de despojar de su capacidad de discernimiento para formar parte de él. Park retoma aquí la distinción entre masa y público de Tarde (1904), con el objetivo de indagar los mecanismos de constitución de este último (Nocera 2008) y, antes que nada, su campo de intervención; afirma Park (1996: 407) que el público puede dividirse en la expresión de su juicio sobre el "valor" de un objeto (en la venta de Palomeque, la esencia del apero rapista), si, y solo si, los individuos concuerdan sobre el "ser" del mismo (la apariencia, en nuestro ejemplo). Volviendo a la Mancha de Cervantes y a la Zaragoza de Avellaneda, vemos que, para el apócrifo, el grupo antagonista de don Quijote está compuesto de hombres masa sin individualizar, que han renunciado a su capacidad de juicio personal; mientras que Cervantes aprovecha la posibilidad que le ofrece ese minúsculo juego de opinión pública en torno a un objeto de uso cotidiano, para proponer una escena mucho más compleja y articulada. Avellaneda, en el tratamiento del personaje colectivo, no se aleja mucho de la imagen del vulgo compuesto por "necicuerdos" de Gracián (2001: 165-6), o de la idea de masa que a finales del XIX propagará Le Bon y luego Freud en 1921 (1978); mientras que Cervantes pone en juego los mecanismos internos del público, anticipando, en cierto sentido, las ideas de Tarde y Park sobre el tema.

3. La norma emergente del personaje colectivo

En la venta de Palomeque, en torno al caso del baciyelmo, se ha formado un colectivo circunstancial, el de los falsificadores de la realidad, con un objetivo común: inculcar en la mente de los desapercibidos, el otro colectivo, una rotunda mentira. El primer grupo se ha constituido a partir de una toma de posición ambigua sobre el problema de la ontología de la bacía por parte del primer barbero; el cura, que ha entendido la intención de su compinche, lo sigue en la burla y tras él los compañeros de Sierra Morena y sus allegados. El barbero ha dado una respuesta a una interrogación que creaba tensión e inquietud en la comunidad – la reivindicación de la propiedad de la bacía por su legítimo dueño–, siguiendo un modelo conocido en el campo de la psicología social como la "teoría de la norma emergente" (Turner y Killian 1987: 10 y ss.; Javaloy Mazón et alii 2007); su actitud, surgida espontáneamente de la situación, se ha erigido en norma de comportamiento para los otros miembros del colectivo, que se va definiendo por oposición a quienes, como el segundo barbero y los cuadrilleros, no la aceptan como principio rector de la realidad. De tal modo, el grupo que aparecía como acéfalo y desestructurado ha conseguido darse una identidad y un objetivo, y organizarse con vistas a su consecución.

Algo parecido ya habíamos visto que sucedía en Sierra Morena, cuando el "tracista" del cura se había sacado del magín el tinglado de Micomicona (I, 29) para devolver al errante orate a su pueblo; la providencial llegada de Dorotea le había permitido improvisar el papel de dama menesterosa; tan improvisada era su actuación que las inconsecuencias de la misma tuvieron que ser remediadas sobre la marcha por el cura, con aclaraciones y apuntaciones, por ejemplo, sobre el nombre de su imaginario país o el improbable puerto de la ciudad de Osuna. Los errores de Dorotea habían generado una tensión que a punto había estado de deshacer la trama caballeresca; la intervención correctora del cura desmonta la tensión, reafirma los límites del mundo posible y se erige en norma emergente para los demás integrantes del grupo, Dorotea, Cardenio, Sancho y el barbero, al que dota de una definición dentro de los límites de lo fantástico, un objetivo – convencer a don Quijote de la verosimilitud de la pantomima– y una organización (dama, escuderos, etc.).

Ese mismo modelo, creo yo, se puede ver en algunas de las burlas del palacio de los duques; concretamente en aquellas en las que una anomalía en el desenvolvimiento de la tramoya, por lo general una extralimitación en su papel de uno de los participantes, provoca la intervención de la figura de autoridad que dicta la norma emergente destinada a reorganizar la participación de los miembros del grupo, con la consecuencia inevitable, en algunos casos, de que el burlado termina participando en la burla. Sucede con la jabonadura de barbas con la que las doncellas de los duques regalan al don Quijote recién llegado al palacio (II, 32), extralimitándose de su papel; de la broma no participaba el propio duque, quien, por parecerle un tanto pesada, decide poner sus propias barbas a remojo, emanando así la nueva norma del grupo inmediatamente acatada por todos, para que don Quijote y Sancho no se sientan excluidos. La situación de tensión previa al hallazgo de la norma emergente queda clara en el conflicto interior de los duques, que no saben si montar en cólera contra las atrevidas criadas o abandonarse a la risa que su montaje les procura: "Les retozaba la cólera y la risa en el cuerpo, y no sabían a qué acudir: o a castigar el atrevimiento de las muchachas, o darles premio por el gusto que recibían de ver a don Quijote de aquella suerte". Finalmente, el duque no opta ni por una ni por otra opción y marca una nueva pauta, con algún sacrificio personal en la tarea –todo hay que decirlo–, que reestructura el grupo, abriéndolo a las víctimas designadas.

En el contexto general de chanzas contra don Quijote, en las que el hidalgo toma por motivo caballeresco lo que no es más que un montaje en su daño –el cortejo y la profecía de Merlín (II, 34-35), los amores de la doncella Altisidora con todas sus variaciones (II, 44, 46, 50, 57, 69), y Clavileño (II, 41) y el rasurado de la barbada Trifaldi (II, 38-39)–, otra anomalía en el comportamiento de uno de los integrantes del grupo de burladores deshace su cohesión, y obliga a pensar de nuevo sus límites y las condiciones de incorporación al mismo de los individuos; se trata de la hidalga doña Rodríguez, la cual se toma en serio la condición de caballero andante de don Quijote y le pide amparo para el tratamiento vejatorio que, según ella, reciben su hija y ella misma por parte de un duque demasiado vinculado al padre del burlador de la doncella (II, 48). A consecuencia de ello, el duque se ve obligado a disponer una norma emergente distinta a la que regulaba la inclusión en su casa, para poder excluir de ella a las dos damas; ello implica aceptar la lógica caballeresca y dar disposiciones para que se celebre el desafío que ha de desagraviar a la hija de la asturiana. Al carro de la libertad se sube Tosilos, el cual, convertido en paladín de su señor, tras un amago de defensa de los intereses del duque, considerada la belleza de la doncella y su ya largo amor por ella, se pasa *ipso facto* al bando de los querellantes y rechaza entrar en batalla con el caballero, lo que obliga al duque a imponer una nueva norma, que reafirma la jerarquía social del grupo, encerrando a Tosilos (II, 56). La norma emergente que el duque ha tenido que improvisar, para aplacar la tensión en la comunidad palaciega resultante de la traición de doña Rodríguez, ha arrastrado a la lógica del duelo a todos los miembros de la casa ducal, hasta que uno de ellos ha roto el nuevo orden buscando una ventaja personal; y otra vez la norma del duque hubo de imponerse sobre las reglas internas del grupo, para reducir la conflictividad del ambiente.

En cierto sentido, podríamos ver en este modelo de acciones una representación en miniatura de la estructura general de la trama del *Quijote* de 1615. En 1615, el narrador obliga a los personajes a medirse con una anomalía en el mundo que habitan y es que se ha publicado un libro en 1605 que cuenta sus acciones; esta simple constatación lleva a don Quijote a incorporar en su personalidad la conciencia de ser un protagonista de un libro de éxito; de ahí, en cascada, se suceden una serie de modificaciones en el comportamiento y las relaciones con los demás, que dejan de ser gobernadas por la enajenación y la proyección de sus ensoñaciones sobre el mundo, para serlo por el sentido común y la capacidad reflexiva, sin que don Quijote tenga que renunciar, como es lógico, a lo privativo de su ser, o sea, la voluntad de transformación del mundo según los valores caballerescos. En la misma órbita se van situando los personajes que va encontrando y sobre todo los grupos, empujados ahora, tras reconocer en él al protagonista de 1605, a ofrecerle una realidad alterada que pueda activar su frenesí lunático, para tener un momento de diversión y ver en acción a su héroe. Es decir, en la segunda parte se ha creado una comunidad virtual de lectores del libro de 1605, ordenada a partir de la norma emergente que propone el propio don Quijote, la asunción de su protagonismo libresco, a la que se van adhiriendo diferentes personajes individuales y colectivos, a medida que va progresando el relato; reconocemos como miembros de la misma a los duques y su compañía de dueñas, doncellas y criados (II, 31-57), los pastores de la fingida Arcadia (II, 58), don Juan y don Jerónimo (II, 59), Roque Guinart y sus bandoleros (II, 60-61), Antonio Moreno y sus amigos (II, 62), etc.

4. *Lo baciyélmico*

El concepto clave que sustenta la nueva norma emergente me parece a mí que es el de *lo baciyélmico* y consiste en presentar un elemento de la realidad de modo ambivalente para que pueda tener vigencia en dos niveles de realidad distintos; en el hiperónimo de la serie, el objeto de marras es denominado *baciyelmo* por Sancho para que pueda ser bacía para el barbero y yelmo para don Quijote, y, a la vez, baciyelmo para el propio Sancho. El libro publicado en 1605 es visto desde el de 1615 como una crónica de aventuras de un caballero andante, con exaltación de las hazañas de su héroe, por don Quijote; con visión paródica de esas mismas aventuras, por casi todos los demás; y como libro de éxito indiscutible que difunde en el mundo la fama de don Quijote, con sus treinta mil ejemplares vendidos –dice don Quijote–, por todos sin distinción. La norma emergente ha de ofrecer a don Quijote la platea en la que poder manifestar su condición de protagonista de 1605, aun manteniendo la ambivalencia de significados de la recordación de la crónica de marras, por la que lo que para él es aventura nueva, como la de Clavileño o la del lavado de barbas o el duelo con el paladín de los duques, es burla para los personajes que han leído el libro de 1605 y han montado la escena justamente para que él se comporte como se comportaba en dicho libro. La norma emergente *baciyélmica* es la que permite a los diferentes personajes estar dentro y fuera de la comunidad representante, aunque sean ellos mismos los que la han concebido; sucede, por ejemplo, en el caso de las doncellas barbadas de la dueña Dolorida (II, 39) o en el del cortejo nocturno (II, 34-35), cuando la repentina sorpresa causada por el desvelamiento o lo horrísono y espantoso del acompañamiento musical y visual obligan a compartir la misma emoción a todos los espectadores, sin distinción de campos de adscripción en la broma; esta es la reacción al horripilante cortejo: "Pasmóse el duque, suspendióse la duquesa, admiróse don Quijote, tembló Sancho Panza, y, finalmente, aun hasta los mesmos sabidores de la causa se espantaron" (II, 34). Y esta, la reacción a la exposición de la tragedia depilatoria de la Trifaldi: "Dijo esto con tanto sentimiento la Trifaldi que sacó las lágrimas de los ojos de todos los circunstantes, y aun arrasó los de Sancho, y propuso en su corazón de acompañar a su señor hasta las últimas partes del mundo, si es que en ello consistiese quitar la lana de aquellos venerables rostros" (II, 40). En la segunda parte de Avellaneda, ante una situación análoga –o sea, acicate entremesil para la vesania caballeresca–, la espectacular entrada de un gigante en la sala del palacio de don Carlos, en Zaragoza, los circunstantes simulan asustarse: "A la vista primera que todos tuvieron del gigante, hicieron de industria como que se alborotaban, poniendo las manos sobre las guarniciones de las espadas" (XII: 377). Y luego se ríen como locos burlándose de don Quijote: "Don Carlos, mordiéndose los labios de risa y disimulando cuanto pudo, le echó los brazos al cuello" (XII: 380).

La distinta visión de las relaciones entre el individuo y el grupo queda patente en la confrontación entre las escenas del gigante de Avellaneda y la del cortejo fúnebre cervantino: simulación de participación emotiva y final vejatorio de las víctimas, en Avellaneda; participación real en la emoción, maravilla ante el objeto de la burla y risa moderada, en Cervantes. Las lábiles fronteras de *lo baciyélmico* cervantino son las que han permitido que los promotores de las burlas puedan estar simultáneamente del lado de acá y del lado de allá de las lindes entre la esencia y la apariencia de la realidad. Avellaneda, que no entendió –o no quiso entender– la bivocalidad del mundo cervantino, renuncia a *lo baciyélmico* y establece rígidas reglas de pertenencia a los ámbitos de percepción real.

La fórmula "dieron todos una gran risada" se repite en varios momentos conclusivos de las actuaciones de los protagonistas en el libro de Avellaneda, subrayando una reacción del personaje colectivo y proponiendo una instrucción de lectura que, de otro modo, en muchos casos hubiera sido difícil de captar para el lector. Para situaciones análogas, en las que un grupo reacciona unánimemente ante una barrabasada de don Quijote, en el libro de Cervantes, las palabras clave suelen ser, en cambio, "causó admiración" o "causó maravilla". La contraposición de las dos expresiones nos dice ya claramente la diferente concepción por parte de ambos autores de la relación entre los protagonistas y el grupo con el que han de interactuar. Para Avellaneda, los desviantes pueden ser objeto de irrisión por parte del colectivo, como instrumento de reafirmación de su identidad y sus valores, incluida la jerarquía que lo estructura. Recuérdese que una buena parte de los episodios de la novela apócrifa cuenta una burla concebida por aristócratas y ofrecida a la comunidad de amigos y criados en sus palacios. La víctima más humillada es la pobre Bárbara, de quien los nobles se ríen sin que ni siquiera haya abierto la boca:

> "En esto se llegó Bárbara, llamada, adonde los caballeros y damas estaban, do, puesta de rodillas, callaba vergonzosísima, aguardando a ver lo que le dirían; los cuales tenían tanto que hacer en admirarse de la fealdad que en ella miraban (y más viéndola vestida de colorado) que no acertaban a hablarla palabra de pura risa. Con todo, mortificándola cuanto pudo, le dijo el Archipámpano [...]"
>
> (XXXIII: 576).

El grupo aristocrático reacciona aquí impulsivamente, sin los frenos que la caridad impondría, sin inteligencia moral, con intolerancia y autoritarismo, dejándose llevar por sus instintos más bajos; su actitud podría corresponder a la que Gustave Le Bon (1895: 23-47), el padre de la psicología social, define como característica de las masas. Mucho antes que Le Bon, la imagen del vulgo que ofrecía Baltasar Gracián en *El criticón* ya recogía esa misma percepción, al presentarlo como constituido por individuos "necicuerdos", mitad hombre y mitad bestia, prestos a dejarse conducir por el primer embaucador que se presente, que en su caso era nada menos que todo un Maquiavelo (2001: 165-6) y en el de Le Bon, teorizador también él del conductor de masas (105-127), uno de sus lectores más atentos: un tal Adolf Hitler.

Volviendo al episodio de la vejación colectiva de Bárbara, los nobles de Avellaneda no se ríen de lo que dice o de lo que hace el personaje; se ríen de lo que es, es decir, se ríen *de* Bárbara, como se reían *de* don Quijote, mientras que los duques de Cervantes se ríen *con* don Quijote. La risa en Avellaneda es una sanción social, mientras que en Cervantes es una forma de participación colectiva en un espectáculo, que algunos ven como divertimento cortesano y otros como aventura caballeresca. La risa en Avellaneda es excluyente mientras que en Cervantes es incluyente (Calabrò 1987–88: 93; Iffland 1999: 241–242); la clave de esa estrategia incluyente está en la condición *baciyélmica* de la mayor parte de los sucesos en la morada ducal, pues si, por un lado, parecen haber sido concebidos como chanzas con don Quijote como chivo expiatorio, por el otro, no prescinden de un cierto tono celebrativo. Podríamos incluso decir que los duques ponen a prueba a su ínclito huésped para prolongar el éxito del libro en su realidad cotidiana. Tanto es así que en la concepción de las escenas tienen en cuenta las expectativas de sus huéspedes y por eso, para garantizar su participación en ellas, suelen inspirarse en hechos ya acaecidos, como el encantamiento de Dulcinea, presente en las conversaciones, pero también motivo fundante de la burla del cortejo de Merlín y los azotes de Sancho, justo castigo por el desacato a su señor, cuando "encantó" a Dulcinea a las puertas del Toboso; o como el gobierno de la ínsula, que prolonga y realiza la promesa inicial de don Quijote. La risa surge de la manifestación de la distancia entre sus dichos y sus hechos, y la norma; pero no de su ser y no *a priori*. A don Quijote y Sancho les falta una clave interpretativa, que sustancialmente se corresponde con la intención oculta de los nobles en las escenas preparadas *ad hoc*, pero no por ello dejan de participar y divertirse, como hace Sancho con sus mentiras acerca del viaje en Clavileño, tan llenas de gracejo y retintín que han hecho posible su interpretación como una velada sátira contra el propio duque (Redondo 1997: 439-452).

La noticia de la publicación del libro de Avellaneda, a la altura del capítulo II, 59, es una vuelta de tuerca para la condición *baciyélmica* del relato; a partir de entonces, los personajes colectivos con los que se irán encontrando don Quijote y Sancho van a empezar a decantarse por la vertiente celebrativa, dejando de lado la de la irrisión. Y así, por ejemplo, los pastores de la fingida Arcadia (II, 58) demuestran todo su entusiasmo por hallarse ante el personaje de un libro que tanto éxito ha tenido hasta entonces, convalidando la interpretación *yélmica* del libro de 1605 que mueve a don Quijote en esta segunda parte. Lo mismo cabría decir para Roque Guinart, caballero bandolero, orgulloso de compartir algunos momentos con don Quijote (II, 60-61), a quien envía a su amigo Antonio Moreno, en Barcelona, para que lo agasaje, como en efecto hace (II, 62), como si fuera un gran hombre. No hay traza de burlas en su daño por parte de la comunidad palaciega de don Antonio, el cual usa su personal *wunderkammer* para maravillar a todos sus amigos (II, 62), algunos de los cuales tan al oscuro del truco de la cabeza parlante como don Quijote; pero ya antes, la magia del mono adivino de Maese Pedro tenía embelesada a toda la comunidad venteril (II, 25-26), tanto como su retablo carolingio, antes de que don Quijote lo destruyera a furiosos mandobles, obligando a los demás a desplazar la atención hacia sus excentricidades de loco, pero sin haberlo ridiculizado de ningún modo. En todos estos episodios es dado constatar, amén de la dimensión celebrativa del personaje, un viraje en la concepción *baciyélmica* de la realidad, con su renuncia a la ambigüedad intrínseca del fenómeno, para decantarse hacia la vertiente *yélmica*, sin grupos contrapuestos en la diatriba sobre la esencia del mismo que alimenten el naciente hogar de la opinión pública; en el alucinado mundo quijotesco tendrían carta de ciudadanía el mono adivino y su amo, los pastores fingidos, el bandolero honesto y generoso, y la cabeza parlante catalana; de tal modo, con la ampliación de las fronteras del reino de la ilusión en el que el caballero fatuo es la cabeza visible, la quijotización del mundo ha llegado a su perfección.

5. Tipología de los grupos en el *Quijote* de Avellaneda

Los personajes colectivos con los que se relaciona don Quijote no levantan barreras de separación en la novela de Cervantes, como, en cambio, hacen en la de Avellaneda. El "tordesillesco autor" suele contraponer a la pareja protagonista con grupos cerrados, que se reúnen en palacios privados, como el de don Carlos en Zaragoza, y los de Perianeo y el Archipámpano en Madrid, en los que, además del dueño de la casa y sus amigos invitados para la ocasión, encontramos a la comunidad restringida de sus criados, dueñas y secretarios. Por lo general, tras unas conversaciones más o menos divertidas con don Quijote y Sancho, el plato fuerte de la reunión lo constituye un espectáculo de corte caballeresco concebido a modo de burla del manchego, sin que eso sea óbice para que, sin necesidad del acicate dramatúrgico, don Quijote, por ejemplo, se imagine ya en batalla contra poderosos enemigos y destroce buena parte del cortinaje y el mobiliario de la posada de Álvaro Tarfe en Zaragoza (X). Y así, por arte dramática, el gigante Bramidán de Tajayunque visita primero el palacio de don Carlos (XII) y luego, el del Archipámpano (XXIV); y el sabio Frestón, el del titular (XXXI); en cada una de estas visitas hay combates y, por supuesto, risas, muchas risas.

En las ventas donde el caballero y sus acompañantes se alojan, también el loco ha de vérselas con los grupos que se van formando, pero en estos encuentros no suele haber violencia, si exceptuamos los sucesos de la venta de Tarfe en Zaragoza (X). Aquí, como en los palacios de antes, la locura del caballero ha sido excitada con la representación de escenas caballerescas y eso le ha llevado a actuar según lo establecido. De modo que los grupos cerrados, como los de los palacios o la venta de Tarfe, que parecen haber usado su jerarquía y su organización interna para proponer a la locura de don Quijote un cebo caballeresco, son los que desencadenan su violencia; mientras que los semicerrados como los de las ventas, es decir, aquellos que mezclan las características de las dos grandes clases de masa, según Canetti (1981: 10-11) (la masa cerrada y la masa abierta), la de estar limitadas por un contenedor espacial y la de mantener viva el ansia de crecimiento, los grupos semicerrados, decía, propician la plática, la representación teatral y la diversión sin daños a terceros. En las ventas, por lo común, a la sorpresa general por el aspecto de don Quijote y su séquito le siguen conversaciones y diatribas que terminan con la consabida muletilla "dieron todos una grandísima risada". Y es precisamente esa carcajada general la que levanta las barreras entre don Quijote y esos grupos semicerrados, como también, según hemos visto, con los grupos cerrados de los palacios.

Cuando don Quijote se las tenga que ver con grupos abiertos (sustancialmente la masa de las ciudades congregada por alguna de sus fechorías), saldrá peor parado, pues de la ira de la masa tendrá que ser rescatado por algún benefactor, como Mosén Valentín en Ateca (VII) o el autor de comedias en Alcalá (XXVIII), so pena de terminar en la cárcel, después de haber sufrido la violencia colectiva, como en Zaragoza, cuando había pretendido liberar a un ladrón que unos alguaciles llevaban preso (VIII).

6. Panorama grupal en el *Quijote* de Cervantes

Esos mismos tipos de grupos del *Quijote* de Avellaneda se distribuyen de manera diferente en las dos partes de Cervantes. En la primera, don Quijote suele encontrar, casi siempre en campo abierto, grupos cerrados, definidos por su profesión, como los mercaderes de Toledo (I, 4), los frailes o disciplinantes (I, 8; I, 19; I, 52), los conductores de rebaños (I, 11; I, 15; I, 18) o los galeotes y sus guardas (I, 22). La presencia de esos grupos en el camino obedece a una lógica de necesidad ligada al espacio, en la mayor parte de los casos (en las inmediaciones de Sierra Morena era fácil encontrar pastores o cabreros), y la relación del caballero con ellos suele tomar origen, precisamente, del oficio que desempeñan; la apariencia de los rebaños de ovejas (I, 18), los frailes de noche (I, 19), los disciplinantes vestidos de blanco (I, 52) o los galeotes encadenados (I, 22) activa los receptores aventureros del hidalgo y lo lanza a la acción, para derrotar, correlativamente, a ejércitos, estantiguas, fantasmas o guardianes opresores. De algún modo, el ataque de don Quijote obedece al impulso colonizador del territorio, que impone a todo caballero andante la reducción del desorden en el espacio anómico del bosque y los caminos (Martín Morán 1989). No hay burlas ni barreras ni risas, sino solo malentendidos, lectura equivocada de los signos y violencia. La diversión tendrá que conquistársela autónomamente el lector, a partir de lo sorprendente de la situación y, sobre todo, de los diálogos que esta suscita entre el amo y el escudero.

En las ventas, los grupos cerrados se integran en una dinámica superior del grupo semicerrado del establecimiento, que acepta a todo aquel que esté de paso y se sienta implicado en la situación promovida por el hidalgo. La diferencia con Avellaneda en el tratamiento de los grupos semicerrados, además de su heterogeneidad -mayor en Cervantes, como ya hemos tenido ocasión de constatar en el análisis del episodio del baciyelmo–, la tenemos en la mayor amplitud de la gama de acciones de sus integrantes; la dinámica del grupo, en efecto, no depende exclusivamente de la iniciativa de don Quijote, sino que da cabida también a las interrelaciones laterales de algunos personajes secundarios, como los tratos carnales entre Maritornes y el arriero de Arévalo (I, 16), las agniciones resolutivas de tres novelas interpoladas –la de Cardenio y Dorotea (I, 36), la de *El capitán cautivo* (I, 42) y la de don Luis y doña Clara (I, 44)– y la lectura en voz alta de otra más (*El curioso impertinente*, I, 33-35). De tal modo, los personajes que constituyen estos grupos, y que participan de varias maneras en las diferentes tramas, salen del anonimato y se van enriqueciendo de nuevas facetas, aportando su comprensión humana a los casos planteados en ese vivero de historias que son las ventas de la primera parte. La anonimia, el aplanamiento y la despersonalización de los integrantes de los grupos de Avellaneda quedan muy lejos de estas condiciones de existencia de los cervantinos.

Los grupos cervantinos de 1605, tanto los cerrados como los semicerrados – abiertos no me ha parecido identificar– no sancionan las acciones del caballero, no lo castigan y no lo convierten en el chivo expiatorio de sus diversiones; simplemente tratan de defenderse de sus ataques o de integrarlo en sus dinámicas, como en la venta de Palomeque, donde lo ven combatir en sueños contra los cueros de vino (I, 35), escuchan pacientemente su perorata sobre las armas y las letras (I, 37-38), se dejan guardar por él durante la noche (I, 44-45) o se dividen sobre la esencia de la bacía (I, 45); a diferencia de lo que suele suceder con los grupos de Avellaneda, todos ellos proyectados a la condena y reformación del loco caminante, mediante el castigo físico, la sanción directa de la cárcel o la irrisión colectiva (Durán 1973: 369).

En el *Quijote* de 1615, la situación cambia drásticamente, pues buena parte de los episodios se desarrollan en palacios (el de los duques, el del gobernador de la ínsula Barataria, el de Antonio Moreno en Barcelona) con grupos cerrados, como en la segunda parte de Avellaneda, pero ya hemos visto la dinámica enriquecida y abierta a otras solicitaciones de personajes secundarios; son grupos siempre prestos a su transformación a partir de una nueva norma emergente. No hay sanción para los actos del caballero y sí hay, en cambio, su celebración como protagonista de un libro y su interacción dialógica con otros personajes.

En la segunda parte cervantina, encontramos la masa abierta de los muchachos que siguen a don Quijote (II, 61; II, 62), como corresponde al panorama urbano de Barcelona, y aquí, como en el caso de los palacios y los grupos cerrados, también Cervantes parece seguir a Avellaneda, aunque, de nuevo, sin la dimensión sancionatoria de sus masas abiertas. En campo abierto hay menos contacto con grupos, que siguen siendo definidos por su profesión, como las aldeanas del Toboso (II, 10), las cortes de la Muerte (II, 11), los aldeanos rebuznadores (II, 27), los peregrinos tudescos (II, 54), la fingida Arcadia (II, 58) y los bandoleros de Roque Guinart (II, 60); pero aparte de los tres primeros ejemplos, en los otros tres no se puede decir que el contacto con el grupo tenga una productividad densa en el relato. Además, y esto es una novedad respecto a la novela de 1605, don Quijote encuentra a individuos solitarios en su periplo de 1615: el Caballero del bosque (II, 12-14), don Diego de Miranda (II, 16-18), el leonero (II, 17), el primo (II, 22-24), el mozo que va a la guerra (II, 24). La renovada capacidad dialéctica de don Quijote en esta segunda parte le consiente aceptar los estímulos conversacionales que le llegan de los otros viandantes e incluso iniciar alguna aventura en su compañía.

7. Anonimato y seudonimato

La abundancia de personajes colectivos en el *Quijote* de Avellaneda señala una tendencia general hacia el anonimato; en efecto, muchas situaciones son resueltas con la intervención de personajes anónimos, los cuales, por ejemplo, informan a los principales de alguna circunstancia, como la identidad de don Quijote o sus aventuras pasadas. En Zaragoza, un anónimo escribano impedirá que don Quijote libere al ladrón preso (VIII), otro anónimo robará las agujetas que don Quijote ha ganado en la sortija (XI), durante la que otros dos anónimos lo han increpado; la moraleja del cuento de los felices amantes la extraerá un canónigo sin nombre (XVI) y otro absolverá a Sancho de su compromiso de hacerse moro (XXVII), etc. Son personajes que se desgajan de un colectivo e intervienen dando forma con sus acciones a la intención del personaje grupal; se podría decir, como hace Endress (2014: 960) para el personaje colectivo en *La Numancia*, que los personajes están todos más o menos afectados por la categoría de lo colectivo y eso es lo que los priva de su individualización con un nombre y una historia. Al narrador no le interesa presentarlos en sus posibilidades diegéticas, con una personalidad; para él son meramente un instrumento necesario para desempeñar una función, personajes de usar y tirar, que actúan una sola vez en el relato, cumplen su función y no vuelven a aparecer; así que podríamos definirlos como *personajes técnicos*, trasladando al campo de los actantes una idea de Bajtín (1989: 243-4) sobre el uso técnico del tiempo y el espacio, sin duración ni extensión, en la novela de aventuras.

El proceso de despersonalización de los personajes en el libro de Avellaneda toca incluso a entidades que alcanzan el rango de deuteragonista, como el "titular" o el "caballero principal" de Madrid, dueños de sendos palacios donde organizan tramas caballerescas, para divertirse a costa de don Quijote; bien, pues incluso ellos se quedan sin la promoción al nombre individualizador; a lo máximo que pueden aspirar es a un seudónimo y, así, serán respectivamente Perianeo y el Archipámpano, y no solo para don Quijote, sino también para el narrador, quien los mencionará en varias ocasiones con sus seudónimos. No le falta razón a Gilman (1951: 139), cuando, comentando la sustracción de la voz directa a los personajes secundarios y su reclusión en el estilo indirecto, asegura que "algo del anonimato de Avellaneda se les había pegado" a esos personajes.

A mí me interesa, en cambio, poner en relación el difuso anonimato o seudonimato en el *Quijote* de Avellaneda con la dinámica de los grupos. Dice Canetti (1981: 12-13) que la masa no se forma como tal hasta que no se ha llevado a cabo el proceso de descarga por el que los individuos se deshacen de todas las diferencias que los separan. Pues bien, en el caso de los anónimos y seudónimos de Avellaneda, parecería que el autor, después de despojarlos de las diferencias para que entraran a formar parte de los distintos grupos, se hubiera olvidado de recargarlos con ellas, cuando los vuelve a presentar individualmente. Son personajes sin conciencia (que es el rasgo distintivo del hombre masa, según Freud 1978: 71 y *passim*), en el sentido de que no se miden con la complejidad de valores e ideas del momento, en diálogo con los demás o en procesos íntimos de elaboración de la experiencia, como pueden hacer algunos de los personajes grupales de Cervantes, los cuales, por lo general, son conducidos por un corifeo bien individualizado, con un nombre y una personalidad específicos, como por ejemplo Vivaldo, el apenado cabecilla del grupo de amigos del suicida Grisóstomo (I, 13); Alonso López, el acongojado bachiller de Alcobendas por la perspectiva de una cojera eterna (I, 19) (tan individualizado que el ayuntamiento de su pueblo, Alcobendas, le ha dedicado un colegio y una calle a perpetua memoria); Ginés de Pasamonte, el airado líder de un colectivo de maleantes (I, 22), como el carismático Roque Guinart de la segunda parte (II, 60); el nostálgico morisco Ricote, cabeza visible de la compañía de peregrinos tudescos (II, 54 y 65); etc. A diferencia de los cervantinos, la anonimia vital convierte a los personajes de Avellaneda –solo Tarfe se salva, tal vez– en cascarones vacíos, dispuestos para la acción de un entremés, como lo eran los arquetipos que dicho género usaba.

En el caso del alcalaíno, por el contrario, la recarga de las diferencias de marras se realiza de manera escrupulosa, incluso para los personajes sin nombre –y ya no solo para los corifeos con él–, como podemos ver en el episodio de los galeotes (I, 22), cuando todos y cada uno de los acompañantes de Ginés tratan de salirse de la cadena que amalgama al grupo, explicando lo específico e injusto de sus respectivos casos. En su relato individualizador, cada uno de los encadenados se preocupa por situar su delito en un ámbito moral alternativo a la jerarquía de valores vigente, intuyendo que su estrafalario interlocutor podría mostrarse sensible a ello: uno va preso por enamorado, otro por músico y cantor, otro por faltarle diez ducados, otro más por corredor de oreja ('tratante de comercio', pero aquí 'alcahuete'), el quinto por haberse burlado con dos primas; la ocultación de los respectivos delitos bajo una forma de eufemismo connotado jergalmente (enamorado, músico y cantor, la falta de diez ducados, tratante de comercio y pariente campechano), moviliza la conciencia de don Quijote –para ese fuego se amontonó la leña del eufemismo– y lo compromete a liberarlos.

Pues bien, ese "hacerse cargo del discurso ajeno" que apreciamos en los galeotes, capaces de transformar sus *curriculum vitae* según las expectativas de su interlocutor, podría ser el elemento distintivo de los personajes cervantinos, tantas veces ensalzados por su gran humanidad, hondura psicológica y capacidad de empatía. En el caso de don Quijote, se podría decir que el "hacerse cargo del discurso ajeno" constituye una parte fundamental de su personalidad, desde el momento en que vincula su identidad al reconocimiento de sus méritos por la comunidad, a la fama que ha de llevarlo en volandas hasta los brazos de su amada Dulcinea; y es que el diálogo con el otro está en la raíz misma de su personaje; es, para él, una necesidad y un instrumento de consecución de sus fines. El de Avellaneda, el *Caballero desamorado*, al no tener que devolverle a Dulcinea una persona aumentada por la fama, prescinde de su lado social, de su identidad dialógica con el colectivo y pierde sus raíces geográficas; de hecho, Tarfe y sus amigos, cuando se cansan de sus burlas y deciden ayudarlo, no lo llevan de vuelta a su pueblo, sino que lo ingresan en el manicomio de Toledo; al don Quijote de Cervantes, en cambio, el cura y el barbero primero, y Sansón Carrasco después, para ayudarlo, lo conducen de vuelta a su casa, a sus raíces, al centro irradiador de su identidad, al crisol amoroso de su dama, para que se cure con reposo y buenas lecturas. Al de Avellaneda, la pérdida de la retroalimentación de Dulcinea lo condena a la soledad y al desarraigo de los orígenes; es un vagabundo sin meta y sin querencia a la que volver, porque a nadie tiene que rendir cuentas de su acción. La cualidad de desamorado del personaje apócrifo ha desactivado la conciencia social del caballero verdadero, entendida como introyección de la alteridad en la propia personalidad (Bajtín 1986: 295).

8. Conclusión

La gran diferencia entre Avellaneda y Cervantes es que los personajes de este, sus protagonistas, dan voz a una visión del mundo, en cuanto que su conciencia parece nutrirse del diálogo con los otros miembros de la comunidad, con el aglomerado de opinión que rellena de sentido los confines de una formación social determinada. Los personajes de Avellaneda, en cambio, no van más allá del estereotipo de un personaje de comedia o de entremés, el rústico y el loco, que hablan en cuanto individualidades y a lo sumo remiten al eco de un arquetipo literario; sus interlocutores son personajes-función, sin personalidad ni historia, a veces incluso sin nombre o bajo seudónimo, miembros de un colectivo, con la misión de sancionar los actos del loco con el castigo físico de la violencia y la cárcel o el castigo moral de la burla, la irrisión o la vergüenza pública; y es que en el *Quijote* de Avellaneda el protagonista no es don Quijote, no es el suyo el punto de vista que ha de medirse y sobrepujar sobre la voluntad colectiva, sino que es la voluntad colectiva la que ha de tratar de reducir a un sentir compartido las excentricidades del loco. Decían Gilman (1951: 153) y Durán (1973: 376) que Avellaneda hablaba desde el punto de vista colectivo y eso queda patente en el análisis de las funciones de los grupos en la trama de su libro; algo que, por otro lado, ya estaba claro desde el prólogo, en su invitación a Cervantes a colgar la pluma: "Conténtese con su *Galatea* y comedias en prosa, que eso son las más de sus *Novelas*: no nos canse" (Prólogo: 199). A diferencia de Cervantes en su prefación ("desocupado lector"), Avellaneda no se dirige al lector como individuo, sino al colectivo, condensado en el pronombre del exhortativo "no nos canse", que presupone, un tanto abusivamente, que quien está leyendo comparta su punto de vista y sus intereses. El prologuista se erige en representante del campo literario, para expulsar de él a Cervantes, basándose en un supuesto sentir común de sus lectores. El prólogo de 1605, desde el punto de vista de la pragmática, se sitúa en las antípodas de esta acotación del territorio reservado para un colectivo, el de quienes piensan del mismo modo que Avellaneda. Cervantes se afana en él por abatir las barreras de la autoridad, de los tópicos y de los canales habituales de validación de la obra; en una palabra, por desdibujar los límites del colectivo, para asentar sobre esas ruinas al individuo, el libre albedrío del lector, la lectura crítica y la reflexión dialógica del texto. De algún modo, ya los dos prólogos revelan una constante en el tratamiento del personaje colectivo en el relato que introducen: Avellaneda se dirige al hombre masa, del que no requiere ninguna capacidad de crítica; le basta con que acepte su integración en el colectivo. Cervantes, en cambio, estimula la capacidad de juicio individual de su lector, para que pueda entrar a formar parte de ese público que ha de disfrutar de su obra.

Bibliografía

Bajtín, Mijaíl M., *Problemas de la poética de Dostoievski*, México, Fondo de cultura económica, 1986.

——, *Teoría y estética de la novela*, Madrid, Taurus, 1989.

Calabrò, Giovanna, "Cervantes, Avellaneda y Don Quijote", *Anales Cervantinos*, XXV-VI, 1987-1988, 87-100.

Canetti, Elias, *Masa y poder*, Barcelona, Muchnik, 1981.

Cervantes Saavedra, Miguel de, *El ingenioso hidalgo don Quijote de la Mancha*, ed. Francisco Rico, Barcelona, Instituto Cervantes / Crítica, (consulta el 5 de octubre de 2020),

< http://cvc.cervantes.es/literatura/clasicos/quijote/ >.

Durán, Manuel, "El *Quijote* de Avellaneda", en Edward C. Riley y Juan Bautista Avalle-Arce (eds.), *Suma cervantina*, London, Tamesis, 1973, 357-76.

Endress, Heinz-Peter, "El fenómeno de lo colectivo en *La Numancia* de Cervantes", en Emilio Martínez Mata e María Fernández Ferreiro (eds.), *Comentarios a Cervantes. Actas del VIII Congreso Internacional de la Asociación de Cervantistas, Oviedo, 11-15 de junio de 2012*, Madrid, Fundación María Cristina Masaveu Peterson, 2014, 958-962.

Fernández De Avellaneda, Alonso, *El ingenioso hidalgo Don Quijote de la Mancha*, ed. Luis María Gómez Canseco, Madrid, Biblioteca Nueva, 2000.

Freud, Sigmund, *Psicología de las masas y análisis del yo*, en *Obras completas*, 24 vol. Buenos Aires, Amorrortu, 1978, vol. 18, 63-136.

Gilman, Stephen, *Cervantes y Avellaneda. Estudio de una imitación*, México, El Colegio de México, 1951.

Gómez Canseco, Luis María, "La 'comedia' de Avellaneda: algo más sobre las raíces dramáticas del *Quijote* apócrifo", en Odette Gorsse y Frédéric Serralta (eds.), *El siglo de oro en escena. Homenaje a Marc Vitse*, Toulouse, PUM/ Consejería de Educación de la Embajada de España en Francia, 2006, 383-394.

Gracián, Baltasar, *El Criticón*, ed. de Santos Alonso, Madrid, Cátedra, 2001.

Hempel, Wido, "Sobre la técnica de representación de la muchedumbre en la literatura española (*Cantar de Mío Cid*, Cervantes, Galdós)", en Giuseppe Bellini (coord.), *Actas del séptimo Congreso de la Asociación Internacional de Hispanistas: celebrado en Venecia del 25 al 30 de agosto de 1980*, Roma, Bulzoni, 1982, 571-577.

Iffland, James, *De fiestas y aguafiestas: risa, locura e ideología en Cervantes y Avellaneda*, Madrid, Universidad de Navarra y editorial Iberoamericana, 1999.

Javaloy Mazón, Federico, Esteve Espelt y Álvaro Rodríguez Carballeira, "Comportamiento colectivo y movimientos sociales en la era global", en José F. Morales, Elena Gaviria, Miguel C. Moya Morales, María Isabel Cuadrado Guirado (coords.), *Psicología social,* Madrid, Mc Graw Hill, 2007, 641-691.

Kirschner, Teresa J., "Técnicas de representación de la multitud en el teatro de Lope de Vega", en Juan Villegas (coord.), *Actas del XI Congreso de la Asociación Internacional de Hispanistas*, 5 vols., Irvine, University of California, 1994, vol. 3, 155-161.

Le Bon, Gustave, *Psychologie des foules*, Paris, Félix Alcan, 1895.

Martín Morán, José Manuel, "Tópicos espaciales en los libros de caballerías", en Blanca Periñán y Francesco Guazzelli (eds.), *Symbolae Pisanae. Studi in onore di Guido Mancini*, Pisa, Giardini, vol. 1, 1989, 365-383.

——, "El diálogo en las dos segundas partes del *Quijote*", en Hanno Ehrlicher (ed.), *El otro "Don Quijote". La continuación de Fernández de Avellaneda y sus efectos, Mesa redonda*, 33, 2016, 75-92.

Nocera, Pablo, "Masa, público y comunicación. La recepción de Gabriel Tarde en la primera sociología de Robert Park", *Nómadas. Critical Journal of Social and Juridical Sciences*, [en línea], 19 (2008), (consulta el 4 de junio de 2018),

< http://www.redalyc.org/articulo.oa?id=18101909 >

Park, Robert E., "La masa y el público: una investigación metodológica y sociológica", *Reis: Revista española de investigaciones sociológicas*, 74, 1996, 361-426.

Redondo, Augustin, *Otra manera de leer el "Quijote". Historia, tradiciones culturales y literatura*, Madrid, Editorial Castalia, 1997.

Tarde, Gabriel, *L'opinion et la foule,* Paris, Félix Alcan, 1904.

Turner, Ralph y Lewis M. Killian, *Collective Behavior*, Englewood Cliffs, Prentice Hall, 1993.

Alicia Villar Lecumberri
Universidad Internacional de Valencia-VIU

Encantadores y desencantos. El desencanto de la risa en *El Quijote*

Resumen

El mundo se convierte en un lugar de encantamientos y desencantos en el que los encantadores son capaces de desencantarnos, en la magna obra de Cervantes, *El Quijote*. La burla y el engaño, la risa y el llanto asedian a sus personajes y se apoderan de ellos cuando la burla no es vida y la vida no deja de ser engaño. De este modo, en el transcurso de la obra los personajes se gastan bromas unos a otros, hecho que conlleva que unos sean burladores y otros burlados. En la segunda parte del *Quijote* topamos con episodios crueles, como aquel en el que un ocioso duque y su esposa se ensañan con el ingenioso hidalgo. A su vez, la infanta Antonomasia, casada con don Clavijo, fue encantada por el gigante Malambruno, quien castiga su desenvoltura transformándola en ximia de bronce, de ahí que don Quijote se proponga deshacer el encantamiento. En este artículo planteamos una nueva interpretación de la ximia de bronce. Finalmente, en este mundo de encantos y desencantos, vemos un paralelismo con la película *Le charme discret de la bourgeoisie –El discreto encanto de la burguesía–* con la que Buñuel, al igual que Cervantes, pone en tela de juicio la realidad social de su época.

Palabras clave: encantamientos, risa, burla, ximia.

Cervantes quiso que La Mancha fuese el origen del mito[1], de la ficción y de su realidad. Nada más real que las miles de palabras e ideas que cobraron vida en el momento en el que el autor que nos ocupa las plasmó en el papel. La genialidad cervantina radica en la creación de una obra mágica, dotada de tal encanto, que ha conseguido hacernos sentir un encantamiento real, que no ficticio. Así, La Mancha[2] fue razón de ser y origen de las letras.

---

1 Sobre el concepto del mito y verdad véase Rodríguez Adrados, Francisco, "El Mito y su Despliegue en Grecia. Mito y Verdad", 2014.

2 Alvar Ezquerra (2008 71-72): "… y el escenario primigenio en el que iban a empezar a pasar cosas era La Mancha. Y fue La Mancha por dos motivos: porque se inspiró en ella, ya que la conocía bien pues había dejado esposa y familia política en un pueblo de famosos linajes y porque La Mancha era el lugar menos indicado para que hubiera por allí señores de su jaez".

1. El encanto de ser alguien

Como punto de partida, imaginemos la fuerza motivadora que puede suponer una premisa que todo ser humano puede albergar en su interior, a saber, el encanto de ser alguien[3]. En el ámbito de la escritura, este planteamiento presupone que el escritor sea capaz de crear una obra que sea digna de su autoría. Así, Cervantes, en *El Quijote* concibe el mundo como un lugar de encantamientos y desencantos en el que los encantadores son capaces de desencantarnos. Risa y llanto, burla y engaño acosan a sus personajes y se apoderan de ellos, cuando la burla no es vida y la vida no deja de ser engaño. A lo largo de su obra, los personajes se gastan bromas unos a otros, hecho que conlleva que unos sean burladores y otros burlados[4]. Siglo de Oro en todo su esplendor. En la segunda parte de la obra leemos episodios crueles en los que un ocioso duque y su esposa se ensañan con el ingenioso hidalgo. Unos ríen y otros no tanto; así, las risas se congelan en el momento en el que el lacayo Tosilos declara que ha sido vencido por don Quijote y desiste de pelear al haberse enamorado de doña Rodríguez. Los duques, quienes se creían capaces de escribir una versión burlesca del Quijote, acaban perdiendo la baza ante la realidad impuesta por su propio lacayo.

2. Encantadores y desencantos

Sabido es que a Cervantes le encanta recrearse con el lenguaje y su esmerada selección de cada vocablo nos incita a una reflexión lexicográfica que nos lleva a recurrir a las fuentes de la época con el fin de adentrarnos con más pericia en ese universo literario. Así, Covarrubias recoge en su diccionario que los encantadores son seres maléficos, hechiceros, magos, nigrománticos, amén de gente perdida y endiablada. Por lo tanto, los encantadores hechizan a las personas, están abducidos por las artes mágicas, en las que se inmiscuye el demonio. Se trata de personas que hacen encantos, valiéndose para ello de medios y artificios prohibidos y mágicos e incluso alteran el juicio con los encantamientos. El caso es que Cervantes introduce a los encantadores en *El Quijote* no como seres ficticios, sino reales, puesto que conviven con sus personajes en el mismo entorno literario. Por otra parte, asistimos a una dicotomía en su tratamiento, ya que pueden actuar como engañadores, maléficos, enemigos, perversos, envidiosos

3 Con el fin de evitar el "Síndrome de Ulises" (Cuestas 2013).

4 Sobre la burla, burladores y burlados en Cervantes, remitimos a la edición de Mata Induráin 2021, perteneciente al proyecto de investigación del GRISO de la Universidad de Navarra.

o crueles; pero también encontramos encantadores sabios, listos, cristianos, discretos, que profesan la amistad. Con todo, López Ridaura (2015: 128) puntualiza que en el mundo real en el que se mueve don Quijote, Sancho, el cura, el barbero, el bachiller, la sobrina, el ama, las labradoras o los duques, "nunca aparece verdaderamente un encantador; pero ellos, como los demonios no duermen, salen de los libros de caballerías, entran a la imaginación de don Quijote y salen por su discurso para invadir la novela entera".

Pues bien, Cervantes, a lo largo de toda la obra del *Quijote* va urdiendo una trama literaria, en torno a personajes que tejen un entramado ficticio de la mano de encantadores, y al mismo tiempo, el protagonista de la obra debe afrontar multitud de desencantos. Son los encantadores los que dan cuenta de la locura del caballero.

En el *Quijote* de 1605, las reflexiones que hace Cervantes sobre encantamientos, locura, hechicería y escritura se duplican en el de 1615, cuando la narración gira en torno del encantamiento de Dulcinea por Sancho[5] y el proceso de su desencanto, también a cargo de Sancho.

Llegados a este punto, para acotar el ámbito de la narración quijotesca, hemos seleccionado los capítulos 35-44 de la segunda parte de la obra, dado que es uno de los momentos culminantes en el que entran en lid estos dos polos, por un lado, encantadores que embaucan a los personajes, y por otro, el desencanto. En estos pasajes cervantinos esos encantadores que son médicos, o que a la condesa Trifaldi le hacen llamar Dueña Dolorida, provocan desconcierto y desasosiego. Ese mayordomo de los duques que se disfraza para representar ese papel, va en busca de don Quijote creyendo que es el único que puede ser capaz de quitar el encantamiento que pesa sobre ella, sus dueñas y el reino del que proceden. A su vez, este personaje que hace de mayordomo del duque "muy discreto y muy gracioso -que no puede haber gracia donde no hay discreción-", el cual, cuando se quite el disfraz, va a acompañar a Sancho al gobierno de la ínsula. Es en ese pasaje cuando don Quijote le explica a Sancho que el parecido entre ese personaje y la condesa Trifaldi se puede deber "a los encantamientos que tanto

5 Es muy significativo que "por primera vez, en el caso del encantamiento de Dulcinea, no es don Quijote quien explica como obra de los encantadores algo que lo desconcierta, sino que es Sancho, y no precisamente porque necesite una justificación para dejar a salvo su honor, su valentía, o sus posibilidades de comprender una situación más o menos absurda e inesperada, sino en una huida hacia adelante, en un lío en que se encuentra atrapado; Sancho usa los encantamientos como engaño consciente para encubrir otro engaño anterior cuando dijo a don Quijote que había visto a Dulcinea, sin haberla visto, claro" (Bobes Naves 2020).

los persiguen". Por su parte, la Dueña Dolorida admite que ha sido engañada por "no sé qué dijes y brincos" que le dio Clavijo, y por los "estrambotes, seguidillas y coplas traducidas al italiano" que le oyó cantar. Dolorida, además, fue la que engañó a Antonomasia, la inocente Princesa, que no llegó a ser el "oro purísimo" en que puede convertirla el que la sabe tratar. La infanta Antonomasia, casada con don Clavijo, fue encantada por el gigante Malambruno, pues habiéndose dejado esta embaucar por la Dueña Dolorida, cuando se sabe que las dueñas tenían fama de ser lascivas y de servir en las tercerías amorosas, el encantador Malambruno castiga su desenvoltura transformándola en 'ximia de bronce', un animal que es símbolo de la lujuria, y a su amante en un cocodrilo de metal desconocido, he aquí el símbolo de la lascivia. De ahí que la misión de don Quijote sea que, con su valor, consiga deshacer el encantamiento, según la trama que él mismo ha urdido con los duques para divertirse a costa de ellos.

Al hilo de nuestro análisis, planteémonos la esperpéntica y grotesca situación que desdibuja el texto con la transformación de Antonomasia en ximia de bronce. Se trata de un pasaje que ha suscitado el interés de los cervantistas. Así, el profesor Redondo repara en la "risa de jimia" (*Quijote II*, 44: 982) y se decanta por la interpretación de que la jimia era una mona, y apunta que "la mención de la risa y de la mona nos introduce enseguida en el universo de la truhanería" (Redondo 1999: 50). Y esta interpretación la inserta en un análisis de textos literarios paralelos. Así:

> Cosme Gómez Tejado de los Reyes en su *León prodigioso* y Estebanillo González en el relato de su vida de 1646 asocian de manera decisiva *bufones, perros y monos*. Y esa relación se halla subrayada de manera reveladora en las anónimas *Noticias de Madrid* de 1636-1638, ya que se dice en ellas que los bufones hacen "mil monerías para reír". Verdad es que, según lo escrito por López de Úbeda en *La Pícara Justina*, en 1605, "el perrillo y la mona son dos animales, los cuales crió naturaleza sólo a fin de entretener las gentes con *juegos, retozos, burlas y visajes*" (Redondo 1999: 50).

Siguiendo la misma línea de interpretación, D'Onofrio ve en la jimia un mono, "un animal que nunca ha dejado de tener connotaciones lascivas (o sensuales, si se quiere ser más benévolo), ligado siempre a la expresión sin tapujos de los bajos instintos" (D'Onofrio 2016: 104). Y esta interpretación la apoya en las representaciones iconográficas en las cuales los monos representan la tentación. A su vez, la historia de Antonomasia, convertida en jimia, cobra sentido, ya que "los burladores del palacio ducal recordaban ante todo la sensualidad de la historia de Dorotea y Micomicona que reescriben aquí" (D'Onofrio 2016: 111).

Tras estas dos interpretaciones, a la luz del texto cervantino, planteemos otra reflexión. Más allá de las representaciones iconográficas de las ximias y los monos, en las que se recurre a interpretaciones textuales basadas en realidades más allá de La Mancha, limitémonos al territorio manchego y echemos la mirada a la realidad circundante. Si tenemos en cuenta que era el bronce el metal con el que se forjaban los objetos cotidianos de las casas de la época, a saber, los braseros, los candelabros, el almirez o las aldabas en las puertas de las casas. De puertas adentro, Cervantes nos plantea la mofa, el engaño, lo que pasa en el interior de las casas se queda en las tinieblas, no se airea en el exterior, pero con el encantamiento del encantador Malambruno va a salir a la luz y va a quedar expuesto de puertas afuera. He ahí el símbolo de la aldaba de bronce, aquella que estaba colocada en los portalones de las casas señoriales, con la que se llamaba a la puerta, en forma de cabeza de león, dragones y seres fantásticos, con una carga simbólica muy relevante. Cervantes elige la cabeza de ximia para la caracterización de esa aldaba, para que los personajes que practican tales artes queden en evidencia. Por otra parte, no es casual que sea una ximia, pues estas hembras están provistas de pobladas barbas y esto concuerda con la intención del encantador Malambruno, el cual castiga a las pecadoras con barbarlas –recuérdese cómo Sancho se lo recrimina al gigante–.

Sin duda alguna la intencionalidad evidente de un enfoque como el que acabamos de señalar es reflejo de la punzante crítica social que Cervantes hace a la época en la que le tocó vivir. Si tomamos en consideración la gestación de *El Quijote,* en 1615, el autor sigue utilizando recursos que ya utilizó en 1605, pero el enfoque es totalmente diferente. Así ocurre con la risa, que da lugar a un desdoblamiento entre el escritor y sus personajes, pues si bien utilizan la risa como vía de encantamiento, el autor del *Quijote* llega a plasmar en esta segunda parte el desencanto de la risa.

En este sentido, cuando D'Onofrio concluye su estudio:

> [...] creemos que en las maneras de hacer jugar o de utilizar las figuras de animales en la farsa de la dueña dolorida, se aprecia una señal de artificio en segundo grado, dentro de los múltiples niveles de creación ficcional que constituyen el *Quijote*. Si el primer nivel es el del autor, el segundo sería el de los personajes que crean ficciones para otros personajes, como vemos hacer al cura y al barbero auxiliados por Dorotea en 1605. (2016: 111)

Nos preguntamos la relación tendría el personaje del barbero, un personaje principal en *El Quijote,* con los personajes ficticios, que pertenecen a un segundo nivel narrativo, transformados con esas hembras que están provistas de pobladas barbas. Dicho de otro modo, se podría pensar que Cervantes, en 1615, decide "recortar" falsedades a las que ha sido sometida su autoría y da voz a la imperiosa necesidad del ejercicio y la presencia del barbero, con otra finalidad en esta segunda parte.

3. Desencantos. El desencanto de la risa en el *Quijote*

Abordemos, a continuación, el trato que Cervantes da al término "desencanto". En los capítulos 35-41 de la segunda parte el tema del desencanto gira en torno a la figura de Dulcinea. Para empezar, (en *Quijote II*, 35: 923) el mago Merlín, con su llegada, anuncia que, para que Dulcinea recobre su estado primo y deje de ser una labradora, es menester que Sancho "se dé tres mil azotes y trecientos / en ambas sus valientes posaderas / que le escuezan, le amarguen y le enfaden". La dualidad azotes y desencanto, asociados a Sancho, obra especial relevancia como contrapunto a los encantamientos que tienen embebido a don Quijote. Lo que para Sancho es un suplicio, dado que debe sufrir en sus propias carnes los azotes que harán que, *por arte de magia*[6], su señora sea desencantada, para don Quijote es fortuna. Leamos los textos:

> –¡Voto a tal! –dijo a esta sazón Sancho–. No digo yo tres mil azotes; pero así me daré yo tres como tres puñaladas. ¡Válate el diablo por modo de 'desencantar'! ¡Yo no sé qué tienen que ver mis posas con los 'encantos'! ¡Por Dios que si el señor Merlín no ha hallado otra manera como 'desencantar' a la señora Dulcinea del Toboso, 'encantada' se podrá ir a la sepultura! (II, 35: 923).

> El señor mi amo sí que es parte suya; pues la llama a cada paso *mi vida, mi alma*, sustento y arrimo suyo, se puede y debe azotar por ella y hacer todas las diligencias necesarias para su 'desencanto', pero ¿azotarme yo…? Abernuncio (II, 35: 924).

> Pero querría yo saber de la señora mi señora doña Dulcinea del Toboso adónde aprendió el modo de rogar que tiene: viene a pedirme que me abra las carnes a azotes, y llámame alma de cántaro y bestión indómito, con una tiramira de malos nombres, que el diablo los sufra. ¿Por ventura son mis carnes de bronce, o vame a mí algo en que 'se desencante' o no? (II, 35: 926).

> Preguntó la duquesa a Sancho otro día si había comenzado la tarea de la penitencia que había de hacer por el 'desencanto' de Dulcinea. Dijo que sí, y que aquella noche se había dado cinco azotes. Preguntóle la Duquesa que con qué se los había dado. Respondió que con la mano (II, 36: 929-930).

6 A este respecto, téngase en cuenta: "La magia es, pues, en conclusión, elemento vinculante de Cervantes con la tradición precedente, que proyecta en el conflicto magia-religión y en la preocupación por la verosimilitud, y con la posterior, constituyéndose en precursor en la lucha contra la magia y la inverosimilitud a través de la parodia y adelantándose, con ello, en un siglo a la problemática neoclásica, lo que muestra, de nuevo, y sin lugar a dudas, la complejidad intrínseca de la obra cervantina que le ha proporcionado el estatus de clásico universal" (Rivero 2008: 454).

Al hilo de estos pasajes aflora el ácido humor de Cervantes, al presentar a un Sancho que se resiste a comprender la manera de desencantar a la dama de su señor. Y es que Sancho no se siente un héroe ni está tan loco como para dejarse moler por ensalzarla. Con todo, es un buen cristiano y acatará la penitencia impuesta por su amo, pero esto tan solo lo reconocerá de puertas adentro. He aquí de nuevo la ficción literaria y la doble lectura. Sancho, en la carta que le escribe a Teresa Panza, su mujer, da por hecho que va a tener que dejarse apalear, pero le suplica que no se sepa y que le guarde el secreto:

> Hemos estado en la cueva de Montesinos, y el sabio Merlín ha echado mano de mí para el 'desencanto' de Dulcinea del Toboso, que por allá se llama Aldonza Lorenzo: con tres mil y trecientos azotes, menos cinco, que me he de dar, quedará 'desencantada' como la madre que la parió. No dirás desto nada a nadie, porque pon lo tuyo en concejo, y unos dirán que es blanco, y otros que es negro (II, 36: 931).

Sin embargo, de puertas afuera, cuando habla con la condesa Trifaldi, Sancho no da su brazo a torcer y quiere dar a entender que él no es un mandado, y no le atañe lo que le pase a su señora, ya que él no es su amo:

> Pardiez, yo no me pienso moler por quitar las barbas a nadie: cada cual se rape como más le viniere a cuento; que yo no pienso acompañar a mi señor en tan largo viaje. Cuando más que yo no debo de hacer al caso para el rapamiento destas barbas como lo soy para 'desencanto' de mi señora Dulcinea (II, 40: 953).

De nuevo vemos aquí la simbología de las barbas, todo aquello oscuro, aquello que no tiene ninguna gracia, ni provoca risa alguna –si bien no deja de resultar cómico el discurso–, que debería ser "rapado", pues no tiene ningún encanto. Sancho reclama sus señas de identidad, su función, no es él a quien le corresponde el quehacer de "quitar las barbas a nadie". Sancho nos recuerda que cada uno tiene su misión. Será su señor quien deba desenmascarar la locura, ese "tan largo viaje", desencantar a su señora Dulcinea, y no él, que está cuerdo, y no se ocupa de tales menesteres. El escudero reclama la asunción de responsabilidades por parte de su amo. Por otra parte, Cervantes, desde otro plano, debe quitar la máscara (las barbas) que ha colocado a sus personajes, con el fin de desenmascarar la verdad, esto es, afrontar el desencanto, de la mano de don Quijote.

En esta ficción literaria, Cervantes se vale de los juegos de palabras: 'des-encanto', 'des-encantamiento', 'des-encantar'. Y es que la Dulcinea "encantada" es la labradora, mientras que la "desencantada" es la añorada señora Dulcinea del Toboso. Así, Sancho entiende que, lejos de las artes mágicas de Merlín, bien podría Dulcinea "encantada" ir a la sepultura, pues nada cambiaría: quien labradora nace, labradora muere. Pero hete ahí que su señor sueña con una Dulcinea "desencantada" (que por otra parte habría perdido el encanto, su verdadera identidad) y ese "desencanto" conlleva que Sancho sea azotado, si bien no acaba de entender "qué tienen que ver mis posas con los encantos". Así, Cervantes crea dos planos: el físico y el psíquico, a saber, el de los encantos y los desencantos, una Dulcinea "encantada" y una Dulcinea "desencantada". Nótese cómo Cervantes juega con la semántica de ambos términos y les da la vuelta, Es el cuerpo el que debe recibir los azotes para lograr el desencanto de Dulcinea y así, el espíritu de don Quijote sea liberado al desprenderse de un plano mucho más mundano.

A su vez, "encantar" puede referirse a lo que hace el mago Merlín, un personaje introducido en la historia de don Quijote, y que es "'persona', máscara, figura, disfraz, prototipo del personaje que encanta y embelesa a sus espectadores y oyentes" (Nadine Ly 1987: 648). Tenemos aquí otros dos planos a partir de un personaje que para "encantar" se sirve de una máscara o de un disfraz, y así deja de ser un personaje más y pasa a un plano superior, el de la representación de un papel. Frente a esta interpretación, partiendo del hecho de que Cervantes crea un universo literario en el que sus personajes no dudan de la existencia de los encantamientos, podríamos pensar que el mago Merlín no tiene unos poderes mágicos, que serían maléficos –recuérdense las acepciones del *Tesoro* de Covarrubias–, no necesita de disfraz alguno, en el Siglo de Oro, para tener su encanto, para ser quien es, con identidad propia. El propio Merlín le recuerda a Sancho cómo el "Diablo es un ignorante y grandísimo bellaco" e invoca "ni el cielo permita que yo engañe a nadie". De ahí que Cervantes le encargue el "desencanto" de Dulcinea, para que de este modo pueda demostrar sus artes mágicas. El desencanto es algo bueno, positivo, que le va a traer la felicidad a don Quijote. Esta caracterización del mago queda reflejada en estos pasajes:

> A lo cual respondió Merlín:
> –El Diablo, amigo Sancho, es un ignorante y un grandísimo bellaco: yo le envié en busca de vuestro amo, pero no con recado de Montesinos, sino mío; porque Montesinos se está en su cueva entendiendo, o, por mejor decir, esperando su 'desencanto', que aún le falta la cola por desollar. Si os debe algo, o tenéis alguna cosa que negociar con él, yo os lo traeré y pondré donde vos más quisiéredes (II, 35: 927).

> De las sobras no habrá que avisar –respondió Merlín–; porque llegando al cabal número, luego quedará de improviso 'desencantada' la señora Dulcinea, y vendrá a buscar, como agradecida, al buen Sancho, y a darle las gracias, y aun premios, por la buena obra. Así que no hay de qué tener escrúpulo de las sobras ni de las faltas, ni el cielo permita que yo engañe a nadie, aunque sea en el pelo de la cabeza (II, 35: 928).

Pues bien, don Quijote va a dar fin a esta aventura del desencanto de Dulcinea en el capítulo 41: *De la venida de Clavileño, con el fin de esta dilatada aventura,* como buen cristiano agradecido, por una parte: "dando las gracias al cielo" y por otra afirmando que "todo es nada", afirmación que nos evoca la concepción cristiana de que "todo", esto es, el mundo, surgió de la nada. Y así, la aventura acaba bien y triunfa el no daño:

> Habiendo, pues, don Quijote leído las letras del pergamino, claro entendió que del 'desencanto' de Dulcinea hablaban; y dando muchas gracias al cielo de que con tan poco peligro hubiese acabado tan gran fecho, reduciendo a su pasada tez los rostros de las venerables dueñas, que ya no parecían, se fue adonde el Duque y la Duquesa aún no habían vuelto en sí, y trabando de la mano al Duque le dijo:
> –¡Ea, buen señor, buen ánimo, buen ánimo que todo es nada! La aventura es ya acabada, sin daño de barras, como lo muestra claro el escrito que en aquel padrón está puesto. (II, 41: 964)

Con todo, los textos cervantinos dan lugar a múltiples lecturas, y si rastreáramos en este "todo es nada" otra religión, la judía, podríamos percibir el latido de los judíos seculares, para quienes el judaísmo no define básicamente su identidad, sino que pertenecen al pueblo judío porque sus antecesores son judíos, pero ellos no practican las leyes judías. De ello dan cuenta las Escrituras Sagradas.

4. El encanto en Miguel de Cervantes y Luis Buñuel y la crítica social

El tema del "encanto" nos lleva a otra reflexión. Sabido es que a Cervantes le preocupaba en gran manera la sociedad de su época y sus obras literarias tienen buena carga de crítica social. Así, el escritor refleja en su obra las inquietudes de una España, la del Siglo de Oro, en la que los problemas sociales constituían una verdadera carga para sus habitantes. Por otra parte, Cervantes es un autor que abrió camino en la narrativa de su tiempo, rompiendo esquemas, con una narrativa mucho más moderna. Fue Cervantes un genio que supo plasmar la realidad de la época y recrearla haciendo uso de la literatura. Su talento personal se fraguó en un talento artístico inigualable, y así sus obras recogen secuencias de la vida, real y ficticia de su época. El texto cervantino está enriquecido por las voces de todos sus personajes; y sus diálogos llenan miles de páginas. Por otra parte, infinidad de imágenes surgen en la mente de los lectores al hilo de la lectura; de ahí que la iconografía cervantina haya suscitado tantos adeptos y dispongamos de copiosos bancos de imágenes cervantinas[7]. Así las cosas, las obras cervantinas han dado pie a múltiples adaptaciones cinematográficas. En

7 QBI – Banco de imágenes del «Quijote» (1605-1915): https://www.cervantesvirtual.com/portales/quijote_banco_imagenes_qbi/

este punto, vamos a proponer un paralelismo entre dos genios artísticos españoles, que bien podrían cotejarse a la hora de analizar la relación entre el creador y su obra, la relación entre ambos y la manera de plasmar los avatares de la época en la que les tocó vivir.

Si las artes están interrelacionadas y cada época ha sido cuna de diferentes genios, en España contamos con Miguel de Cervantes y Luis Buñuel[8] que, empleando lenguajes diferentes, manejan magistralmente un universo artístico a través del cual ponen en tela de juicio la realidad social de su época[9]. Si bien hemos apuntado la crítica social con la que se compromete el autor de *El Quijote*, traigamos a colación el quehacer artístico de Buñuel, cuya película *Le charme discret de la bourgeoisie* (*El discreto encanto de la burguesía*), película francesa, que no pudo ser rodada en España por motivos de la censura franquista, y que ganó el óscar, en 1972, a la mejor película extranjera, es una de las obras maestras del cine mundial. El director cinematográfico creó una película con tintes surrealistas, entremezclando el mundo onírico con el real. En esta película, un grupo de reputados burgueses, tras un malentendido del anfitrión que los invitó a cenar y la cena frustrada en el lugar previsto, acaban en un restaurante en el que acaba de fallecer el propietario. Este hecho conlleva una serie de sucesos reales y ficticios que darían paso a la aparición de otros personajes, guerrilleros, policías, militares, campesinos, y hasta un obispo, los cuales provocan situaciones que impiden que los personajes centrales se sienten a la mesa y disfruten del encanto de ser burgueses. Para Buñuel, los burgueses no pueden sino comportarse como tales. Su existencia vacía y sin sentido les permite ver la vida con demasiada ligereza. La alta burguesía es la clase social que se jacta de ser la más civilizada. El cineasta nos invita a reírnos de lo absurdo, de todo lo irracional que nos hace humanos.

Volviendo a Cervantes, el autor alcalaíno también criticó la sociedad y el país que le tocó vivir, y leyendo sus obras pasamos de la risa al llanto, o del éxito al fracaso. A este respecto, Michel Moner (2005) apunta cómo no deja de llamar la atención la vigencia del fracaso de *El Quijote* de 1605, empezando por el fracaso del propio protagonista en su intento de hacer triunfar sus ideales. Y, de ahí que

8 Buñuel Portolés, Luis. Calanda (Teruel), 22.II.1900 – Ciudad de México, 23.VII.1983. Director de cine, guionista: https://dbe.rah.es/biografias/9265/luis-bunuel-portoles

9 "La producción de filmes de propaganda durante la Guerra Civil española, su lenguaje cinematográfico y sus consignas forman parte por su relevancia de la identidad europea" (Ruiz del Olmo 2010:75).

el personaje de dos Quijotes, por más burlado y zarandeado que resulte, no esté tan ajeno ni tan distanciado del autor que lo engendró. Por otro lado, señala:

> El proceso de "marionetización" que afecta a don Quijote es probablemente el más característico y revelador de las peculiares relaciones que Cervantes mantiene con su personaje. [...] Al convertirle a don Quijote en marioneta y hazmerreír, Cervantes parece haber realizado a través de su personaje una forma de despedida, cruel, pero necesaria, de sus propios sueños y ensueños de éxito y gloria, como soldado y como poeta, tanto en las Armas como en las Letras. Fue a través de él y de las muchas palizas, caídas, burlas y escarnios al que le condenó, como realizó Cervantes esa ruptura, que no es, al fin y al cabo, sino el corte del invisible cordón umbilical (Cf. Los hilos de los títeres y las marionetas de las que cuelgan sus personajes), que todos conservamos mucho más allá de la infancia y que nos mantiene vinculados al territorio de los sueños, de los muñecos, de los paraísos perdidos y de las utopías. (2005: 157)

A modo de colofón, el diplomático Servando de la Torre (2016) llega a la conclusión de que en un mundo anacrónico pero real, don Quijote puede ser producto del desencanto de Cervantes.

Bibliografía

Alvar Ezquerra, Alfredo, "La Mancha de Cervantes", en Pedraza Jiménez, Felipe B. y González Cañal, Rafael (coord.), Con los pies en la tierra: Don Quijote en su marco geográfico e histórico*: XII Coloquio Internacional de la Asociación de Cervantistas (XII-CIAC), Argamasilla de Alba, 6-8 mayo de 2005*, 2008, 71-90.

Baxter, John, *Luis Buñuel: una biografía*, Barcelona, Paidós, 1996.

Bobes Naves, María del Carmen, "Planteamientos epistemológicos en "El Quijote". El tema del encantamiento de Dulcinea", Biblioteca Virtual Miguel de Cervantes, 2020.

Cervantes, Miguel de, *Don Quijote de la Mancha*, ed. Francisco Rico, Barcelona, Crítica, 2001.

Cuestas, Fedra, "Mi nombre es nadie y nadie me llaman todos… sobre la identidad del inmigrante", *REMHU – Revista Interdisciplinar da Mobilidade Humana,* 2013, 21 (40), 211-228.

D'Onofrio, Julia, "De Micomicona a la jimia de bronce. Los ejemplos de una mona para construir un personaje", *Boletín de la Biblioteca de Menéndez Pelayo*, 92, 2016, 93-113.

La Torre, Servando de, "El *Quijote* puede ser producto del desencanto de Cervantes", 10 de agosto de 2016, (consulta el 25 de septiembre de 2020).

<https://www.elcomercio.es/aviles/201608/10/quijote-puede-producto-desencanto-20160810001527-v.html>

López Ridaura, Cecilia, "Los encantadores en la Segunda Parte del *Quijote*", *Cauce. Revista Internacional de Filología, Comunicación y sus Didácticas*, 38, 2015, 123-142.

Ly, Nadine, "Literalidad cervantina: encantadores y encantamientos en *El Quijote*", en Vilanova Andreu, Antonio (ed.), *Actas del X Congreso de la Asociación Internacional de Hispanistas: Barcelona, 21-26 de agosto de 1989*, Barcelona, Promociones y Publicaciones Universitarias, 1992, 641-652.

Mata Induráin, Carlos (ed.), *Burla, burladores y burlados en Cervantes*, Pamplona, Servicio de Publicaciones de la Universidad de Navarra, 2021. Colección BIADIG (Biblioteca Áurea Digital), 66 / Publicaciones Digitales del GRISO.

Moner, Michel, "El pelele apaleado: la problemática del fracaso en el 'Quijote'", en Redondo, Agustín (ed.), *Releyendo el Quijote. Cuatrocientos años después*, París, Presses Sorbonne Nouvelle, 2005, 147-158.

Redondo, Agustín, "Fiestas burlescas en el palacio ducal: el episodio de Altisidora", en Bernat, Antonio (ed.), *Actas del III Congreso Internacional de la Asociación de Cervantistas*, Palma, Universitat de les Illes Balears, 1999, 49-62.

Rivero Iglesias, Carmen, "La magia en el *Quijote*: Cervantes ilustrado", en Azaustre Galiana, Antonio y Fernández Mosquera, Santiago (coord.), *Compostella aurea*: actas del VIII Congreso de la Asociación Internacional del Siglo de Oro (AISO), Santiago de Compostela, 7-11 de julio de 2008 , 2008, 445-454.

Rodríguez Adrados, Francisco, "El mito y su despliegue en Grecia. Mito y verdad", en Pérez Jiménez, Aurelio (coord.), *Realidad, fantasía, interpretación, funciones y pervivencia del mito griego: estudios en honor del profesor Carlos García Gual*, 2014, 47-54.

Ruiz del Olmo, Francisco Javier, "Lenguaje e identidad colectiva en Buñuel. Propaganda en el filme «España 1936", *Comunicar*, 35, 2010, 69-77.

III. LEGADO

Matías Barchino

Universidad de Castilla-La Mancha

Primeras lecturas del *Quijote* en los escritores hispanoamericanos galardonados con el Premio Cervantes

Resumen

El trabajo se centra en examinar la repercusión que la obra de Cervantes ha tenido en los escritores hispanoamericanos galardonados con el Premio Cervantes, mediante un análisis de sus discursos de aceptación. La recepción de un premio tan prestigioso como el Cervantes es un momento importante para conocer de qué modo los escritores establecen vínculos con la obra de Cervantes y, en particular, con el *Quijote*. Los laureados hispanoamericanos, que reciben el premio de forma alternada con sus colegas españoles (23 hispanoamericanos hasta el momento en las 46 ediciones del premio) abordan este reconocimiento de maneras diversas, pero muchos de ellos mencionan sus primeras lecturas del *Quijote* y cómo han influido en su posterior vocación literaria. Para los hispanoamericanos el *Quijote* es el signo de identidad y cohesión cultural más importante del mundo hispánico, aunque también se permiten tener miradas críticas y desmitificadoras a través de sus discursos.

Palabras clave: escritores hispanoamericanos, Premio Cervantes, lectura del *Quijote*.

1. Introducción

Aunque las conmemoraciones oficiales son criticadas por sus excesos, sirven para actualizar la información sobre los autores o las obras de referencia. Los últimos centenarios del *Quijote* y de Cervantes en las primeras décadas del siglo XXI, igual que se hizo en el siglo anterior, propiciaron la celebración de congresos, reuniones, publicaciones y conferencias. En parte pusieron al día la extensísima bibliografía acumulada sobre la novela y el autor, que no había dejado de incrementarse en los estudios académicos y en los medios divulgativos; también sirvieron para propiciar la salida de ediciones de referencia de la obra, así como curiosidades de todo tipo como versiones infantiles, ilustradas, rimadas, en cómic, o toda suerte de variaciones o estudios sobre el *Quijote*. En toda esta hojarasca, como podría haber dicho García Márquez, no es fácil distinguir tendencias, aunque se predomina una visión del *Quijote* plenamente contemporáneo en sus lecturas actuales. Uno de los aspectos que ha destacado es la consideración de la obra de Cervantes en el ámbito de la literatura mundial y comparada. A través de publicaciones, congresos y coloquios celebrados en numerosos países y lenguas, se constata la activa presencia de la herencia cervantina en infinidad de autores y tradiciones literarias. Es importante destacar la influencia que el *Quijote* ha tenido en la literatura hispanoamericana. Al expresarse en la misma lengua y formar parte de la misma cultura, los autores hispanoamericanos han sentido de manera especialmente intensa la herencia cervantina.

La ciudad de Almagro fue el escenario en 2004 de un encuentro de la Asociación Española de Estudios Literarios Hispanoamericanos bajo el reclamo de Carlos Fuentes, con el título *Territorio de La Mancha. Versiones y subversiones cervantinas en la literatura hispanoamericana*, en el que participaron un buen número de críticos, escritores y más de cincuenta hispanoamericanistas. El evento trató las repercusiones y relecturas cervantinas de escritores de diversas generaciones de la literatura hispanoamericana (Barchino 2007). Desde la narrativa virreinal a Fernández de Lizardi, Sarmiento o Rubén Darío, desde los clásicos contemporáneos como Borges, Bioy Casares, Rulfo, Onetti, García Márquez, Mario Vargas Llosa o Carlos Fuentes a las generaciones más actuales con Roberto Bolaño, Mario Mendoza y Rodrigo Fresán, entre otros. Pocos aspectos quedaron fuera. Otros encuentros y publicaciones de parecido carácter se convocaron en torno a los centenarios de 2005 y 2015. Uno puede caer exhausto y maravillado tras la lectura de tantas evidencias de que el *Quijote* y la obra de Cervantes ha permanecido viva de una forma crítica y activa en la creación literaria de escritores de tan diferente procedencia[1].

En el encuentro, la profesora Trinidad Barrera hizo una primera aproximación a los discursos de los escritores hispanoamericanos que habían recibido el Premio Cervantes como fuente de sus ideas cervantinas, de la que este trabajo es heredero directo y agradecido (Barrera López, 2007). Su aportación abarcaba los primeros años del Premio Cervantes desde 1977 hasta 1994. Pronto se comprobó que era un marco ya demasiado amplio y diverso, pero muy fructífero. Sus conclusiones ponen en énfasis la variedad de reacciones que el *Quijote* ha tenido en un elenco de autores tan apreciable pese al ambiente laudatorio propio de los

1 Una mención mínima de algunas publicaciones colectivas (González Boixo 2007; Schmidt-Welle y Simson 2010; Valero, Heikel y Rodríguez 2017); todo esto sin mencionar los innúmeros congresos y publicaciones sobre el *Quijote* en otros países de habla no hispana. Por la cercanía, destacamos los tomos coordinados en la Universidad de Castilla-La Mancha por Hagedorn (2007; 2011; 2016; 2020) y Bautista Naranjo y Jiménez Jiménez (2019).

discursos oficiales, que "ponen a prueba la sinceridad de los escritores trasatlánticos con los compromisos retóricos que el premio implica y de alguna forma sus discursos son más atractivos a veces por lo que callan que por lo que proclaman" (Barrera López 2007: 137).

Aunque no lo confiesen, no todos los premiados fueron atraídos por el *Quijote* desde su infancia y, para algunos, su lectura fue más bien un suplicio que tuvieron que soportar por las obligaciones escolares. En algunos sospechamos que la primera frustrada lectura del *Quijote* nunca se superó del todo. Nos interesan para este trabajo las primeras lecturas de la obra de Cervantes que estos discursos reflejan, unas veces reveladoras y otras no tanto. El propósito es avanzar en el tema, tratando de determinar las líneas generales de las intervenciones sobre Cervantes y el *Quijote* de los veintitrés ganadores y ganadoras del Premio Cervantes de origen americano. Especialmente, trataremos de valorar qué significó haberse encontrado en los años de su formación con la novela para este grupo selecto pero dispar que aprovecharon sus discursos para recordar con añoranza o con distancia el primer contacto que tuvieron con el *Quijote*. Aunque sean grandes escritores, en esto no se diferencian del resto de los lectores, como se ha anticipado, no siempre este primer encuentro fue tan grato como podría parecer. La lectura temprana del *Quijote* en los países de lengua española ha sido uno de los grandes quebraderos de cabeza con que se han encontrado los estudiantes y el sistema educativo. Algunos escritores quedaron prendados –si hemos de creer sus palabras– con la inmensa obra, otros sufrieron con más o menos suerte y paciencia su imposición o su lectura. La mayoría necesitó posteriores lecturas para disfrutarlo y congraciarse con sus valores literarios, culturales y humanos. Algunos lo convirtieron en una de sus pasiones literarias y fuente fecunda de su literatura, como Borges, Carlos Fuentes o a Juan Goytisolo y permanecieron como lectores adultos vinculados a un libro que los ha acompañado toda la vida.

Analizaremos estas primeras lecturas del *Quijote* a través de las palabras pronunciadas por los escritores en la Universidad de Alcalá. En 1979, en la cuarta edición del premio, el jurado tuvo a bien dar *ex aequo* el premio al argentino Jorge Luis Borges y al poeta español Gerardo Diego, viejos militantes del ultraísmo y el creacionismo vanguardista de los años 20. Con las palabras justas Borges, confeso admirador de Cervantes, agradeció la distinción y recordó la primera vez que leyó la novela.

> Yo ahora me siento más que justificado, me llega este premio, que lleva el nombre, el máximo nombre de Miguel de Cervantes, y recuerdo la primera vez que leí el *Quijote*, allá por los años 1908 o 1907, y creo que sentí, aún entonces, el hecho de que, a pesar del título engañoso, el héroe no es don Quijote, el héroe es aquel hidalgo manchego, o señor provinciano que diríamos ahora, que a fuerza de leer la materia de Bretaña, la materia de

> Francia, la materia de Roma la Grande, quiere ser un paladín, quiere ser un Amadís de Gaula, por ejemplo, o Palmerín o quien fuera, ese hidalgo que se impone esa tarea que algunas veces consigue: ser don Quijote[2].

No es la primera vez que insiste en el protagonismo de Alonso Quijano en la novela ni que se refirió a su primera lectura. Por cortesía calló en Alcalá lo que en otros sitios le divertía contar. Que la primera vez que lo hizo fue en inglés, en la bien dotada biblioteca anglosajona de su padre y tampoco dijo lo que burlonamente había mencionado en otros lugares, que cuando leyó el original en español se le antojó menos verdadero, una especie de traducción mediocre del inglés.

> When later I read "Don Quixote" in the original, it sounded like a bad translation to me. I still remember those red volumes with the gold lettering of the Garnier edition. At some point, my father's library was broken up, and when I read the "Quijote" in another edition I had the feeling that it wasn't the real "Quijote." Later, I had a friend get me the Garnier, with the same steel engravings, the same footnotes, and also the same errata. All those things form part of the book for me; this I consider the real "Quijote". (Borges 1970).

La perspectiva de Borges sobre el *Quijote* es distante e irónica como su mirada general al mundo y a la literatura, especialmente a la cultura literaria y académica española, salvando su pasión por autores como Quevedo o Cervantes. Tiende a soslayar la solemnidad oficial ante una obra que verdaderamente le fascinó toda su vida de lector y a la que dedicó magistrales textos. Una de sus grandes aportaciones al mundo cervantino es el inolvidable relato *Pierre Menard, autor del Quijote* (1939), que precisamente inaugura un género literario propio de Borges como es la falsa reseña o el falso ensayo. Se han escrito innumerables páginas críticas en torno a este texto. La idea de que un mediocre escritor francés de inicios del siglo XX se propusiera una reescritura tan insensata y los resultados de esta son todo un indicio de esta actitud que Borges tiene hacia la literatura. Frases repetidas y sorprendentes como que "el texto de Cervantes y el de Menard son verbalmente idénticos, pero el segundo es casi infinitamente más rico" (Borges 1974: 449), o que la razón para escoger este libro, según Menard, es que

---

2 Para evitar la proliferación innecesaria en la bibliografía, hacemos referencia a los discursos de recepción por la versión disponible en la web del Ministerio de Cultura y Deporte de España, con indicación del año de recepción del Premio, aunque los discursos se leen el 23 de abril del año siguiente a la recepción: https://www.culturaydeporte.gob.es/premiado/busquedaPremioParticularAction.do?action=busquedaInicial¶ms.id_tipo_premio=90&layout=premioMiguelCervantesLibro&cache=init&language=es (Ministerio de Cultura y Deporte. España, 2023).

"el *Quijote* es un libro contingente, el *Quijote* es innecesario. Puedo premeditar su escritura, puedo escribirlo, sin incurrir en una tautología". Al contrario que un verso de Poe, Coleridge o Rimbaud, el *Quijote* no le parece inevitable, no puede imaginar el universo sin estos poetas, pero sí sin el *Quijote*. El propio Menard en la carta que se cita en el texto menciona, precisamente, su primera lectura: "A los doce o trece años lo leí, tal vez íntegramente. Después, he releído con atención algunos capítulos, aquellos que no intentaré por ahora. He cursado asimismo los entremeses, las comedias, la *Galatea*, las *Novelas ejemplares*, los trabajos sin duda laboriosos de Persiles y Segismunda y el *Viaje del Parnaso*… Mi recuerdo general del *Quijote*, simplificado por el olvido y la indiferencia, puede muy bien equivaler a la imprecisa imagen anterior de un libro no escrito" (1974: 448). Por medio de su personaje Borges reproduce la fascinación y la perplejidad que le despierta la lectura cervantina desde su juventud, síntoma de una ironía con la que Borges solía situarse frente a la obra de Cervantes[3].

La mención de la primera lectura del *Quijote* es habitual en otros discursos de los premiados con el Cervantes. Normalmente, los escritores que han llegado a ser grandes narradores vinculan esa primera experiencia con su propia carrera. Juan Carlos Onetti, ganador en 1980, se confiesa ferviente lector del libro desde niño, aunque no da detalles, y deudor de Cervantes como todos los novelistas:

> He dicho que soy desde la infancia un inveterado y ferviente lector de Cervantes. Todos los novelistas, sea cual sea el idioma en que escribamos, somos deudores de aquel hombre desdichado y de su mejor novela, que es la primera y también la mejor novela que se ha escrito. Una novela en la que todos hemos entrado a saco, durante siglos, y que, a pesar de nosotros y de tan repetida depredación, se mantiene, como el primer día, intocada, misteriosa, transparente y pura (Onetti 1980).

Es posible apreciar cómo es un tanto diferente la percepción del *Quijote* entre los narradores –que lo consideran como Onetti un modelo de técnica narrativa– y los poetas que encuentran otros modos de lectura casi siempre más entrañables y personales. Octavio Paz, que logró el Cervantes en 1981, rememora la

---

3 Numerosos son los textos en prosa y verso que Borges dedicó a Cervantes y el *Quijote*, así como los estudios que a esta relación se le han dedicado a partir de Pierre Menard. Innecesario, por tanto, remitirse a alguna entre los cientos de referencias que vinculan las obras de estos dos autores. Nos conformamos con la conferencia de Borges "Sobre el *Quijote*…" que dictó el escritor en Buenos Aires en 1981 en la Universidad del Salvador (Borges 1982), o la que pronunció en la Universidad de Texas en 1968 recogida posteriormente en la revista *Inti*, en un número especial titulado "Para no volver a La Mancha" (Borges 1997).

biblioteca de su abuelo Ireneo Paz, pero enseguida prefiere sumergirse en el recuerdo de su lectura de los *Episodios nacionales* de Pérez Galdós, que sin duda le marcó más profundamente que Cervantes. De forma algo fría Paz acierta a encontrar en la obra de Cervantes el inicio de una de sus obsesiones políticas, el descubrimiento de la libertad individual.

No se encuentran alusiones a las primeras lecturas ni en Ernesto Sábato, ganador en 1984 y ni en Carlos Fuentes, que lo obtuvo en 1987. Sábato apenas se limita a reconocer que "Cervantes es el antepasado de todos los que hoy escribimos en castellano, sea en España como en las remotas tierras que alguna vez integraron el vasto imperio" (Sábato 1984) y basa en el *Quijote* una tarea que considera fundamental para todo novelista, explorar el enigma de la ficción y la infelicidad metafísica que obsesionaba al argentino.

Por su parte, Carlos Fuentes encontró en sus palabras de 1987 la oportunidad de volver a rendir homenaje a uno de los libros fundamentales que marcaron su vida de escritor y su cultura literaria. Aunque no menciona sus primeras lecturas explícitamente en diversas ocasiones ha compartido que leía al menos una vez cada año el *Quijote* subrayando la profunda influencia que a lo largo de su carrera el libro ha tenido en sus novelas (Salazar Quintana 2014). Esta admiración se materializa en el ensayo *Cervantes o la crítica de la lectura* (1976) donde concentra sus reflexiones sobre la obra cervantina. También expuso sus conocidos planteamientos acerca de la "poética de La Mancha", que abarcan tanto las innovaciones técnicas que descubrió el *Quijote* en sus herederos de todas las lenguas, como la cultura hispánica que no duda en llamar "Territorio de La Mancha", construida a la sombra de la obra de Cervantes (Fuentes 2005). Conocemos el fruto de sus primeras lecturas juveniles y un trabajo escolar titulado "De las razones que pasaron entre don Quijote y Sancho, camino a la venta, y de la sin ventura aventura que en ésta les sucedió" (Ortega 1992: 239). Se queja Fuentes de que la lectura de Cervantes a los adolescentes mexicanos de su época se presentaba como una "momia literaria", "desagradable pero bueno para el organismo como el aceite de ricino", una idea contra la que tuvo que rebelarse para hacer del *Quijote* el centro de su herencia (Báez Durán 2014).

La persistencia de Cervantes en la literatura y la crítica de Carlos Fuentes es innegable, al igual que lo es en la obra de Roa Bastos, ganador del Cervantes en 1989. En su discurso, Roa Bastos dedica una parte significativa a abordar la tardía llegada del libro a Paraguay, destacando también la "gran lección de la obra de Cervantes" y su presencia consciente en su propia escritura en *Yo el Supremo* (1974). No menciona explícitamente sus experiencias infantiles, aunque sí señala la ausencia de niños en el libro, que se compensa con la "cosmovisión lúdica de la infancia" que él encuentra en el *Quijote*.

Adolfo Bioy Casares, ganador en 1990, recupera la emoción inicial de acercarse al libro de Cervantes, relacionada con su experiencia de la lectura como una aventura para el adolescente lector:

> Cuando leí el inolvidable comienzo y todo aquel primer capítulo que nos refiere cómo era don Quijote, dónde y con quiénes vivía, sentí una emoción muy fuerte. Había en ella un dejo de ansiedad, porque don Quijote abandonaría esa vida apacible, para salir en busca de aventuras, y una fascinación que probablemente el despreocupado tono del relato exacerbaba (Bioy Casares 1990).

No sin cierta exageración Bioy afirma que su vocación como escritor se reafirmó antes de concluir el primer capítulo de la novela, en la que ya apreció su ligereza y su vocación de aventura: "Si mal no recuerdo, antes de concluir el primer capítulo supe que yo quería ser escritor. Sin duda lo quise para contar, en tono despreocupado, historias de héroes que dejan la seguridad de su casa o de su patria y el afecto de su gente, para aventurarse por mundos desconocidos" (1990). La ocasión de recibir el Cervantes es el cierre de un antiguo círculo entre los dos escritores: "Quién me hubiera dicho que al cabo de 60 años felices, ocupados en contar historias, yo recibiría el premio que lleva el nombre del querido escritor que me inició en las letras" (1990).

La poeta cubana Dulce María Loynaz fue la primera mujer americana en recibir el premio en 1992. Como otros poetas, su visión del *Quijote* es menos técnica y cultural, más humana y volcada en la figura de Cervantes. Rememora una anécdota de las memorias de su padre, que participó en la campaña independentista de Cuba de 1895, quien sorprendió a un oficial español en plena siesta usando un ejemplar de la novela como almohada. Al huir abandonó el libro que pasó a manos del general Enrique Loynaz del Castillo, quien lo empleó para distraer y hacer reír a la tropa desmoralizada (Loynaz 1992). La capacidad de tornar la preocupación por la risa es la primera gran virtud que Loynaz admira en la obra de Cervantes.

El caso de Mario Vargas Llosa es muy singular. Siempre ha tenido una peculiar relación con el *Quijote* y la obra de Cervantes, aunque se nos antoja algo distante. Por descontado, su admiración es clara como confirma reiteradas veces, por ejemplo en su texto introductorio a la edición académica de la novela de 2005, titulada "Una novela para el siglo XXI" (Vargas Llosa 2005). Allí analiza el *Quijote* desde varias perspectivas ideológicas y técnicas en busca de la modernidad de la novela tanto en los elementos técnicos, como en el juego con la ficción, el uso del tiempo y de los narradores. Además, establece la conexión entre el concepto de libertad del personaje y de Cervantes con los ideales liberales, una perspectiva que comparte con Octavio Paz. Esta admiración no oculta la frustración que le causó encontrarse por vez primera con la novela en la adolescencia, como contó en su discurso de aceptación del Premio Cervantes, que tituló "La tentación de lo imposible".

A Vargas Llosa le hubiera gustado que su primer contacto con el *Quijote* se diera junto a su abuelo boliviano aficionado a los libros. "No sé cuándo oí hablar por primera vez de Don Quijote, pero me gustaría que hubiera sido allí, en Bolivia, y de boca del abuelo Pedro, a quien mi infancia debió tanto, un señor que tenía una frente muy ancha y una gran nariz. Escribía versos festivos cuando se presentaba la ocasión, contaba cuentos con mañas de brujo y me incitó a leer libros soberbios" (Vargas Llosa 1994). Este recuerdo imaginado se sigue del verdadero primer encuentro con el *Quijote*, que no duda de calificar como fracaso. Mario Vargas Llosa en sus diversas aproximaciones a la novela de Cervantes no deja de recordar su primera frustrante lectura que tiene que vencer finalmente gracias a ayudas externas, tal vez como una forma de superar la presión o "angustia de la influencia", como llamó Harold Bloom a la sensación de deuda que la mayoría de los escritores experimentan con sus antecesores y especialmentel los novelistas del mundo hispánico con Cervantes.

Numerosos escritores han sufrido esta influencia y han intentado contrarrestarla con diversas estrategias para finalmente sucumbir ante la superioridad de los predecesores. Como hemos visto, Borges despliega mecanismos indirectos de ironía y su creación de Pierre Menard en parte se puede explicar como un intento de superación de la influencia a través de afirmaciones paradójicas como sostener que el *Quijote* es innecesario y contingente frente a otros clásicos. De las estrategias detalladas por Bloom para superar esta angustia, Mario Vargas Llosa procede a través de lo que llama *demonización*, que consiste en ampararse en un sublime predecesor como forma de contrarrestar la influencia. En este caso podremos comprobar que este antecedente es el *Tirant lo Blanc* de Joanot Martorell, novela que el propio Cervantes ensalza en el escrutinio de los libros a través de la opinión del cura como "el mejor libro del mundo" (*Quijote I*, 6: 83) y que claramente influyó en su obra. Vargas Llosa ha contado que su profesor de Literatura del Siglo de Oro en la Universidad de San Marcos desaconsejó la lectura del *Tirant* y de cualquier novela de caballerías, considerando irónicas las opiniones del cura en su escrutinio. Según detalla en su *Carta de batalla por Tirant lo Blanc*, su reacción rebelde e inmediata fue buscar el libro en la biblioteca universitaria, donde halló la edición de Martí de Riquer de 1947. Su lectura fue para él, según confiesa, "una aventura que cambió para siempre la vida del furioso lector que ya era y del escritor que soñaba con ser" (Vargas Llosa 2016: 6). Desde ese momento, el *Tirant* se convierte en uno de sus referentes personales. Aunque existen múltiples palabras elogiosas del autor para el *Quijote*, nunca lo consideró una lectura transformadora de su vida, al contrario que el *Tirant* y otras obras.

En su estrategia de rodear al *Quijote* con otras lecturas que lo incorporan o lo justifican más allá del texto mismo, destaca su obsesión lectora y crítica por novelas como la quijotesca *Madame Bovary* de Gustave Flaubert, que dio lugar a uno de sus más memorables ensayos, *La orgía perpetua* (1975). Otra forma de soslayarlo al mismo tiempo que se le nombra es la referencia frecuente que suele hacer de su admirado Azorín y las crónicas manchegas de *La ruta de don Quijote* (1905), libro que le desveló en su juventud los secretos quijotescos mejor que la lectura directa, según el peruano. En el discurso de recepción del Premio Cervantes, inevitablemente se vio obligado a expresar su admiración por el *Quijote*, aunque no dejó de resaltar la que siente por Azorín. Al escritor de Monóvar le había dedicado su discurso de entrada en la Academia Española titulado "Las discretas ficciones de Azorín" (1996) en el que reconoce que tanto esas crónicas por tierras de La Mancha como el libro *Al margen de los clásicos* (1915) le acercaron por segunda vez y de forma definitiva al *Quijote*. Para el peruano, leer indirectamente a Cervantes a través de Azorín puede ser una estrategia de superación del fracaso inicial de su encuentro con la obra. En el momento de recibir el Premio Cervantes, evoca su pasión por la literatura de aventuras mencionando a Melville, Hemingway, Kipling, Flaubert, Balzac, Tolstoi y, por supuesto, a Martorell y recuerda con sinceridad esa frustrante primera lectura:

> Pero sí recuerdo con precisión que mi primera tentativa de entrar en el *Quijote*, en algún año de la Secundaria, fue un fracaso: a cada párrafo, las palabras difíciles y los giros arcaicos pulverizaban la ilusión, y a mí lo que me gustaba de las novelas –lo que me gusta todavía de las novelas–, era que me abolieran y transubstanciaran, como a Alonso Quijano las del Amadís y del Espliandán, y me hicieran enamorarme, combatir, enfurecerme, llorar, matar y resucitar. Sólo años después, y gracias a *La ruta de Don Quijote* (1905), de Azorín, relato de su recorrido por La Mancha en pos de las huellas de Cervantes, volví a leerlo, hasta el final (Vargas Llosa 1994).

Solo a través de esta vía indirecta Vargas Llosa logra apreciar el *Quijote* y rescatar sus valores como novela clásica y contemporánea. Entre las estrategias alternativas que encontramos en otros escritores hispanoamericanos contemporáneos para abordar el *Quijote* y terminar finalmente siendo lectores habituales y grandes admiradores, podemos mencionar las de alguien que optó por no aceptar el Premio Cervantes, una vez había conseguido el Nobel, como es el colombiano Gabriel García Márquez. En este caso, aunque expresa su admiración por la obra de Cervantes como es inevitable, también ha manifestado en varias ocasiones sus reticencias iniciales ante el *Quijote*, una tarea que debía ser obligatoria para alguien como él que aspiraba ser novelista. En sus memorias *Vivir para contarla* (2014) recuerda la sorprendente manera de superar sus reservas iniciales sobre el *Quijote*, cuya lectura le había recomendado uno de sus maestros:

> En cambio, mi lectura del *Quijote* me mereció siempre un capítulo aparte, porque no me causó la conmoción prevista por el maestro Casalins. Me aburrían las peroratas sabias del caballero andante y no me hacían la menor gracia las burradas del escudero, hasta el extremo de pensar que no era el mismo libro de que tanto se hablaba. Sin embargo, me dije que un maestro tan sabio como el nuestro no podía equivocarse, y me esforcé por tragármelo como un purgante a cucharadas. Hice otras tentativas en el bachillerato, donde tuve que estudiarlo como tarea obligatoria, y lo aborrecí sin remedio, hasta que un amigo me aconsejó que lo pusiera en la repisa del inodoro y tratara de leerlo mientras cumplía con mis deberes cotidianos. Sólo así lo descubrí, como una deflagración, y lo gocé del derecho y del revés hasta recitar de memoria episodios enteros (García Márquez 2002).

Desconocemos la identidad de este amigo, aunque suena a convención, pero palabras como "purgante" (que también usa Carlos Fuentes) o "aborrecimiento" quedan grabadas en la memoria, igual que la mención tan gráfica de la repisa del inodoro. La anécdota es bien conocida y ha sido contada de diversas formas atribuyendo a unos y otros el consejo de leer el *Quijote* en el baño mientras se cumplen los "deberes cotidianos". Puede entenderse, siendo benévolos, que para leer el *Quijote* es necesario un ambiente tranquilo y aislado que solo se consigue en el silencioso retrete; conociendo el gusto por la chanza de García Márquez no descartamos que sea también una forma irónica y escatológica de referirse a un clásico al que hay que venerar siempre y con el que siempre se le ha comparado, con esa perspectiva desmitificadora que es frecuente en él y en otros escritores hispanoamericanos. Se cita a menudo esta anédota de García Márquez cuando se discute la oportunidad de la lectura de los clásicos y del *Quijote* en la escuela, lo que ya es un tópico en didáctica y la promoción de la lectura (Estévez Díez 2005; Lage Fernández 2005)[4].

---

4 El discurso por el Premio Cervantes del novelista español Eduardo Mendoza rememora la imposición de la lectura del *Quijote* que en algunos momentos ha caracterizado a la escuela española. Aunque se confiesa fiel lector de Cervantes y del *Quijote*, al que visita como a un buen amigo, no deja de comentar el choque inicial: "Leí por primera vez el *Quijote* por obligación, en la escuela. En algún sitio he leído que la presencia obligatoria del *Quijote* en la enseñanza no pasa de ser una leyenda urbana. Es cierto, pero toda regla tiene su excepción. En nuestro copioso surtido de planes de enseñanza, hubo, tiempo atrás, un curso llamado preuniversitario, coloquialmente "el preu", cuyo programa era monográfico, es decir: un solo tema por cada materia. A los que hicimos preuniversitario el año académico de 1959/60 nos tocó leer y comentar el *Quijote*, tanto

Otros galardonados con el Premio Cervantes han contado cómo conocieron por vez primera el *Quijote* de diversas maneras. Guillermo Cabrera Infante (1997) prefiere recrear brevemente un diálogo imaginario con el propio Cervantes. Jorge Edwards, ganador en 1999, confiesa haber llegado al *Quijote* como en un viaje al corazón de Cervantes, a través de los clásicos españoles y sus exégetas del 98, igual que Vargas Llosa. El colombiano Álvaro Mutis rememora su lectura adolescente y se concentra en la nota biográfica sobre Cervantes que acompañaba su edición escolar resumida, que le impactó más que la obra en sí y le acompañó en toda su vida de escritor: "Al paso de los años la obra cervantina ha llegado a ser para mí un ejercicio y una compañía siempre lista a despertarme sorpresas y lecciones inagotables" (2001).

También el poeta chileno Gonzalo Rojas recordó al recibir el Cervantes su lectura juvenil a los diecisiete años en la lejana biblioteca de Iquique donde había una colección de la Biblioteca de Autores Españoles de Rivadeneyray menciona que también Rubén Darío aprendió los clásicos empapándose estas ediciones- donde leyó luego a los cronistas de América - y también las novedades que llegaban de España en las revistas, sobre todo la poesía del *Romancero gitano* de García Lorca: "Allí debemos andar todavía entre los altos anaqueles, naciéndonos los unos de los otros: cervantinos, quevedianos, gongóricos, teresianos, ¿por qué no?, a la siga de Juan de Yepes, rey del idioma" (2003). El discurso de Rojas es un homenaje a su condición de hijo de minero y a todas las lecturas que le dejaron una marca imborrable y señala especialmente a los poetas chilenos desde Ercilla hasta Gabriela Mistral, Huidobro o Neruda, y junto al *Quijote*, a Borges, a Ezra Pound y al pintor Roberto Matta.

El mexicano Sergio Pitol recuerda perfectamente las imágenes españolas de su infancia en Xalapa, vinculadas con las noticias sobre la guerra civil y su precocidad lectora en una biblioteca apartada y rural en la que, junto a su abuela, lectora obsesiva de novelas, encontró sus primeras lecturas de Verne, Stevenson,

a los que habíamos optado por el bachillerato de letras como por el de ciencias. [...] La verdad es que don Quijote y Sancho no fueron bien recibidos. Nuestra imaginación literaria se nutría de *El Coyote* y *Hazañas Bélicas* y las sesiones dobles del cine de barrio eran nuestro Shangri-La. Pero el Siglo de Oro, francamente, no" (Mendoza 2016). Ana María Matute en su discurso de aceptación de 2009 opta de manera inusual por evitar hablar del *Quijote*, un libro con el que lloró de frustración en su lectura escolar obligada a los 14 años. "La sombra del *Quijote* planeaba sobre nuestras vidas de escolares incipientes como una amenaza. Para decirlo claramente: nos lo hicieron odiar" (Lage Fernández 2005).

Dickens y también de Tolstoi. Muy pronto se había familiarizado con los grandes de la literatura contemporánea: Proust, Faulkner, Mann, Virginia Woolf, Kafka, Neruda, Borges y los poetas del 27 y del grupo mexicano Contemporáneos. Los clásicos españoles y el *Quijote* llegaron de mano de algunos maestros, intelectuales y escritores españoles exiliados. En sus propias palabras: "Nosotros estudiamos con pasión a los clásicos españoles desde siempre, por ser también nuestros clásicos. Leíamos el *Quijote*, las *Novelas ejemplares*, la *Celestina*, *El buscón* y gran tacaño, la literatura medieval y la de los Siglos de Oro con el mismo interés que lo hacíamos con las literaturas contemporáneas" (2005). De Cervantes y el *Quijote* destaca los valores de la libertad en pasajes como el del morisco Ricote, "el más atrevido de toda la obra", así como su libertad estructural. Concluye: "Cervantes es un adelantado de su época. No hay ninguna ulterior corriente literaria importante que no le deba algo al *Quijote*: las varias ramas del realismo, el romanticismo, el simbolismo, el expresionismo, el surrealismo, la literatura del absurdo, la nueva novela francesa, y muchísimas más encuentran sus raíces en el libro de Cervantes" (2005).

El poeta argentino Juan Gelman, galardonado en 2007, declara haberlo leído en la adolescencia con gusto, aunque también se queje de las obligaciones escolares: "Lo leí por primera vez en mi adolescencia y con placer extremo después de cruzar, no sin esfuerzo, la barrera de las imposiciones escolares" (Gelman 2007). La primera pregunta que se hace es sobre el hombre Miguel de Cervantes, su pobreza y su sufrimiento. Conocedor de toda la obra de Cervantes, del *Persiles* y de las *Novelas ejemplares*, incluso de su poesía, no siempre valorada, Gelman declara hablar "como lector devoto de Cervantes". Al igual que otros lectores, acerca el *Quijote* lo que puede a su propia sensibilidad de poeta y militante. Como se ha dicho, tal vez es posible diferenciar entre los poetas y los narradores. Mientras que, para estos, el *Quijote* es un manual de técnicas narrativas; para los poetas el libro abre un mundo conceptual donde los temas tratados, especialmente la libertad, la mirada crítica sobre el mundo real y la fantasía destacan sobre sus otras virtudes expresivas. Gelman destaca esta faceta crítica de Cervantes, que se vincula con el compromiso cívico y personal que tuvo en su vida, la necesidad de justicia y memoria de la dictadura, y la obligación de luchar contra la impunidad ante los desaparecidos argentinos. Incluso resalta una visión del *Quijote* como una gran novela de amor (siguiendo al crítico Juan Carlos Rodríguez), sin olvidar el juego con el lenguaje y los neologismos que Cervantes incluye en su novela. Junto a las innovaciones técnicas que otros escritores señalan, Gelman encuentra en esa "primera novela moderna, que contiene y es madre de todas las novedades posteriores de Kafka a Joyce", destacando las características que Michael Foucault señaló en la narrativa de Raymond Roussel: la muerte, la transgresión, la distancia, el delirio, el doble, la locura, el simulacro, la fractura del sujeto: "… uno se pregunta ¿qué? ¿No existe todo eso, y más, en la escritura de Cervantes?" (Gelman 2007).

El primer encuentro del poeta José Emilio Pacheco con el mundo quijotesco sucedió a los ocho años y fue través de una representación dirigida a los niños que se escenificó en el Palacio de Bellas Artes de la Ciudad de México en 1947. Esta adaptación fue obra del poeta Salvador Novo, con música del mexicano Carlos Chávez y del español Jesús Bal y Gay. Fascinado ante el espectáculo, Pacheco leyó luego algunas adaptaciones infantiles pero recuerda no estar de acuerdo con ellas: "Leo más tarde versiones infantiles del gran libro y encuentro que los demás leen otra historia. Para mí el *Quijote* no es cosa de risa. Me parece muy triste cuanto le sucede. Nadie puede sacarme de esta visión doliente" (2009). Más tarde recuerda su fastidio por encontrarse ediciones del *Quijote* profusamente anotado a pie de página, de forma innecesaria para los hablantes mexicanos, que conservan muchos términos clásicos en el uso cotidiano del idioma: "En la mínima historia inconclusa de mi trato con la novela admirable hay a lo largo de tantos años muchos episodios que no describiré. Adolescente, me frustra no poder seguir de corrido la fascinación del relato: se opone lo que George Steiner designó como el aparato ortopédico de las notas" (2009). El espectáculo que presenció en su infancia le abrió, según confiesa, el territorio de La Mancha: "Ya nunca voy a abandonarlo" (2009).

El chileno Nicanor Parra en 2011 presentó un antidiscurso en su estilo divertido y desmitificador de todo lo institucional y normativo, trenzado de artefactos y antipoemas de tema quijotesco que leyó uno de sus nietos. Aunque había consultado una amplia bibliografía para prepararlo, finalmente, apenas escribió algunas palabras nuevas y algún chiste más o menos ingenioso: "¿Se considera Vd. acreedor al Premio Cervantes? —Claro que sí. —¿Por qué? —X un libro que estoy X escribir" (2011).

Elena Poniatowska no habló en su discurso de su lectura del *Quijote*, pero sí sobre su experiencia entre los exiliados españoles a su llegada a México en 1942 y sus primeros encuentros fascinados con el idioma español que hizo suyo. El escritor mexicano Fernando del Paso en un desenfadado discurso sí recuerda sus primeras lecturas en la "biblioteca virgen" de su tío, que compraba los libros por metros y nunca los leía, en su casa cercana al zoológico de la capital mexicana: "Pero aprendí a leer con los dos ojos, y con los dos ojos y entre los rugidos de los leones me las vi con don Quijote de La Mancha" (2015). Allí se familiariza con los clásicos españoles y entre ellos con Cervantes, con el que descubrió que el humor no estaba reñido con su supuesta seriedad. Su conexión con el

Quijote radica precisamente en la desmitificación y la jocosidad que practica en su literatura:

> Fue allí también, en la casa de mi tío donde me enfrenté con don Quijote en desigual y descomunal batalla: él, las más de las veces estaba jinete en Rocinante o a horcajadas en Clavileño y yo, en miserable situación pedestre. No obstante, mi Señor y Sancho Panza estaban ilustrados por Gustave Doré y eso me sirvió de báculo. Salí de su lectura muy enriquecido y muy contento de haber aprendido que la literatura y el humor podían hacer buenas migas. De esto colegí que también los discursos y el humor podían llevarse (2015).

El largo discurso de recepción del nicaragüense Sergio Ramírez del premio de 2017 es un homenaje a su patria y su lucha por la libertad, y también al poeta Rubén Darío quien puso a Nicaragua en el mapa de la literatura en español. Rememora un pasaje de la autobiografía de Rubén en el que a los diez años encuentra varios libros en un viejo armario de su casa solariega de la ciudad de León. Entre las obras de Moratín, *Las mil y una noches*, la Biblia, los *Oficios* de Cicerón, *Corina* de madame de Staël y una novela terrorífica titulada *La caverna de Strozzik*, se topó con una edición de Barcelona de 1841 en dos tomos pequeños de la *Vida y hechos del Ingenioso Hidalgo Don Quijote de la Mancha*. Darío queda cautivado por el *Quijote* que aparece varias veces en su poesía y su prosa, como recuerda Ramírez: "Desde aquel primer viaje Rubén ya nunca abandonaría a Cervantes, que se convierte en un modelo suyo, literario y vital, según su soneto: 'Horas de pesadumbre y de tristeza / paso en mi soledad. / Pero Cervantes / es buen amigo. Endulza mis instantes / ásperos, y reposa mi cabeza… " (Ramírez 2017). Además, Sergio Ramírez evoca su experiencia personal con el *Quijote*, vinculada al recuerdo de su madre, maestra en sus años de bachillerato que tuvieron mucho de placenteros, al contrario que para otros escritores:

> En algún momento de la vida, uno se encuentra con Cervantes. Fue mi madre, Luisa Mercado, quien en sus clases de literatura en el colegio de secundaria, porque tuve la infinita suerte de ser su discípulo, me enseñó a leer el *Quijote*, y el *Libro del buen amor* del Arcipreste, los versos del Marqués de Santillana, las *Coplas* de Jorge Manrique por la muerte de su padre, a Lope y Quevedo; y no pocos de esos poemas los aprendí de memoria para siempre (Ramírez 2017).

El *Quijote* de Sergio Ramírez era un ejemplar de su abuelo materno, liberal progresista, aficionado a la medicina, a la geodesia y a la agronomía, convertido al protestantismo, que lo guardaba entre sus manuales técnicos. Ante esa peculiar colección se pregunta: "Si para él toda lectura debía ser didáctica, y despreciaba a los poetas que se dejaban largo el pelo y a los novelistas que se perdían en el relato de desgracias amorosas y aventuras inventadas, ¿qué hacía, entonces,

El Quijote en compañía tan extraña en su librero, sino desmentir su lejanía de la imaginación? ¿Y no lo desmiente también su nieto novelista?" (Ramírez 2017). Concluye el escritor asentando esa doble filiación española y mestiza de Nicaragua y su lugar de nacimiento, Masatepe, *mazatl-tepetl*, que en náhuatl significa tierra de venados:

> Cervantino y dariano, ato mi escritura con un nudo que nadie puede cortar ni desatar. Un nudo de palabras en mi oído desde la infancia, amamantado en una lengua híbrida que traía los viejos sones del siglo de oro represados en la arcaica arcadia verbal campesina, y entreveradas a esas palabras, que brillaban como gemas antiguas entre el polvo de los siglos, las de la lejana lengua náhuatl (Ramírez 2017).

La escritora que recibió el Cervantes al año siguiente fue una poeta, en este caso uruguaya que también hace un acercamiento muy personal y lírico de la obra de Cervantes desde su infancia. Ida Vitale recuerda que la biblioteca familiar no estaba en español, ya que procedía de su abuelo italiano, abogado culto que llevó desde su Palermo natal a Uruguay obras clásicas en griego y latín pero también, inevitablemente, la imaginación literaria de Ariosto y los clásicos italianos. A través de Orlando ella se familiariza con las fantasías que alimentarán en buena parte la imaginación de Alonso Quijano: "… anillos con poderes, caballos alados, magas que evocan las sombras de futuros descendientes de Bradamante, aquí el hipogrifo, más allá una sirena, luego un mirto que habla y es en realidad Astolfo, paladín de Francia convertido en planta" (2018).

Ida Vitale recuerda con detalle que su primera experiencia cervantina procede de una fuente de azulejos que había en su colegio montevideano, regalo del gobierno español:

> Mi devoción cervantina carece de todo misterio. Mis lecturas del *Quijote*, con excepción de la determinada por los programas del liceo, fueron libres y tardías. En realidad, supe de él por una gran pileta que, sin duda regalo de España, lucía en el primer patio de mi escuela. Allí nos amontonábamos en el recreo en busca de agua, y día tras día, me familiarizaba con las relucientes baldositas que contaban, sobre inolvidables cielos azules, la policroma historia que, según supe luego, era la de aquellos desparejos jinetes. No faltan claro, los molinos, los muchos episodios en que don Quijote terminaba por los suelos. Ya adolescente, me regalarían el volumen ilustrado y muy cuidado, que todavía prefiero a la menos infantil edición de Clásicos Castellanos, cuyos ocho volúmenes son menos traslaticios (Vitale 2018).

Sorteando su primera lectura escolar obligada, la poeta uruguaya repasa los elementos que más destaca en su lectura; la pasión por la aventura, su atracción por Cervantes y sus desdichas vitales, la locura del Quijote vinculada con la locura poética, así como la fascinación por el lenguaje, reflexiones que se intercalan en sus sucesivas lecturas del libro. Su cultura lectora está vinculada a su tío Pericles que le traducía y le instruía en Goldoni en italiano, junto a Ariosto y a Dante. Para la poeta encontrarse con el *Quijote* fue una liberación que le llena de entusiasmo por la lengua española:

> Mis lecturas del *Quijote*, con excepción de la primera, dispuesta por lo programado por la enseñanza o, bien pudiera ser, por el paciente tío Pericles, al que recuerdo bien dispuesto a traducirme Goldoni y soportar mis protestas cuando demoraba algún pasaje por surgirle alguna duda lexical o por estar organizando cómo sortear un pasaje considerado «no apto» para mi edad. [...] Ya entenderán mi entusiasmo, mi devoción total, cuando intimé con aquella pareja española tan tiernamente compatible, entre sí y con una lectora inocente y deseosa de amistades literarias a su alcance, ese Quijote y ese Sancho que hablaban de «otra» manera, que acepté de inmediato, como un lenguaje que me integraba a un mundo en el que, sola, me sentía acompañada, capaz de manejarme en él como si fuese el mío propio (Vitale 2018).

Ida Vitale traza un maravilloso relato de su lectura nunca sistemática de la obra de Cervantes, incluyendo las aventuras maravillosas del *Persiles*, lo que se convierte en un juego mágico y azaroso, que evoca la felicidad original.

> Luego de las primeras lecturas del *Quijote*, las hubo reiteradas, más difíciles de determinar porque, parciales, se aplicaban, aquí y allá en el texto, con una determinación vagamente Zen o simplemente mágica: la elección del capítulo podía deberse al azar o a un vago recuerdo que podría suponer que allí encontraría una aprovechable aplicación a un tema importante en ese momento para mí, en busca de alguna iluminación necesaria o por recordar con suma precisión la felicidad de primer encuentro con aquellas páginas. No sé por qué atribuí a ese libro la capacidad de precipitar hacia mí la buena voluntad del azar. Quizás simplemente buscaba una ocasión de dicha dispersiva, de claridad sin reserva, cuando el disfrute viene sin proponérselo a veces, acompañado de una sensación de penuria de gracias en la vida diaria y necesidad de gusto satisfecho, que depararán siempre las aventuras por las que ando tan a gusto cuando me reintegro al maravilloso mundo cervantino (Vitale 2018).

Como hemos señalado la perspectiva de los poetas es algo diferente a la de los narradores cuando se enfrentan con el *Quijote*. En lugar de acatar la maestría novelística y técnica de Cervantes, se dejan llevar por la imaginación literaria y fascinante de su lectura, en este caso con el juego azaroso con la novela y las emociones suscitadas esta lectura salteada por un procedimiento que llega a llamar zen.

Uruguaya también, poeta también a la vez que narradora, Cristina Peri Rossi recibió el Premio Cervantes en 2021 e, imposibilitada por motivos de salud, envío un texto que leyó la actriz argentina Cecilia Roth. Como casi todos los otros galardonados hispanoamericanos la circunstancia del Premio Cervantes le ofrece la oportunidad de reflexionar sobre la relación con la cultura española e hispanoamericana y, por supuesto, el origen de sus lecturas cervantinas. Peri Rossi recuerda cómo en su niñez fue conociendo en Montevideo a españoles y otros europeos, que llegaban para refugiarse de la dictadura de Franco y de Europa en guerra. Da también un aire marcadamente reivindicativo y feminista a su mirada sobre la realidad y la literatura. Cuando tiene que mirar atrás buscando sus orígenes literarios y sus primeras lecturas, aparece por vez primera el *Quijote* entre sus lecturas tempranas, provocándole emociones contrarias:

> Tres libros leídos muy tempranamente me conmocionaron: *El diario de Ana Frank*, *La madre*, de Máximo Gorki, y *Don Quijote de la Mancha*; este último, diccionario en mano. Fue el más difícil de leer y el que me provocó sentimientos más contradictorios. No había leído nunca un libro donde el autor declarara que su protagonista estaba loco, pero a la vez, me emocionaba que su propósito fuera *desfazer* entuertos y establecer la justicia, cosa que me parecía harto razonable dado el estado del mundo, y de mi propio barrio, donde muchas vecinas venían a contarle a mi abuela, una viuda que había criado a siete hermanos huérfanos y a tres hijos también huérfanos, que sus maridos borrachos las golpeaban, o se jugaban el escaso dinero a los caballos, o se iban de putas y maltrataban a sus hijos. Cómo deseaba yo que apareciera entonces don Quijote, con su flaco Rocinante, a salvarlas de los golpes y el maltrato. Por otro lado, mi abuela me hacía recordar al Ama, porque pensaba que leer mucho llevaba a perder el seso y a cometer locuras, aunque yo no creía que los esposos de esas mujeres maltratadas leyeran mucho y esa fuera la causa de su violencia (Peri Rossi 2021).

Sus primeras incursiones en el *Quijote* le llevan a cimentar la faceta justiciera del caballero de La Mancha y la locura contra la que se rebela. No obstante, destaca enseguida un episodio que tiene claros tintes feministas, como es el de la bella Marcela y el discurso en el que clama por su libertad como mujer, rechaza a los hombres y al matrimonio y se aparta en el bosque de la civilización corrupta. Cristina Peri Rossi valora la comprensión de Cervantes por el personaje de Marcela que desafía todas las convenciones y se convierte en una heroína trágica en la novela. Encuentra en el *Quijote* y en el episodio de Marcela una primera expresión del anhelo de libertad de la mujer y recuerda que tales ideas eran ocultadas por los lectores masculinos: "Mi tío que era buen lector cervantino no me habló nunca de ese pasaje, del mismo modo que me advirtió que las mujeres no escribían, y que cuando escribían se suicidaban como Safo, Virginia Woolf, Alfonsina Storni y otras" (Peri Rossi 2021). El *Quijote* sirve a la autora para recordar su experiencia personal como exiliada de la dictadura uruguaya y como luchadora por la libertad que encuentra en el libro algunos de los principios que animan su vida:

> La literatura es compromiso ya lo dijo Jean Paul Sartre y compromiso es todo, desde un artículo contra Putin o un homenaje a las mujeres violadas y martizadas en Juárez, hasta los relatos de Cortázar. ¿No es compromiso satirizar, por ejemplo, los excesos de la técnica, el morbo de los platós de televisión o los ritos festivos de los fanáticos del fútbol? Tan compromiso como escribir un poema lírico que exalta el deseo entre dos mujeres o entre un hombre y una mujer. La imaginación también es compromiso cuando no anticipación. Yo no he sido cronista de la realidad, me he sentido muchas veces como Casandra, en la *Eneida*, vaticinando un futuro y unos peligros que pocos veían. Pero no concibo una literatura solemne. La vida puede ser una tragedia, un drama, pero se puede ironizar y satirizar sus hábitos y costumbres (Peri Rossi 2021).

En el *Quijote* encuentra el compromiso que tiene la literatura con la realidad pero también el sentido del humor, al antisolemnidad y la humildad que nos enseña la novela de Cervantes y ella aplica a sus creaciones. El último de los premiados americanos, el poeta venezolano Rafael Cadenas (2022), no rememora su primera lectura, aunque sí se pregunta qué se puede decir más sobre el *Quijote* que no se haya dicho ya. Aludiendo a la situación de su patria, recuerda la defensa de la libertad del libro como colofón de su discurso, uno de los valores más frecuentes entre los autores mencionados.

Como hemos visto, cada uno de los escritores abordan el texto de Cervantes desde sus intereses y sensibilidades. Aunque es difícil sacar conclusiones de un corpus tan amplio y variado hay ciertas constantes en la lectura cervantina que comparten los escritores hispanoamericanos. La primera es una sana desacralización de la lectura del clásico de Cervantes con elementos desmitificadores y humorísticos. En las "herejías" borgeanas y las chanzas de Nicanor Parra, Cabrera Infante o Fernando del Paso encontramos una mirada rebelde que existe también entre los escritores españoles, pero que para muchos hispanoamericanos es constitutivo fundamental del *Quijote*. Incluso los que toman la novela como base de la cultura en español, como Carlos Fuentes, que fundamenta en la obra un territorio mítico de La Mancha, resaltan los aspectos más subversivos y críticos de la obra de Cervantes, frente la realidad de su época y ante los usos literarios, rechazando los estereotipos habituales.

En el conjunto de los discursos del Premio Cervantes, hemos querido seleccionar algunos que mencionan de forma explícita las primeras lecturas que el *Quijote* tuvo para los galardonados. Hemos visto que, independientemente, de las primeras experiencias, el *Quijote* se convierte –o al menos así lo expresan en este momento– en una especie de segunda piel arraigada en el lenguaje y la cultura hispánica desarrollándose en el Nuevo Mundo de una forma más fresca, menos normativa y más libre. Todos reconocen a Cervantes como el padre de la novela moderna en cuanto a innovaciones técnicas, pero también encuentran en el *Quijote* valores humanos perdurables y cuando leen las aventuras del caballero, se leen a sí mismos. Los discursos tocan multitud de temas, pero hay uno que destaca como es la exaltación de la libertad, a veces tan escasa y anhelada en sus países, que convierte a la novela en una obra viva, actual y propia para los escritores hispanoamericanos.

Bibliografía

Báez Durán, Miguel, "La relación dialéctica autor/lector en Terra Nostra: herencia cervantina", *Acequias. Revista digital*, 2014 (consulta el 1 de agosto de 2023). <http://www.iberotorreon.mx/publico/publicaciones/acequias/acequias20/a20p14relacion.html>

Barchino, Matías (ed.), *Territorios de la Mancha: Versiones y subversiones cervantinas en la literatura hispanoamericana : Actas del VI Congreso Internacional de la Asociación Española de Estudios Literarios Hispanoamericanos*, Cuenca, Universidad de Castilla-La Mancha, 2007.

Barrera López, Trinidad, "El Premio Cervantes y los escritores hispanoamericanos (1977-1994)", En Barchino, Matías (ed.), *Territorios de la Mancha: Versiones y subversiones cervantinas en la literatura hispanoamericana: Actas del VI Congreso Internacional de la Asociación Española de Estudios Literarios Hispanoamericanos,* Universidad de Castilla-La Mancha, 2007, 131-138.

Bautista Naranjo, Esther y Jorge Francisco Jiménez Jiménez (eds.), *En el país de Cervantes. Estudios de recepción e interpretación*, Madrid, Visor Libros, 2019.

Borges, Jorge Luis, "A Recovered Lecture on Cervantes", *INTI: Revista de literatura hispánica* 1, 45 (1997).

——, "Jorge Luis Borges's Autobiographical Notes", *The New Yorker*, 19 de septiembre de 1970 (consulta el 1 de agosto de 2023) <https://www.newyorker.com/magazine/1970/09/19/jorge-luis-borges-profile-autobiographical-notes>.

——, *Obras completas*, Frías, Carlos V. (ed.), Buenos Aires, Emecé, 1974.

——, "Sobre el *Quijote*...", *Signos Universitarios* 4, 10 (1982): 86-92.

Celma Valero, María Pilar, Susana Heikel y Carmen Morán Rodríguez, *Cervantes y la universalización de la lengua y la cultura españolas: actas del LI Congreso Internacional de la Asociación Europea de Profesores de Español (AEPE): celebrado en Palencia (España) del 24 al 29 de julio de 2016*, Agilice Digital, 2017 (acceso el 3 de agosto de 2023). <https:// dial net.uniri oja.es/ serv let/ libro?-cod igo=868 119>

Estévez Díez, Cristina, "Leer el *Quijote*: algunas reflexiones sobre didáctica de la literatura", *Didáctica (lengua y literatura)*, 2005 (consulta el 20 de julio de 2023). <https://redined.educacion.gob.es/xmlui/handle/11162/22387>

Fuentes, Carlos (2005): "El territorio mítico de La Mancha. Discurso pronunciado con motivo de la recepción del Premio Cervantes (Alcalá de Henares, 23 de abril de 1987)", *Idea La Mancha: Revista de Educación de Castilla-La Mancha*, Consejería de Educación y Cultura 1 (2005): 21-31.

García Márquez, Gabriel, *Vivir para contarla*, Barcelona, Mondadori, 2002.

González Boixo, José Carlos, *Utopías americanas del Quijote*, Fundación Instituto Castellano y Leonés de la Lengua, 2007, (consulta el 3 de agosto de 2023): <https://dialnet.unirioja.es/servlet/libro?codigo=775297>

Hagedorn, Hans Christian (ed.), *Don Quijote en su periplo universal: aspectos de la recepción internacional de la novela cervantina*, Cuenca, Universidad de Castilla-La Mancha, 2011.

—— y Juan Bravo Castillo (eds.), *Don Quijote por tierras extranjeras: estudios sobre la recepción internacional de la novela cervantina*, 1. Cuenca, Universidad de Castilla-La Mancha, 2007.

—— y Francisco Javier Escudero Buendía (eds.), *Nuevas perspectivas cervantinas: fuentes, relaciones, recepción*, Cuenca, Universidad de Castilla-La Mancha, 2020.

Lage Fernández, Juan José, "La aventura de don Quijote en la escuela", *CLIJ: Cuadernos de literatura infantil y juvenil*, Torre de Papel 18/182 (2005): 34-36.

Ministerio de Cultura y Deporte. España, "Ministerio de Cultura y Deporte. Premiados Premio Cervantes", 2023 (consulta el 19 de julio de 2023) <https://www.culturaydeporte.gob.es/premiado/busquedaPremioParticularAction.do?params.id_tipo_premio=90&language=es&layout=premioMiguelCervantesLibro&TOTAL=48&POS=30&MAX=15&action=goToPage&PAGE=0>

Ortega, Julio (ed.), *La Cervantiada*, México, Coord. de Difusión Cultural, 1992.

Salazar Quintana, Luis Carlos, "Las lecturas del *Quijote* y su praxis narrativa en la obra de Carlos Fuentes", *Castilla: Estudios de Literatura*, Universidad de Valladolid, /5, (2014): 86-100.

Schmidt-Welle, Friedhelm y Ingrid Simson (eds.), *El Quijote en América*, Amsterdam, New York, Rodopi, 2010.

Vargas Llosa, Mario, *Carta de batalla por Tirant lo Blanc*, Penguin Random House Grupo Editorial España, 2016.

——, "Una novela para el siglo XXI", *Don Quijote de la Mancha, 2005*, Real Academia Española, 2005, 13-28.

José Montero Reguera

Universidad de Vigo

La habitación cerrada, suma y sigue: el caso Pereda

Para Ana Baquero, amiga muy querida

Resumen
Desarrollo en este trabajo materiales previos ofrecidos en un artículo anterior (Montero Reguera 2018) sobre la función de la biblioteca del hidalgo cervantino y su importancia como elemento que ayuda a la construcción del personaje principal a través de su escrutinio (I, 6); acudiré al planteamiento general para, después, aplicarlo a un autor y algunas obras concretas, en este caso José María de Pereda y tres de sus novelas más conocidas: *De tal palo, tal astilla* (1880), *Pedro Sánchez* (1883) y *Peñas Arriba* (1895).

Palabras clave: Cervantes, tradición cervantina de la novela, biblioteca, Pereda.

1. Cervantes, el *Quijote* y la novela moderna

El episodio del escrutinio de la biblioteca de Alonso Quijano (I, 6) ha sido analizado desde varias perspectivas no necesariamente excluyentes: como interpolación *a posteriori*, como trasunto de la biblioteca imaginaria de Miguel de Cervantes, como ejercicio de crítica literaria, como recurso verosimilizador de la locura del hidalgo… No se ha estudiado suficientemente su proyección sobre otras novelas posteriores donde la huella del escrutinio cervantino parece evidente y acaba configurando un recurso de alcance y resultados muy distintos que cabe añadir a los que otros críticos como Stephen Gilman y Ángel Basanta, entre otros, han considerado como pertenecientes a la tradición cervantina de la novela, que llega a nuestros días.

2. La biblioteca del hidalgo: una posible interpolación y sus funciones

Como se sabe, don Quijote después de regresar de su primera salida queda al margen de los acontecimientos y, mientras descansa en su aposento, ama y sobrina junto con el cura y el barbero se proponen hacer desaparecer el origen de la locura de Alonso Quijano y, en consecuencia, acabar con los libros que conforman una biblioteca inusual para un hidalgo de aldea.

El protagonista de nuestra novela pertenece a una clase social que, tal como ha sido retratada por la literatura, no lee libros de ficción; valga el ejemplo, ya en la segunda parte de la novela, de don Diego de Miranda, otro hidalgo de aldea como nuestro protagonista. ¿Por qué aparece este tipo de libros en su biblioteca? ¿Se podría considerar como una falta de verosimilitud o de decoro? Más bien al contrario, si uno se acerca al *Quijote* desde el procedimiento literario en que se ha escrito, esto es, la parodia; ¿cómo es posible que no haya libros en uno que parodia los libros de caballerías? Independientemente de otras razones, sin duda complementarias, como el indudable gusto cervantino por la lectura, los libros se hacen necesarios para verosimilizar el personaje principal de la novela: un hidalgo que se vuelve loco por leer libros de caballerías; así se contribuye a cumplir con el precepto clásico de decoro. Tal cuestión trae consigo al menos dos consecuencias.

La primera es que posee, y se describe en la novela, una nutrida, inusualmente nutrida, biblioteca de libros de ficción, como se deduce del episodio en que se hace escrutinio de ella (I, 6). Acaso sea una interpolación, como una parte de la crítica ha destacado con argumentos no siempre convincentes, esto es, un pasaje incorporado a última hora que hace desaparecer a don Quijote durante cierto tiempo. No obstante, tal episodio puede explicarse desde el punto de vista de la verosimilitud, como ya fue resaltado en plena centuria dieciochesca.

Se trata, además, de una biblioteca que en un individuo de la edad de Alonso Quijano parece un despropósito, pues las costumbres de la época permiten afirmar que, conforme avanzaba la edad de las personas, estas se iban desprendiendo de libros de caballerías -una lectura más de juventud- y en general de los de entretenimiento, a favor de otro tipo de lecturas más acordes con su edad, en la línea, por ejemplo, de los libros que dice tener el caballero del verde gabán, una biblioteca modélica, que se acerca al ideal de equilibro en la época. Asimismo, constituye una biblioteca inusual si se compara con otras bibliotecas reales de la época, muy desproporcionada -por el número de libros, por el porcentaje de infolios, por lo suntuario de las encuadernaciones-, y extrañamente incompleta, pues carece "de lo sacro, amén de la filosofía y la historia profanas y las letras humanas en general, es decir, todo o casi todo lo que en los siglos modernos constituía la *literatura*" (Baker, 1997: 138; Montero Reguera, 2006: 67-79).

Todos estos planteamientos consideran la biblioteca de Alonso Quijano, el escrutinio y quema consecuentes, en un sentido retroactivo: se trata, en definitiva, de explicar el origen de un rasgo esencial del personaje una vez que este ya se ha presentado, pues no en vano, desde el inicio, han pasado cinco capítulos en los que el hidalgo ha dado muestras reiteradas de su locura. No se ha reparado, sin embargo, que no solo se puede explicar así, sino que el episodio ayuda a proyectar la trama hacia el futuro, pues pone sobre la mesa algunos elementos que proporcionarán nuevos matices al protagonista, al tiempo que abre otras posibilidades de acción luego desarrolladas en ambas partes del libro.

En efecto, porque la biblioteca incluye no solo libros de caballerías, sino también libros de pastores y de poesía; los primeros justifican la verosimilitud de la locura, pero los otros no. Generalmente, esta circunstancia se ha interpretado como proyección de los gustos de Cervantes por ese tipo de libros, lo que le permite, también, autoincorporarse como autor de *La Galatea* (1585) e incluir libros de amigos suyos (Laínez, Padilla, Gálvez de Montalvo). Por otra parte, visto desde una perspectiva histórico-literaria -la que Cervantes emplea en muchas ocasiones- la secuencia está llena de lógica: los libros de caballerías incluían algunos episodios pastoriles que, según pasaba el tiempo, fueron ganando presencia (el caso de los de Feliciano de Silva puede ser buen ejemplo) hasta acabar relegando a los caballerescos e independizarse por completo a partir de la inaugural *Diana* de Jorge de Montemayor (1559). Por otra parte, estos relatos incorporaban numerosos elementos poéticos hasta tal extremo que algunos de ellos pueden considerarse excelentes antologías poéticas de autor, como los dos volúmenes de Lope, *La Arcadia* (1598) y *Pastores de Belén* (1612). No es distinto el caso de Cervantes, que repite en varias ocasiones el sustantivo "poesía" para referirse a su primer libro impreso, la ya referida *Galatea*, a la que denomina "égloga". Libros de pastores y poesía abren un fértil camino que se explotará más adelante; los primeros a partir de episodios ajenos como la historia de la pastora Marcela y la de la pastora Torralba, pero también propios, como cuando el caballero pronuncia un discurso sobre la Edad de Oro (I, 11), cuando participa activamente en el desenlace del episodio de Basilio y Quiteria, y cuando, también en la segunda parte, decide hacerse pastor en compañía de su escudero, ahora convertidos en los pastores Quijótiz y Pancino (II, 58 y 67).

No menos interesante es el otro aspecto: la poesía sobrevuela ambas partes de la novela e, incluso, metaliterariamente, cuando don Quijote y Lorenzo de Miranda reflexionan sobre la esencia y el sentido de aquella; y aún más, aunque no se desarrolla tanto como el aspecto anterior: don Quijote es poeta y como tal se nos muestra en varios lugares, pues a él se deben no menos de tres poemas insertos en el libro: "Árboles, yerbas y plantas" (I, 26), "—Suelen las fuerzas de amor" (II, 46) y "—Amor, cuando yo pienso" (II, 68), a los que habría que añadir aquellos que no llegaron al papel, aquellos poemas dedicados a la ausencia de Dulcinea, cuando se entretenía "paseándose por el pradecillo, escribiendo y grabando por las cortezas de los árboles y por la menuda arena muchos versos, todos acomodados a su tristeza, y algunos en alabanza de Dulcinea. Mas los que se pudieron hallar enteros y que se pudiesen leer después que a él allí le hallaron no fueron más que estos que aquí se siguen [...]" (*Quijote I*, 26: 292; Rey Hazas, 2005; Montero Reguera, 2006: 51-66 y Montero Reguera, 2021).

Todo ello se justifica -por un lado- y proyecta -por otro- a partir de este breve pero trascendental episodio que actúa como verdadera simiente que va dando sus frutos poco a poco, matizando y ampliando la personalidad de don Quijote; avanza también otra cuestión importante: el libro es mucho más que un relato caballeresco, es un desafío de Cervantes a los géneros de su tiempo, pues ofrece una extraordinaria mixtura, una compleja y elaborada propuesta que supera con creces la definición de libro de caballerías burlesco y la acerca a la idea de novela moderna (Eisenberg, 1995; Montero Reguera, 2015). Sea o no interpolación, lo cierto es que se trata de un episodio de importancia singular, pues insinúa la gran propuesta narrativa de Cervantes en el *Quijote*, que se explicita, sobre todo, a partir de la entrada del caballero en Sierra Morena (I, 23).

En el trabajo previo ya mencionado mostré su proyección en autores como Emilia Pardo Bazán y Gonzalo Torrente Ballester, entre otros; aquí me ocuparé de tres novelas peredianas donde es posible encontrar la huella de aquel escrutinio cervantino para la construcción y razón de ser de sus protagonistas. Iré directamente al tema de este trabajo sin detenerme en recordar los elementos esenciales de la profunda huella cervantina en Pereda, magníficamente planteados por Baquero Escudero (1989) en una monografía de referencia.

3. La biblioteca del ateo: *De tal palo, tal astilla* (1880)

He aquí una novela en la que no faltan los recuerdos cervantinos explícitos (Pipota, Monipodio [1921: 104]; "Todos los Quijotes dicen lo mismo a sus Dulcineas", [1921: 219]) que se abre con un episodio que recuerda el quijotesco de los batanes, ahora protagonizado por un caballero (el doctor Peñarrubia, "gloria de la ciencia" [1921: 31]) y un aldeano a su servicio (Macabeo). También abunda la metaliteratura y los constantes guiños cómplices al lector, y se hallará un ejemplo interesante de biblioteca que explica el ser y las acciones de los personajes protagonistas.

Se trata de una novela de tesis en la que el autor se propone combatir el agnosticismo y la falta de creencia en la religión, responsable, al igual que la política, de la degradación moral y la pérdida de armonía de los pueblos. También se plantea el conflicto entre religión y relación amorosa a partir del encuentro de dos de sus personajes: Águeda, mujer fuerte que reniega del amor por mor de sus convicciones religiosas; Fernando, joven ateo que tampoco renuncia a sus convicciones; ello los conduce al fracaso en la relación y al suicidio de Fernando. Desde esta perspectiva, se ha planteado también como una posible réplica de *Gloria* (1876-1877), de Galdós, pues, con las palabras de Antonio Rey Hazas:

> … se enfrentan, trágicamente, la mentalidad científica y racional de Fernando y el pensamiento católico ortodoxo de Águeda. El amor entre ambos jóvenes se rompe, y causa el suicidio del varón, porque Pereda pretende demostrar la imposibilidad de unión amorosa entre un positivista ateo y una creyente convencida, además de castigar al padre del galán, el doctor Lesmes Peñarrubia, responsable de la nefasta educación materialista y anticatólica de su hijo […], quien paga las culpas del padre. (1999: 51)

El doctor vive en una casa solitaria donde hay un cuarto con libros y papeles, y "pasaba largas horas" (1921: 74); es el centro de la casa, como se resalta muy pronto:

> Subieron asidos del brazo padre e hijo, como dos alegres camaradas; entraron en la sala de estudio del doctor, único punto de la casa en que este se hallaba a gusto, por lo cual había reunido en él lo mejor y más útil de las cosas de abolengo, y mucho procedente de su casa de Madrid. Quiero decir que abundaban allí los tallados sillones de vaqueta, en estrecha amistad con los muelles butacas de tapicería, los cuadros vetustos de familia, interpolados con las flamantes acuarelas, las cornucopias tradicionales, reflejando mal en las empañadas lunas los *étagères* de caoba y las ménsulas pulidas sosteniendo bustos de sabios de ogaño; y así lo demás. Ocupaba la bien provista librería uno de los lienzos de la sala, que era muy espaciosa; y en el centro de esta había una ancha mesa sobrecargada de libros, periódicos, revistas y papeles de todas clases. En medio de aquel desorden estudiaba y escribía el doctor, y en otra mesita contigua se desayunaba cada día, y muy de continuo comía y cenaba. En invierno, porque la habitación, cuyo suelo cubría una alfombra, estaba muy abrigada; en verano, porque desde sus balcones se descubría un hermoso panorama, y porque era muy fresca con las puertas abiertas a los dos vientos a que se correspondían sus fachadas (1921: 80-81).

Su descripción y contenido solo se conocerá muy avanzada la novela:

> Una idea le asaltó de pronto la mente. La cogió con afán, y se lanzó como un cohete al cuarto de estudio de su padre. Se acercó a la librería, como el sediento a la fuente; clavó los ojos anhelantes en aquellas apretadas filas de volúmenes de todos tamaños y colores, y fue leyendo, uno a uno, todos los rótulos de sus tejuelos. ¡Nada faltaba allí! A los tratados heréticos de Arnaldo de Vilanova y Miguel Servet, médicos entrambos, seguían los materialistas del siglo pasado, Dupuis, Holbach, La Mettrie y Cabanis, y a estos y a otros tales, los positivistas contemporáneos, Comte, Littré, Stuart Mill, Bain, Herbert Spencer y algunos más *ejusdem fúrfuris*; y en lugar preferente y más al alcance de la mano, ostentábase la *Antropogenia* de Haeckel; la *Historia del desarrollo intelectual* y los *Conflictos*, de Draper; *Fuerza y materia*, de Büchner; *Pensamientos sobre la muerte*, de Feuerbach, y *La razón pura*, de Kant, con otras razones no menos al caso, de otros tales filósofos críticos.

¡Hermoso acopio de viento para las llamas que estaba devorando al pobre chico! ¡Ni por curiosidad había allí un libro medio ortodoxo! (1921: 237-238).

La descripción de la biblioteca paterna viene a explicar las ideas del padre ("el palo") y del hijo ("la astilla") y da fin al capítulo XVI, que constituye sobre todo una descripción de la imagen que ambos tienen de la religión, muy crítica, sin duda (1921: 233-236). Esa imagen y esas ideas se explican en función de los libros que constan en la biblioteca del padre:

La fe católica, según él la había estudiado y combatido, le ofrecía el siguiente cuadro: una nube de curas ignorantes y egoístas, socavando la sociedad por el agujero del confesonario y con la fábula del purgatorio. Otra nube de frailes groseros, holgazanes, comilones y lascivos, saqueando los hogares, perturbando la paz y mancillando el honor de las familias. Otra nube de jesuitas ambiciosos, intrigantes y envenenadores, corruptores de las conciencias y opresores de los Estados; una gusanera de monjas rebelándose contra las leyes de la naturaleza y cantando con voz gangosa salmos en latín contrahecho; un tropel de beatas chismosas, haraganas y soberbias; otro rebaño de creyentes invadiendo los templos para dar culto a su fanatismo, y poblando a otras horas las casas de juego, los salones de baile, la plaza de toros, los lupanares… y la Inclusa; muchos obispos disipando, entre los relumbrones ostentosos del cargo, parte del botín de las rapiñas de curas y frailes; y un Papa en Roma, tres veces coronado, sobre esplendente solio, cobrando en oro de buena ley el perdón de todas esas iniquidades, y derrochándolo en orgías y bacanales con la turba corrompida de los purpurados personajes de su corte. Como ornamentos, y para la debida entonación de estas figuras palpables y de todos los días, una mina de horrores históricos de multitud de calibres y de otras tantas cataduras, en cuya mina entraban, por supuesto, Juana la Papisa, Alejandro VI, la matanza de los Hugonotes, Felipe II, María Tudor, todas las chamusquinas de la Inquisición, el Arzobispo Carranza, Fr. Froilán Díaz, los *quemaderos* de aquí y de allí… hasta el 'secuestro' del niño Mortara y el suplicio de Monti y Tognetti, y cuanto sabe de carretilla el pío lector, mucho mejor que yo, y tan bien como Fernando, que además sabia, como resumen concluyente y arpegio arrebatador, que 'el catolicismo, conjunto de estas repugnantes indignidades, había sido negra mazmorra del entendimiento humano en los tres últimos siglos, y aún trataba en el presente de ser rémora a todo progreso legítimo, desvirtuando así los generosos alientos del espíritu democrático del *Filósofo de Judea*'. (1921: 233-234)

Fernando (el hijo) no es religioso; tampoco el padre. Así se explica lo que acontece, escuetamente sintetizado por don Plácido, el tío de Águeda, quien justifica el suicidio de Fernando a partir del refrán que titula el volumen ("Y eso tenía que suceder por la fuerza misma de las cosas: *de tal palo, tal astilla*. De un tibio y descuidado en materia de fe, nace un volteriano como el doctor Peñarrubia; de un volteriano, un ateo que pierde los estribos al menor contratiempo, y se vuelve loco, o se quita la vida, que tanto monta…" [1921: 414]). El final trágico –suicidio- de Fernando se justifica por la educación que le ha proporcionado su padre; esta educación queda sintetizada en los libros que conforman la biblioteca del doctor de Peñarrubia, de manera que ofrece los elementos esenciales de la personalidad de padre e hijo y explica el desenlace último.

4. Una alacena y sus consecuencias (*Pedro Sánchez*, 1883)

La crítica coincide en afirmar que con *Pedro Sánchez* se inicia una nueva etapa en la trayectoria de la literatura perediana, más novelesca, cuyos elementos básicos son la narración autobiográfica en primera persona, la ambigüedad del protagonista, el relato de aprendizaje (*bildungsroman*) y su vinculación con el género picaresco. Con ellos de la mano, Pereda consigue "[…] uno de los títulos más regionalistas y anticentralistas […]. Y en ello consiste la lección ejemplar de la novela, que es indisoluble del carácter cortesano de la aventura de su héroe: la opción equivocada de Pedro, la que le hace merecedor de la infelicidad, es precisamente la de elegir la corte en lugar de la aldea" (González Herrán, 1990: 15).

Esta novela relata las andanzas de un mozo montañés en la corte. Escrita en forma autobiográfica, narra la historia de Pedro Sánchez, hijo de un hidalgo montañés venido a menos, que, animado por un político influyente en Madrid, don Augusto Valenzuela, se traslada a la corte en busca de mejor porvenir. Tras un período de adaptación al nuevo ambiente y de autoformación, consigue un puesto en la redacción de *El Clarín*. Vinculado a los progresistas, participa en la revolución del 54, y es promovido posteriormente a un alto cargo en el Ministerio de Gobernación. Casado con la hija de don Augusto, Clara Valenzuela, fracasa en su matrimonio, y por su infidelidad se ve envuelto en un duelo de honor del que "sale con la vergüenza de haber sido atropellado por el mismo que me afrentó" (1990: 421). Abochornado, marcha al extranjero, de donde volverá, años más tarde, a su "tierra nativa". Reconstruye la casa de sus padres y, alternando el cultivo de su "huerta" con la lectura y la amable compañía del cura, logra, en su "desahogada medianía" recuperar la felicidad que había perdido en la corte (1990: 42-43).

También constituye una novela de aprendizaje a partir del motivo folclórico del muchacho que busca fortuna cuando en realidad está buscándose a sí mismo. Sigue el esquema del mito de la aventura del héroe, que tiene tres fases: partida, iniciación y regreso. La primera etapa –partida- se construye a partir de la vida que se abandona desde la llamada que el protagonista recibe del político Valenzuela, quien le promete trabajo en Madrid; la segunda etapa -iniciación y adquisición de experiencias- supone un proceso por medio del cual el protagonista "adquiere la experiencia que culminará su formación; ese viaje, simbólico o real, va siempre acompañado de una serie de pruebas, que suelen adoptar la forma de luchas (las revueltas callejeras del Madrid de 1854) y cuya superación -con la ayuda del maestro o guía espiritual (Matica) - configura el proceso de formación del héroe" (González Herrán, 1990: 25-26). Constituye la tercera etapa el regreso al hogar montañés.

Una sala con unos pocos libros -entre ellos el *Quijote*- explica la parte literaria, de profunda huella, del personaje principal, sus futuros trabajos, algunas de sus actuaciones y que, de vez en cuando, su vida se describa en términos literarios o que se utilicen metáforas y expresiones literarias para tal fin. Así, por ejemplo, se pueden entender estas palabras, ya muy avanzada la novela, a partir de la posible relación con Carmen (la mujer que había conocido, junto a su padre, en su largo viaje desde Cantabria a Madrid):

> Mientras caminaba hacia mi casa, se me agarraron al pensamiento el encuentro con Carmen, su soledad, su azoramiento mientras yo la acompañaba, sus remilgos en los temas de mi conversación con ella, su encargo de que no supiera su padre que había salido sola...
>
> — Y si todo esto fuera una comedia —díjeme de pronto— ¿qué papel ha sido el mío? (1990: 216)

Pedro Sánchez trabajará en un periódico, *El Clarín de la Patria*, donde no solo podrá seguir disfrutando de la literatura (lectura de novelas, asistencia al teatro), sino que además se encargará de la sección de "revistas literarias", "crónica razonada del movimiento literario de España, con entretenidas excursiones, a veces, hasta por la elegante indumentaria de salón" (1990: 248). Esto le permitirá no solo leer, sino también escribir, su otra pasión, ya avanzada en el capítulo anterior (1990: 246-247).

De nuevo, es relato en el que la huella cervantina se hace evidente: juegos irónicos y de narrador; el despacho del Sr. Valenzuela, quien le había prometido trabajo a Pedro en Madrid, es un "encantado aposento" (1990: 207); y algunas citas evocadoras: "... ya era por filo la media noche" (1990: 230); "Estoy ya con el pie en el estribo" (1990: 346); "Encauzose, pues, la gobernación de mi ínsula en lo tocante a la política y orden público" (1990: 386); "O de que temía sus ridículos pujos de caballero andante" (1990: 400). También, quizás, porque está salpicada de deliciosas digresiones literarias: sobre el teatro, sobre la novela, a modo de diálogos en lo que se combina la primera persona con la tercera, y siempre *modo* autobiográfico; sobre novela esencialmente (1990: 174-177); sobre teatro (1990: 198-200); periodismo y literatura (1990: 225-260); sobre la literatura en torno a 1850 ("He de decir cuatro palabras acerca del estado en que se hallaban mis dominios al empuñar yo el cetro de la crítica" [1990: 253]), en tres partes las cuales son la novela (1990: 253-256), la poesía (1990: 256) y el teatro (1990: 256-259)

Todo comienza en una pequeña alacena, donde se guardan tres volúmenes que marcarán la vida del muchacho con apenas 12 años: "De este modo, y con leer a menudo la *Clarisa Harlowe*, *El hombre feliz* y el *Quijote*, que andaban algo empolvados en la alacena que en mi casa hacía las veces de librería, cobré señalada afición a la amena literatura y comencé a abandonar mis hasta entonces ordinarios entretenimientos con los muchachos de mi edad" (1990: 49-50). El sentimentalismo de la primera -extensísima novela de Samuel Richardson publicada en 1748-, las ideas ilustradas de la segunda (*El hombre feliz independiente del mundo y de la fortuna*, del sacerdote portugués Teodoro de Almeida, texto publicado originalmente en portugués en 1779, en tres volúmenes, y traducido al castellano en 1785) y el omnipresente recuerdo de la tercera permiten explicar buena parte de sus acciones y actividades. A esa seminal biblioteca se suma una segunda en la posada madrileña donde se aloja de mozo; en ella abundan de nuevo las novelas, de las que era lector compulsivo (1990: 147):

> [...] me explicaron cómo podría yo, recién llegado a Madrid, con algún dinero en el bolsillo, pasarlo regularmente entretenido, de día brujuleando por las calles, de noche con ellos, a primera hora en el café de La Esmeralda, en la calle de la Montera, y más tarde en Capellanes o en el paraíso del Teatro Real, etc., etc.; y para matar las horas sobrantes dentro de la posada, brindáronme con una copiosa colección de novelas, cuyos títulos me cautivaron desde luego. No podían ofrecerme comidilla más de mi agrado: la novela era mi tentación... ¡Y cuánta había en aquella casa, donde apenas existía un libro de texto! (1990: 128)

Esta biblioteca se describe con cierto detalle:

> Todo Paul de Kock andaba por allí; lo más crudo de Pigault-Lebrun; lo selecto de Dumas y Soulié; *El Judío errante*, a la sazón objeto de las más terribles anatemas de la censura eclesiástica, y *Nuestra Señora de París*, prohibido también por el Ordinario. ¡Inexplicables contubernios de juveniles y veleidosas fantasías! Revueltas con aquel fárrago de malas pasiones y de libidinosas profanidades, andaban las *Confesiones*, de San Agustín, y la *Guía de Pecadores*, de Fr. Luis de Granada. Tomé al azar unos cuantos volúmenes de los profanos, y me encerré con ellos en mi alcoba, mal alumbrada por la luz vacilante y perezosa de un velón de tres mecheros, pero con una sola mecha, que la patrona había colocado sobre una mesita de pino, muy arrimada a la pared. Allí, engurruñado en una silla de paja, con la cabeza entre las manos, los codos sobre la mesa y el libro debajo de las narices, devorando páginas y más páginas, engolosinado con las travesuras, no siempre santas, de estudiantes y grisetas, y seducido por los lances, tan inverosímiles como descomunales, de *Los tres mosqueteros*, me dieron las doce de la noche; y quizá me la hubiera pasado toda en vilo, si las continuas oscilaciones de la llama del velón, que no

parecía sino que andaba bregando por no caerse, como cuerpo escaso de vida, no me hubieran advertido que iba a quedarme a obscuras (1990: 144-146).

Una y otra biblioteca ayudan a conformar y permiten entender la personalidad de este personaje, que acude con frecuencia a ellas para explicar, por ejemplo, la justificación de la escritura de sus propias poesías:

Y no vaya a deducirse de aquí que, a pesar de las enseñanzas del párroco y de mis constantes lecturas de las mencionadas novelas y hasta de las que publicaba en su folletín el periódico de mi padre, estaba yo tan en barbecho como cualquiera de mis rústicos convecinos: nada de eso; para entonces ya escribía mis correspondientes versos a la luna, y al borrascoso mar, y a cuanto se me ponía por delante, y agotaba consonantes para llorar imaginadas amarguras y fingidos desengaños, y cansancios prematuros, mal, muy mal, por supuesto, aunque no me pareciera así; y hasta me ponía triste y llegaba a tomar mis pesadumbres por lo serio. ¡Pues poco me dieron que hacer y que escribir los amores de Grisóstomo y los desdenes de Marcela! Lo cual me demuestra que el hombre, por sí, es tonto a cierta edad de la vida, sean cuales fueren los elementos que le rodeen; o lo que es lo mismo, que los resabios peculiares a la naturaleza humana, pueden corregirse con la educación, pero no desarraigarse. (1990: 56)

Para justificar sus inseguridades amorosas:

¡Cómo envidiaba yo en aquel apurado trance las donosuras y bizarrías de ciertos diálogos que había leído en las novelas de mi casa! Hasta recordaba algunas de ellas que podían aplicarse al caso que me apuraba tanto, y aun tentado me vi en los primeros trasudores a encajarlas allí de corrido. (1990: 91)

Como apoyo de algunas de sus acciones:

Presumo yo que al llegar aquí quien estos apuntes acertara a leer, había de asombrarse de que pretenda yo, en estos tiempos en que la curiosidad necesita, para ser excitada, muchísima sal y pimienta, entretenerle con inocentadas que desdeñan los precoces galanes al uso, que se levantan la tapa de los sesos antes de apuntarles el bozo; y aunque pudiera disculparme con el ejemplo de tal cual relato novelesco contemporáneo, no mucho más interesante, reconozco humildemente la increpada delincuencia, y digo que incurro en ella arrastrado por mi inquebrantable propósito de apuntar aquí cuantos acontecimientos dejaron alguna impresión en el fondo de mi alma [...] (1990: 92)

Para explicar su vida:

¡Dios mío! ¡Cómo se me desvaneció entonces de repente todo el humo de la cabeza! ¡Yo político; yo revolucionario; yo autor de un escrito sedicioso, tejido tal vez de calumnias alevosas; yo perseguido por la policía; yo escondido como un criminal; yo expuesto a no poder andar sobre el suelo de mi patria a la luz del sol, como los hombres honrados! Y ¿por qué todas estas cosas? Por un falso y repentino entusiasmo, como el que anima al comediante cuando representa un papel que le han escrito, debajo de unos hábitos que no son los suyos, y delante de unas gentes a quienes no conoce (1990: 285).

> Ya he dicho que poseía yo, amén de una voz de gran potencia, una verbosidad extraordinaria, y ciertas naturales dotes de tribuno, no muy comunes. Además, en aquel momento debía ofrecer mi persona el aire pintoresco de un *condottiere*, o de un bandido de teatro. (1990: 331)

Y para comprender, en fin, que todo el libro esté trufado de reflexiones sobre el género novela: cómo está en España, textos, recursos, definición, autores, imprentas…

5. La biblioteca de un hidalgo montañés (*Peñas arriba*, 1895)

Constituye *Peñas arriba* el momento culminante de la carrera novelesca de José María de Pereda; considerada por una parte de la crítica como una suerte de novela poemática o poema épico, "[…] un canto épico, en forma de novela realista, en las profundidades de su misterio estético, religioso y sugestivo" (*Clarín*), parece incluir también ciertos elementos autobiográficos, como una especie de libro de memorias en el que se evocan acontecimientos ocurridos hace ya "bastantes años" (1999: 574). Se trata de otra novela de tesis en el que se suman y complementan varias propuestas: regeneracionista, patriarcal, donde se hallarán posibles relaciones con varios movimientos sociales de la época; sociocultural ("menosprecio de corte y alabanza de aldea"), política (concepción patriarcal de la sociedad, autocentralismo y autonomía regional) y ético-religiosa (regeneración moral, a través de la "conversión" del protagonista principal). Pues como afirma Rey Hazas: "A modo de 'camino de perfección' individual, el viaje del héroe por las altas peñas de Cantabria ofrece un modelo regenerador para los que están fuera de la Montaña -los que viven allí no lo necesitan- esto es, para los madrileños, para los burgueses urbanos y cultos en general" (1999: 102).

La trama argumental es sencilla: el proceso de aclimatación que se va operando en el espíritu de Marcelo, joven abogado madrileño que, movido a compasión por las incesantes llamadas de su tío Celso (el mayorazgo de la casona de Tablanca, deseoso de que un familiar le releve en su misión patriarcal) emprende viaje a ese lugar y, poco a poco, se va ligando a la tierra "natal". El resultado de este encuentro con la "sangre" y la "naturaleza" es la conversión de un "cortesano muelle, insensible y descuidado" en un "hombre activo, diligente, útil, continuador de la benéfica misión patriarcal de su tío" (Estébanez Calderón 1984: 58). Del mismo es su estructura, basada en tres palabras clave: llamada, tentación, conversión. Se hallará también en la novela un esquema novelesco muy característico de Pereda, quien

> [...] alterna lo puramente narrativo con los cuadros de costumbres, los cuales ambientan la obra, enmarcan su intención ideológica tradicionalista y conforman un ámbito idílico nada desdeñoso de lo real. De escasa acción, peripecia vulgar y argumento simple, estas novelas tienden hacia la caricaturización de los personajes, sobre todo de los negativos, rompen una lanza por hidalgos o mayorazgos, y arremeten contra indianos, jándalos, caciques, secretarios de ayuntamiento, alcaldes y toda suerte de trapisondistas de la política parlamentaria [...] La naturaleza ocupa un lugar fundamental [...] captación del lenguaje coloquial de la zona, merced a espléndidos coloquios entre campesinos [...] (Rey Hazas 1999: 55)

La novela incorpora numerosos elementos cervantinos con menciones explícitas a *Don Quijote*:

> Mientras anduve trajinando en aquél mi aposento, pensé mucho, y no todo de color de rosa. La última parte de mi viaje, de noche y lloviznando; los pasillos negros de la casona; la cocina tan grande, tan obscura al principio, de tan extraño aspecto después a la luz de la enorme fogata; el pelaje y las cosas de mi tío; la mujer gris aparecida de repente; el tenebroso páramo del comedor, explorado a la luz mortecina del farolillo de cuatro cristales empañados por la roña; el silencio de afuera... peor que el silencio absoluto: un rumor lejano e intermitente, bronco, algo por el estilo del que puso espanto en el esforzado pecho de Don Quijote cierta noche en las proximidades de Sierra Morena, y el otro silencio de la casa en cuanto cesaba de hablar mi tío, me habían impresionado de mala manera. (1999: 167)
>
> Y se acabó la historia, porque desde entonces, amigo mío, las casas de mayorazgos y parientes mayores de la Montaña, no tuvieron poder más que para pleitos, o para poner una pica en Flandes, un aventurero en América, o un voluntario como el manco insigne de Lepanto, mientras los Grandes se disputaban, por las antecámaras o retretes de Palacio, los virreinatos y encomiendas, o las llaves de su servidumbre. (1999: 319)
>
> Todos ya 'en buen amor y compaña' descansan, se calientan, hablan, comen [...] (1999: 327)

La pesadilla de Marcelo incluye una descripción *modo* Quijote:

> Y a todo esto, en los campos de batalla, en los desfiladeros, en las escarpadas laderas, en todas partes donde había moros, o romanos, o gentes enemigas de la fe cristiana o de las patrias libertades, o del común sosiego o de los fueros de la Justicia, se veía, veloz como la centella, fiero como el león, un hombre largo y enjuto, cabalgando en un rocín de escasa talla, sin casco ni armadura, con la cabeza descubierta y bañada en luz, el pelo revuelto y las barbas erizadas, entrando por lo más espeso de la refriega, enristrada la lanza... ¡qué digo lanza! un horcón de dos puntas, y con ellas desbaratando enemigos y lanzándolos al aire, como paja con el bieldo; volando después, mejor que saltando, sobre los abismos, entre los bosques, y peleando incansable e invencible hasta con las nubes cargadas de rayos y pedriscos y con los hombres malos que las empujaban contra la santa libertad de los pueblos y los fueros sagrados de la Justicia. Y aquel hombre

incansable e invencible, ¡cosa extraña!... era el solariego en cuya casa estaba yo pasando la noche.
Toda ella me duró la pesadilla, sin un instante de reposo; y puedo afirmarlo, porque al despertarme con la fuerza de la emoción que me produjo la última *horconada* del caballero, dirigida contra uno de los hombres malos que empujaban la nube negra, y resultó ser una persona de Madrid a quien yo conocía mucho de vista y de fama, observé que entraba la luz por el cuarterón de la ventana de mi dormitorio que había quedado a medio cerrar al acostarme. Salté entonces de la cama para acabar de despabilarme y de sosegar con ello el agitado espíritu, y me asomé al cuarterón entreabierto. (1999: 315)

En esta novela tienen especial importancia los capítulos XIV-XV, donde se produce el encuentro con el señor de la Torre de Provedaño, defensor del "patriarcalismo democrático", y animador de Marcelo a ser un "apasionado continuador" de la labor de don Celso. Se relaciona esto con una estructura muy pensada, concebida como un "libro de viajes relatado en primera persona por el viajero, por Marcelo, y la divide en dos partes bien equilibradas de quince capítulos cada una (respectivamente, XX-XVI y XIX-XXXII, con un centro milimétrico formado por los capítulos XVII y XVIII)" (Rey Hazas 1999: 68 y 71). En esta organización, la "excursión más larga e importante de todas (caps. XIII, XIV y XV), acompañado por Neluco, para conocer Promisiones y Provedaño, culminación del proceso ascendente de Marcelo, porque el señor de la Torre es el eje intelectual e ideológico del patriarcalismo (el complemento de Neluco, desde esta óptica) y su conocimiento será la clave definitiva que conducirá al madrileño a tomar la decisión de quedarse" (Rey Hazas 1999: 72). La presentación de este hidalgo montañés se realizará con inequívoco sabor cervantino:

[...] y fue que, vuelto de repente hacia nosotros el hombre que descargaba el carro, y mientras nos miraba frunciendo mucho los ojos, apoyándose gallardamente en el horcón clavado por sus puntas en el heno, observé que Neluco se descubría delante de él y le saludaba con el nombre del caballero a quien íbamos a visitar. Descubrime entonces yo también, lleno de extrañeza, y nos apeamos los dos, casi al mismo tiempo que el descargador del heno saltaba del carro abajo, muy diligente y airoso, por la rabera.
Representaba cincuenta años, bien corridos; tenía buen color, la cabeza muy poblada de pelo alborotado y recio, la cara pequeña y enjuta, y aún parecía más chica de lo que era, por lo espeso de la barba que le ocupaba la mitad; la barba y el pelo empezando a encanecer; la frente ancha, y destacado el entrecejo; la nariz curva, y la mirada de sus ojuelos verdes, firme y escrutadora; cara, en fin, cervantesca y un tanto *aquijotada*. Daba grandes pasos con sus largas piernas al dirigirse a nosotros que le salimos al encuentro, y balanceaba el cuerpo, nervudo y cenceño y algo inclinado hacia adelante, al compás de las zancadas; vestía un traje modesto de paño obscuro, fuerte y barato, y calzaba abarcas de tarugos. (1999: 295-296)

Pereda se basa en un personaje histórico, Ángel de los Ríos (Montero Iglesias, 1917), a quien somete a un profundo proceso de "sublimación artística y de mitificación" (Rey Hazas 1999: 67) basado, entre otros elementos, en la ascendencia quijotesca de este personaje. Sustentador de las ideas esenciales de la Montaña (1999: 336-337; 524-525), su presencia en la novela incorpora dos funciones esenciales. En primer lugar como personaje aleccionador del protagonista: evoca la historia de Cantabria desde una perspectiva regionalista y exalta la figura de don Celso como modelo y continuador de un liderazgo patriarcal que desde la Edad Media ha venido rigiendo la vida comunitaria de la comarca. Finalmente, invita a Marcelo a "continuar allí la obra benéfica" de su tío. Y, en segundo lugar, es el portavoz del ideario político-social del autor presente en novelas anteriores: la tesis del patriarcalismo democrático, el regionalismo autonomista basado en la descentralización, la crítica de la farsa del sistema liberal ("mal nuevo) y la tesis de la oposición "campo-ciudad".

Y a don Ángel le acompaña su biblioteca, mejor dicho, don Ángel es su biblioteca, un hombre definido por ella:

> Después de dar un vistazo general a todos aquellos característicos accesorios, cuadras y gallineros inclusive, de la mansión del caballero a quien íbamos a visitar, y siempre bajo la dirección de Neluco, seguile yo estragal adentro y escalera arriba, y así llegamos a la pieza que podía llamarse estrado o salón de recibir, amplia, con luces a un gran balcón de hierro, de viguetería descubierta y suelo de recias tablas de castaño. Colgaban de las paredes algunos retratos viejos, de familia, por orden de antigüedad, desde la cota de malla hasta la peluca y las chorreras; dos grandes cornucopias de talla dorada, semejantes a las que había en mi habitación de la casona de Tablanca, y un San Jerónimo penitente, muy estropeado. Los muebles no guardaban estilo, ni orden ni concierto, y en cada uno de ellos y en el conjunto de lo que contenía todo el salón, y en el salón mismo, se echaba muy de menos la huella de la hábil mano de la «señora de su casa», que faltaba en aquella por no haberla necesitado aún su dueño para arrojar la cruz de su soledad, que no debía de pesarle mucho. De seguro que no hubiera consentido esa señora rimeros de libracos viejos y apolillados sobre el sofá de damasco rojo, ni un banco de roble tallado entre dos sillas de *reps* verde, ni dos pedruscos célticos y una escombrera de cascotes romanos encima del banco de roble y de la consola de nogal, no obstante ser los unos y los otros buena presa del solariego en sus incesantes exploraciones arqueológicas en aquellas comarcas y sus aledaños; ni una escopeta detrás de la puerta del balcón, ni una colodra colgada de un retrato. También hubiera hallado la señora ausente mucho que ordenar, o siquiera que despolvorear y aun que barrer, en la pieza inmediata, que era el despacho o cuarto de estudio del señor. Porque ¡válgame el de los cielos! ¡Cómo estaba también de libros fuera de sus estantes, y de resmas de periódicos, y de fajos de papeles, y de montones de revistas, y de huesos fósiles, y de candilejas y escudillas romanas, y de bronces herrumbrosos, y de ejemplares de panojas de muchas castas, en las sillas, por los suelos, en la mesa de escribir y creo que hasta en el aire! (1999: 298-299)

Aunque no es una habitación cerrada, al contrario, se accedía a ella por una "pieza que podía llamarse estrado o salón de recibir amplia, con luces a un gran balcón de hierro de viguetería descubierta y suelo de recias tablas de castaño [...]" (1999: 298), está inundada de libros (1999: 299). La descripción de la biblioteca se realiza en el meollo del capítulo XIV, que marca casi el centro de la novela y prepara la larga explicación del protagonista que da sentido al concepto que se defiende en la novela y se sustenta en buena parte de las obras del hidalgo de Proaño. Esto explica la afirmación de Marcelo (el señorito madrileño al que la Montaña va poco a poco cautivando y acabará apoderándose de él): "... aquel bendito rincón de la tierra" (1999: 574); "Entonces comprendí lo que valían los libros y las investigaciones arqueológicas de aquel hombre, destinados a reivindicar para su 'patria chica' las glorias que se le negaban en la grande, sacándolas del polvo de los archivos y debajo de las costras de la tierra" (1999: 307). Su contenido, constituido por obras propias y ajenas, ofrece la esencia de su ideología:

> —Esta es obra suya —me dijo al mismo tiempo—, recientemente impresa por la Real Academia Española después de haberla premiado en público certamen.
> Titulábase: *Ensayo histórico, etimológico y filosófico sobre los apellidos castellanos desde el siglo x hasta nuestra edad.*
> —Y esta otra —añadió Neluco, mientras yo leía el índice de la primera, mostrándome el rótulo de otro libro—: *Noticia histórica de las behetrías, primitivas libertades castellanas...*
> Este libro es un asombro de erudición y de ingenio, y es muy de admirar por el montañesismo que respira, y el tradicionalismo científico y patriarcalmente democrático en que está inspirado. Demuéstrase en él, entre otras cosas, por las leyes del Concejo, la antigua y suma importancia de la ganadería en la Montaña. Y ésta más, *Los Eddas*, traducción del poema de este nombre, algo como la *Iliada* de los suecos: es empresa de los albores literarios de nuestro amigo. Después, en cada periódico y en cada revista de los que andan desparramados por aquí, hay algún trabajo de erudición o de crítica, y todos ellos enderezados al bien y a la mayor gloria de la provincia, que la tiene muy señalada en contarle a él entre sus hijos, y particularmente de la comarca en que nació, vive y desea morir... ¿Ve usted?... *Los Garcilasos...* admirable serie biográfica de esta dinastía de guerreros y de poetas de entronque montañés... Veamos qué rollo es éste... tire usted hacia allá, porque no va a caber en la mesa... Un plano hecho y firmado por él, y bien recientemente. Ya tenía yo alguna noticia de este trabajo estupendo. *Proyecto de encauce y riegos del Híjar desde Riaño a Reinosa...* Parece la obra de un consumado ingeniero... Pues de seguro tiene este cartapacio lleno de apuntes de trabajos en preparación. ¿No lo dije?... *La parte de los navegantes montañeses en el descubrimiento de América... Biografía del célebre poeta dramático D. Pedro Calderón de la Barca... Juan de la Cosa...*
> Me consta que tiene dos novelas y una leyenda inéditas, porque he visto los manuscritos, históricas y montañesas también... De su estilo gallardo, brioso, castellano limpio, neto como la sangre que corre por sus venas; de su modo de ver y de sentir la tierra madre y de cantar su hermosura, ya se irá usted enterando cuando le admire en sus escritos...

> Pero ¡canario! Permítame usted que le diga con esta franqueza que debe haber entre hombres formales como nosotros, que no tiene usted perdón de Dios al obligarme a mí a que le entere de estas cosas que debieran serle muy conocidas, siquiera por lo que tiene de montañesa su sangre, ya que no (aunque esto debiera bastar) por ser toda ella española. (1999: 300-302)

En la historia de la tradición cervantina de la novela el caso Pereda no es menor, al contrario: las investigaciones previas (Fernández Montesinos 1969, Gullón 1986, Baquero Escudero 1989) abrieron un camino al que ahora añado una vereda que entronca con textos novelescos anteriores y posteriores, la mejor prueba de la vitalidad del legado de Cervantes, aquí concretado en la presencia de una biblioteca que explica a los personajes principales y buena parte de la acción de novelas como las estudiadas en este trabajo.

Bibliografía

Baker, Edward, *La biblioteca de don Quijote*, Madrid, Marcial Pons, 1997.

Baquero Escudero, Ana Luisa, *Cervantes y cuatro autores del siglo XIX (Alarcón, Pereda, Valera y Clarín)*, Murcia, Universidad de Murcia, 1989.

Basanta, Ángel, "Cervantes y el *Quijote* en algunas novelas españolas de nuestro tiempo", *Actas del I Congreso Internacional de la Asociación de Cervantistas*, Barcelona, Anthropos, 1990, 35-51.

——, "El *Quijote*, *La saga/fuga de J.B.* y la novela española actual", *La tabla redonda. Anuario de estudios torrentinos*, I, 2003, 81-99.

Cervantes, Miguel de, *Don Quijote de la Mancha*. Dir. Francisco Rico. Madrid. Biblioteca Clásica de la Real Academia Española, 2015, 2 vols.

Eisenberg, Daniel, "El género del *Quijote*", *La interpretación cervantina del Quijote*. Madrid, 1995, (consulta el 20 de septiembre de 2023). http://cvc.cervantes.es/literatura/quijote_antologia/eisenberg.htm#npasn.

Estébanez Calderón, Demetrio, ed., José María de Pereda, *Peñas arriba*, Barcelona, Plaza y Janés (1895), 1984.

Fernández Montesinos, José, *Pereda o la novela idilio*, Madrid, Castalia, 1969.

Gilman, Stephen, *The Novel According to Cervantes*, Berkeley, University of California Press, 1986.

González Herrán, José Manuel, ed., José María de Pereda, *Pedro Sánchez*, 3.ª ed., Madrid, Espasa Calpe (1883), 1990.

Gullón, Germán, *El narrador en la novela del siglo XIX*, Madrid, Taurus, 1976.

——, *La novela como acto imaginativo*, Madrid, Taurus, 1983.

——, *La novela del XIX: Estudio sobre su evolución formal*, Ámsterdam, Rodopi, 1990.

——, *La novela moderna en España (1885-1902): Los albores de la modernidad*, Madrid, Taurus, 1992.

——, ed., José María de Pereda, *Sotileza*, Madrid, Espasa Calpe, 1999.

——, *El jardín interior de la burguesía. La novela moderna en España (1885-1902)*, Madrid, Biblioteca Nueva, 2003.

Martín Morán, José Manuel, *Cervantes y el "Quijote" hacia la novela moderna*, Alcalá de Henares, Centro de Estudios Cervantinos, 2009.

Montero Iglesias, José, *El solitario de Proaño*, Santander, Imprenta Provincial, 1917.

Montero Reguera, José, *Materiales del Quijote. La forja de un novelista*, Vigo, Universidad de Vigo, 2006.

——, "Un libro de verdades lindas y donosas", AA. VV, *El español en el mundo. Anuario del Instituto Cervantes*, Madrid, Instituto Cervantes, 2015, 147-160.

——, "La habitación cerrada: una cala en la tradición cervantina de la novela", en Cuevas Cervera, Francisco; Beauchamps, Mariana; Montero, Reguera, José; da Costa Vieira, Maria Augusta; Zitelli, Karina F. y Valéria da Silva Morais (eds.), *La pluma es la lengua del alma. Actas del IX congreso internacional de la Asociación de Cervantistas*, Alcalá de Henares, Servicio de Publicaciones e Instituto de Investigación Miguel de Cervantes, 2018, 45-67.

——, *Miguel de Cervantes. El poeta que fue novelista*, Madrid, Editorial Pigmalión, 2021.

Pereda, José María de, *De tal palo tal astilla*, Madrid, Librería general de Victoriano Suárez (1880), 1921.

——, *Pedro Sánchez*, ed. José Manuel González Herrán, 3.ª ed., Madrid, Espasa Calpe (1883), 1990.

——, *Peñas arriba*, ed. Antonio Rey Hazas, 3.ª ed., Madrid, Cátedra (1895), 1999.

Rey Hazas, Antonio, ed. José María de Pereda, *Peñas arriba*, 3.ª. ed., Madrid, Cátedra, (1895), 1999.

——, "Don Quijote considerado como poeta", AA. VV., *El Quijote desde el siglo XXI*, Alcalá de Henares, Centro de Estudios Cervantinos, 2005, 109-121.

Alfredo Moro Martín

Universidad de Cantabria

Espejismos dieciochescos: *El pájaro carpintero* (2013) de James McBride y la tradición del quijotismo espiritual[1]

Resumen

La novela *The Good Lord Bird* [*El pájaro carpintero*], del novelista norteamericano James McBride, ha obtenido desde su publicación un considerable reconocimiento crítico. El autor norteamericano, que en varias entrevistas ha hablado de su gusto por los antihéroes, retrata en su novela a un quijotesco reverendo John Brown, embarcado en una cruzada personal por acabar con la trata de esclavos. Pese a los reconocibles paralelos temáticos y estructurales con la novela de Cervantes, la crítica cervantina y los estudios norteamericanos no se han hecho eco de esta posible influencia. Este capítulo trata de abordar estas cuestiones vinculando la figura de Brown con la tradición del quijotismo espiritual, desarrollada en Gran Bretaña en los siglos XVII, XVIII y XIX, pero también a través del análisis de los aspectos narratológicos de raigambre cervantina presentes en la novela de McBride, de los que el autor norteamericano se sirve para cuestionar la posibilidad de verismo histórico en su propia narrativa.

Palabras clave: Miguel de Cervantes, *Don Quijote*, sátira religiosa, novela histórica.

1. Introducción

La novela *The Good Lord Bird* [*El pájaro carpintero*], del novelista, guionista y músico norteamericano James McBride, ha obtenido desde su publicación en 2013 un reconocimiento general por parte de la crítica que le valió al autor el National Book Award, uno de los galardones literarios más prestigiosos de Estados Unidos. McBride, que por entonces ya contaba con una cierta trayectoria narrativa, tal y como evidencian su narración autobiográfica *The Color of Water* [*El color del agua*] (1995), *Miracle at St. Anna* [*Milagro en Santa Ana*] (2002) y *Song Yet Sung* [*Canción todavía cantada*] (2008), ya había abordado temas como la segregación racial, la otredad y la esclavitud desde el género de la novela

1 Este artículo es parte del proyecto de i+D+i PGC2018-093792-B-C21 financiado por MCIN/AEI/10.13039/501100011033/FEDER «El Quijote Transnacional».

histórica, o quizás desde la novela poshistórica, como señala Naughton (2018). Así lo atestiguan *Song Yet Sung*, una novela que narra un intento de huida masivo por esclavos de Maryland justo antes del inicio de la guerra civil norteamericana, y *Miracle at St. Anna*, en la que McBride narra a través de la figura de un soldado negro del 92.º batallón de infantería de los Estados Unidos -compuesto únicamente por soldados afroamericanos- la interacción del batallón con la comunidad italiana de Santa Anna di Stazzemma durante la Segunda Guerra Mundial.

The Good Lord Bird continúa la línea ya iniciada por *Song Yet Sung*, retratando uno de los acontecimientos fundamentales previos a la irrupción de la guerra civil norteamericana: el ataque a la armería de Harper's Ferry por parte del reverendo John Brown (1800-1859). McBride novela este momento crucial de la historia norteamericana a través del relato de las aventuras de un joven esclavo huido, Henry "Onion" Shackleford, quien, a través de sus peripecias y de su intensa relación con Brown, una de las figuras clave en el movimiento abolicionista, ofrece un panorama sumamente interesante de algunos personajes de relevancia dentro de la historia del abolicionismo norteamericano como Frederick Douglass (1818-1896), o Harriet Tubman (1820-1913). La novela, que se presenta como un híbrido entre la narración de esclavos, la novela histórica, la picaresca y el *western*, retrata a un John Brown profundamente quijotesco, cómico, ridículo y heroico a un tiempo. No en vano, el propio McBride ha declarado en más de una ocasión su gusto por los héroes tragicómicos, ya que, en su opinión, "heroes who are not flawed are not believable" (Goldenberg 2013)[2].

Esta conexión cervantina, hasta ahora no reconocida por McBride, ha sido señalada por alguna de las reseñas de la novela, que destacan el carácter quijotesco tanto del reverendo Brown como de su particular cruzada antiesclavista[3]. Pese a ello, la cuestión no ha sido abordada hasta la fecha ni por la crítica

2 https://www.publishersweekly.com/pw/by-topic/authors/interviews/article/58205-flawed-heroes-pw-talks-with-james-mcbride.html (consulta el 11 de marzo de 2022).

3 Yvonne Zipp, en su reseña de la novela para el medio *Michigan Live* traza una comparativa entre la causa de Brown y la quijotesca cuando señala: "The fiery Brown, who launched an armed insurrection to free the slaves in the face of odds so long Don Quixote might have paused to reconsider" [https://www.mlive.com/entertainment/2013/09/the_good_lord_bird_by_james_mc.html, último acceso 11 de marzo de 2022]; mientras que Clea Simon también se hace eco de estos ecos cervantinos en su reseña de la novela para *The Arts Fuse*, en la que define a Shackleford como "a drag Sancho Panza to the abolitionist's Quixote in his quest to end slavery" [https://artsfuse.org/100170/fuse-book-review-the-good-lord-bird-history-as-a-morality-tale-with-wings/, consulta el 11 de marzo de 2022].

cervantina ni por los estudios norteamericanos, más centrados en el examen de las cuestiones raciales o históricas en la novela de Brown, por lo que el propósito del presente capítulo no será otro que analizar la novela de McBride desde un prisma eminentemente cervantino, tratando de estudiar tanto los aspectos estructurales de clara raigambre cervantina presentes en la novela como el encuadre de la figura central de la misma, el reverendo John Brown, dentro de una de las tradiciones más fructíferas dentro de la recepción del *Quijote* en la narrativa anglo-norteamericana: la del quijotismo espiritual, destinada a ofrecer un retrato satírico del fanatismo religioso. Para ello, centraré mi análisis en torno a tres ejes fundamentales. En un primer lugar, trataré de realizar un breve recorrido por la tradición del quijotismo espiritual en las letras inglesas de los siglos XVII y XVIII, trazando un panorama diacrónico de la evolución de esta particular formulación de la figura quijotesca que surge en Inglaterra a comienzos del XVII. Posteriormente, vincularé al protagonista de la novela de McBride, el reverendo John Brown, con esta tradición, analizando los aspectos claramente quijotescos con los que el autor norteamericano inviste a su figura. Finalmente, centraré la mirada en algunos de los aspectos estructurales de clara raigambre cervantina que la novela de McBride evidencia, mostrando cómo la posible influencia cervantina que propongo va más allá del mero quijotismo, demostrando una evidente asimilación del modelo novelístico cervantino no señalada hasta este momento.

2. El *Quijote* y la tradición del quijotismo espiritual en las letras inglesas de los siglos XVII y XVIII

La sátira del presbiterianismo o del excesivo celo religioso de los puritanos cuenta con una larga tradición en las letras inglesas. A principios del siglo XVII, algunos notables dramaturgos como Ben Johnson ya habían satirizado el puritanismo a través de obras como *The Alchemist* (1612) o *Bartholomew Fair* (1631), sin embargo, será Samuel Butler quien gracias a su *Hudibras* (1663, 1664, 1678) dote a este tipo de sátira de un claro perfume cervantino, tal y como Werner von Koppenfels ha destacado (2005: 28). Para el investigador germano, Butler transforma a su protagonista en "a metaphor for the pseudo-religious and pseudo-heroic madness of the Puritan fighters of God" (29), tornando la andante caballería quijotesca en una suerte de santurronería andante, denunciada por el conde de Shaftesbury ya en el siglo XVIII en su *Letter concerning Enthuisiasm* (1708):

> We have indeed full power over all modifications of spleen. We may treat other enthusiasms as we please. We may ridicule love, or gallantry, or knight-errantry to the utmost; and we find, that in these latter days of wit, the humour of this kind, which was once so

> prevalent, is pretty well declined. The crusades, the rescuing of the holy lands, and such devout gallantries are in less request than formerly, but if something of this militant religion, of this soul-rescuing spirt, and *saint-errantry* prevails still, we need not wonder, when we consider, in how solemn manner we treat this distemper, and how preposterously we go about this enthusiasm. (1711: 20)

La necesidad de ridiculizar esta caballería de tiempos modernos, este entusiasmo que, por su contenido religioso, no había sido abordado por la provincia de la sátira -recordemos que Inglaterra experimentó durante el periodo 1649-1660 la dictadura puritana de Oliver Cromwell- se verá reflejada a lo largo del siglo XVIII, pues, siguiendo la estela del *Hudibras*, varias serán las novelas que aborden este fenómeno como una forma de quijotismo.

Así, durante el último tercio del siglo, Robert Graves abordará el fanatismo metodista desde un prisma claramente quijotesco con su *Spiritual Quixote* de 1773, en el que el protagonista, Geoffrey Wildgoose, tras la continua lectura de las obras de los metodistas John Wesley y George Whitefield, decide embarcarse junto a su escudero Jerry Tugwell en una particular cruzada que busca la implantación de la fe metodista por toda Inglaterra.

Con la llegada del siglo XIX, el arquetipo del Quijote espiritual sobrevivirá en las novelas de autores como sir Walter Scott, mas el fin de la controversia religiosa en torno al metodismo y los *dissenters* parece augurar el fin de esta tradición, al menos para la contemporaneidad, tan alejada de cualquier elemento de discusión teológica que fomente la aparición de posturas satíricas respecto a cualquier desviación de la norma religiosa[4]. Por ello, la aparición de la novela de McBride, en la que el protagonista de la obra, el reverendo John Brown es presentado como un *entusiasta* religioso -en el sentido más dieciochesco de la palabra-, embarcado en una quijotesca cruzada contra la esclavitud, parece un claro espejismo de una tradición aparentemente extinta o condenada a la desaparición, por lo que el análisis de los rasgos quijotescos de Brown y su clara vinculación con la tradición que he venido analizando en estas páginas merece un análisis algo más detallado.

3. John Brown, el Viejo: ¿un Quijote espiritual?

Desde el comienzo de la novela, el reverendo John Brown es presentado por el narrador, Henry Shackleford, alias "Onion" como un personaje de una apariencia,

4 Para un análisis más detallado de esta forma de quijotismo en la obra temprana de Scott, *vid* Moro 2019.

cuanto menos, extravagante. A su extrema delgadez, su mal olor y sus múltiples arrugas, se suman un abrigo, chaleco, pantalones y corbata que parecen roídos por los ratones, otorgándole el aspecto de "a sorry-looking package altogether, even by prairie standards" (2013: 11). A esta extraña apariencia, el narrador suma la evidente locura del viejo Brown, vesania de clara raigambre religiosa:

> Well, he had a point, for the Old Man weren't normal. For one thing, he rarely ate, and he seemed to sleep mostly atop his horse. He was old compared to his men, wrinkled and wiry, but nearly as strong as every one of them except Fred. He marched for hours without stopping, his shoes full of holes, and was overall gruff and hard generally. But at night he seemed to soften some. [...] He sprinkled most of his conversation with Bible talk, "these" and "thous" and "takest" and so forth. He managed the Bible more than any man I ever knowed, including my Pa, but with a bigger purpose, 'cause he knowed more words. Only when he got hot did the Old Man quote the Bible exact to the letter, and then it was trouble, for it meant someone was about to walk to quit the line. He was a lot to deal with, Old Brown. (2013: 89)

Las palabras del narrador destacan una de las características más importantes de Brown, la inmersión lectora en las Escrituras, que moldean su discurso, su percepción de la realidad y, sobre todo, su conducta. De esta interpretación literal de la Biblia, de esta conducta textual, surge una actitud agresiva no demasiado distinta a la que Alonso Quijano muestra a lo largo de la primera parte del *Quijote* cervantino.

Así, en uno de los primeros episodios de la novela, Brown agrede a un holandés tras escucharlo blasfemar, afirmando que será el Señor quien le quite el revolver de la mano, para dispararle inmediatamente después, dejando al holandés prácticamente manco (2013: 33). En similar modo, en la batalla de Harper's Ferry, tras verse forzado a liberar rehenes y ver cómo tres personas dicen ser el rehén para liberar, Brown decide amenazarlos aplicando el mismo método que el rey Salomón en el Libro de los Reyes, razonamiento que hace que los supuestos rehenes confiesen inmediatamente no ser el rehén elegido (2013: 401). Esta influencia total de la Biblia en la conducta de Brown genera también, como es natural, situaciones más bien cómicas, como la acaecida durante el tiroteo del hotel de Pikesville, en el que, en medio de los disparos, el reverendo comienza a disertar sobre la Biblia con Onion (2013: 213), o como los constantes e interminables rezos a los que Brown somete a su ejército de liberación, que acarrean que en muchas ocasiones muchos de sus soldados se queden dormidos.

Sin embargo, el quijotismo espiritual de Brown cuenta también con un reverso algo más siniestro y que problematiza sin duda su retrato a lo largo de la novela. Este aspecto no es otro que su justificación -además del literal, empleo el sentido calvinista del término- de la violencia a la hora de ajusticiar a cualquier persona implicada en la trata de personas. Así, en la cabaña de Doyle, Brown pide a este, bajo la autoridad del Eclesiastés, que tome su hacha y se corte su propia mano, por lo que Onion significativamente señala que "he got downright holy when it was killing time" (2013: 54). De hecho, en determinados momentos de la novela Brown justifica el asesinato haciendo una interpretación literal de la Biblia, mostrando cómo su quijotismo espiritual cuenta con un claro reverso tenebroso:

> "The killing of our enemies was ordained," he said aloud, to no one in particular. "If folks' round here read the Good Book, they wouldn't lose heart so easily when pressing forth in the Lord's purpose. Psalms seventy-two, four, says, 'He shall judge the poor of the people, and save the children of the needy, and break into pieces the oppressor.' And that, Little Onion," he said sternly [...] "tells you all you need to know". (79)

En cualquier caso, la Biblia no es el único referente libresco para Brown en su cruzada antiesclavista. Al igual que don Quijote, el reverendo norteamericano aspira a emular unos modelos heroicos muy concretos, en los que se mezclan los grandes libertadores de la historia antigua con los de la historia moderna, y que no son otros que Toussaint Lovuerture, liberador de Haití, Espartaco, Garibaldi, el rey David, y, muy significativamente, Oliver Cromwell (2013: 220). De hecho, su meticuloso plan para atacar la armería de Harper's Ferry se basa, por encima de todo, en la lectura. Cuando Kagi, uno de sus lugartenientes, se atreve a sugerir lo descabellado del plan, Brown responde aludiendo a sus lecturas históricas:

> "Lieutenant Kagi, you disappoint me," the Old Man said. "I has thought this matter through carefully. For years, I have studied the successful opposition of the Spanish chieftains when Spain was a Roman province. With ten thousand men, divided into small companies, acting simultaneously yet separately, they withstood the whole consolidated power of the Roman Empire for years" I have studied the successful warfare of the Circassian chief Schamyl against the Russians. I have lingered over the accounts of the wars of Toussant-Louverture on the Haitian islands in the 1790's. You think I have not considered all these things? Land! Land, men! Land is fortification! In the mountains, a small group of men, trained as soldiers, in a series of delays, ambushes, escapes and surprises, can hold off an enemy for years. They can hold off thousands. It has been done. Many times" (2013: 290).

Las expectativas heroicas de Brown se ven, sin embargo, muy alejadas de la realidad, o confrontadas concienzudamente con ella. Su magistral plan de tomar la armería de Harper's Ferry para armar a los afroamericanos y liderar la lucha armada desde las montañas acaba resultando un sonoro fracaso, y lo que es peor de todo, una auténtica carnicería. Su delirio, evidenciado por su autoproclamación como "presidente emérito y electo de los Estados Unidos" (2013: 420), queda reflejado también en la soledad con la que Brown se enfrenta a la defensa de Harper's Ferry, en la que su "ejército" no muestra el mismo fervor guerrero que el reverendo. De hecho, el final de alguno de los rebeldes afroamericanos, que huyen despavoridos buscando de nuevo el favor de sus amos y reflejado por las palabras que uno de ellos dedica a toda la epopeya antiesclavista de Brown, a la que se refiere como "a bad dream" (2013: 438), muestra el final del sueño quijotesco del reverendo, así como sus nefastas consecuencias para los principales beneficiarios de su revolución.

A pesar del fracaso de Brown, y pese al retrato ciertamente irónico y contradictorio que de él traza la visión más realista y correctora de Onion, no debemos olvidar que la causa del reverendo es, en todo momento, retratada como una causa noble, incluso pese a su fracaso. En su novela, McBride retrata posturas sin duda menos idealistas y más acomodaticias como la del abolicionista Frederick Douglass o la de los antiesclavistas de los estados del Este, que apoyan moralmente la causa, pero que en ningún caso parecen dispuestos a ir más allá del mero apoyo intelectual o económico. Este contraste entre la -ciertamente alocada- pero militante postura del reverendo Brown y la más acomodaticia del mundo abolicionista del Este eleva al reverendo como una suerte de Quijote romántico, como un caballero del ideal. Este proceso, que transcurre a lo largo de toda la tercera parte de la novela, se ve refrendado finalmente por el propio narrador, quien, pese a su escepticismo inicial sobre la causa de Brown y pese a su propio deseo de supervivencia a cualquier coste, acaba, una vez que todo está ya perdido, pidiendo al reverendo que retome la causa. La escena, que sin duda recuerda al lector atento del *Quijote* a la escena de la muerte del hidalgo y a los ruegos de Sancho para retomar las andanzas quijotescas, culmina el proceso de idealización de Brown en la novela, que se mueve de este modo en una trayectoria ascendente no demasiado diferente a la de la obra de Cervantes:

> I didn't right know what to say to him at that moment, so I nodded at the open cell door. "You could escape easily, couldn't you Captain? There's plenty talk 'bout rousing up new men from all parts and taking you back out. Couldn't you bust out and we could stir up another army and do it like the old days, like Kansas?
>
> The Old Man, stern as always, shook his head. "Why would I do that? I am the luckiest man in the world".
>
> "It don't seem that way".
>
> "There is an eternity behind and an eternity before, Onion. That little speck at the center, however long, is life. And that is but comparatively a minute," he said. "I has done what the Lord has asked me to do in the little time I had. That was my purpose. To hive the colored."
>
> [...]

> The old face, crinkled and dented with canals running every which way, pushed and shoved up against itself for a while, till a big old smile busted out from benath 'em all, and his gray eyes fairly glowed. It was the first time I ever saw him smile free. A true smile. It was like looking at the face of God. And I knowed then, for the first time, *that him being the person to lead the colored to freedom weren't no lunacy*. It was something he knowed true inside him. I saw it clear for the first time. (2013: 444-445, énfasis añadido)

La locura de Brown, de la que da evidentes muestras a lo largo de toda la novela, queda finalmente redimida por la justicia de la causa que el reverendo abraza, dotando al protagonista de la novela de una altura trágica que contrasta con los aspectos más cómicos y satíricos que Brown pergeña a lo largo de su narración, convirtiendo al reverendo antiesclavista en el protagonista de lo que el propio McBride define como "a kind of tragicomedy parody of the past" (Goldenberg 2013).

4. El manuscrito encontrado: la parodia cervantina de la historia en *The Good Lord Bird*

Para concluir, hay un último aspecto estructural de la novela que evidencia una clara raigambre cervantina y sobre el que me gustaría centrar la mirada en estas últimas páginas. Además de su reconocible inclusividad genérica -la novela es un intencionado híbrido entre la relación de esclavos, la novela picaresca, el *western* y la novela histórica-, la obra de McBride emplea en su inicio una técnica metaficcional que entronca con la tradición cervantina: el hallazgo del manuscrito. Al igual que en el *Quijote*, la narración de *The Good Lord Bird* se presenta como "the discovery of a wild slave narrative that highlights a little-known era of American history" (2013: 1). Los cuadernos chamuscados, pertenecientes a un diácono de la iglesia ya fallecido, son hallados en una caja ignífuga de metal tras la silla del diácono, junto a doce dólares confederados, una pluma de pájaro carpintero y una nota de la mujer de Charles D. Higgins, el autor de estos, que amenaza con echarlo a patadas de casa en caso de volver a verle (2013: 2). La información que el lector obtiene sobre Higgins no es demasiado tranquilizadora respecto a la fidelidad histórica de su relato. El autor de los cuadernos, cocinero e historiador aficionado (2013: 1), es el verdadero editor de las memorias de Henry "Onion" Shackelford, el único superviviente afroamericano al ataque de Harper's Ferry en Virginia, liderado por el reverendo John Brown en 1859. Su credibilidad resulta dudosa, pues tal y como se nos relata, amén de ser el miembro más antiguo de la Primera Iglesia Baptista, su apodo entre los parroquianos no era otro que el de "Mr. Whopper" (2013: 1) o "Señor Trolas" (McBride 2017: 18), tal y como traduce Miguel Sanz Jiménez en su traslación al castellano de la novela. Higgins tampoco parece haber sido un observador demasiado distanciado respecto a su materia de análisis, pues se nos informa que solía llamar la atención en los plenos del ayuntamiento, a los que asistía ataviado con su uniforme de la guerra civil, y en los que su particular cruzada no fue otra que intentar cambiar el nombre de la autopista Dupont por el de "John Brown Road" (2013: 2). El editor de los papeles de Onion, se presenta, por lo tanto, como un segundo Quijote obsesionado con su materia de estudio, eliminando de este modo cualquier atisbo de veracidad histórica y revelando de este modo la naturaleza evidentemente ficticia de los hechos narrados que, pese a estar inspirados en acontecimientos históricos relativamente reconocibles para el lector norteamericano, se sitúan en el terreno de la novela poshistórica (Naughton 2018: 346) en la que la representación fidedigna de los hechos históricos se presenta como una aspiración imposible[5]. La clara conexión con el historiador arábigo del *Quijote*, Cide Hamete Benengeli, fidedigno y mentiroso a un tiempo, revela el claro perfume cervantino de toda la novela, que va más allá de la acertada resurrección de un avatar quijotesco ya prácticamente olvidado dentro de la tradición cervantina y se sitúa en un nivel de asimilación más complejo, dotando a la novela de McBride de un elaborado engranaje novelesco en el que la influencia de Cervantes resulta más que evidente.

Bibliografía

Cooper, Anthony Ashley, third Earl of Shaftesbury, *Characteristics of Men, Manners, Opinions, Times*, vol. 1, Londres, 1711.

Goldenberg, Judi, "Flawed Heroes: *Publisher's Weekly* talks with James McBride". *Publisher's Weekly*, 12 de julio de 2013. [https://www.publishersweekly.com/pw/by-topic/authors/interviews/article/58205-flawed-heroes-pw-talks-with-james-mcbride.html, último acceso 11 de marzo de 2022.]

McBride, James, *The Good Lord Bird. A Novel*, New York, Riverhead Books, 2013.

——, *El pájaro carpintero*, Traducción de Miguel Sanz Jiménez, Gijón, Hoja de Lata, 2017.

5 Tal es el parecer de Bruce Olds cuando señala cómo la fidelidad histórica "not only does not matter, but is a shibboleth and chimera, a literary unicorn, the stardust arisen of the star on which we would wish our thinking, a convenient figment of the *historian's imagination*" (citado en Naughton 2018: 350).

Moro, Alfredo, "Sir Walter Scott, el *Quijote* y la sátira del entusiasmo religioso", *Recepción e interpretación del Quijote*, eds. Emilio Martínez Mata y Pedro José Carvajal Pedraza, Madrid, Visor, 2019, 109-127.

Naughton, Gerald David, "Posthistorical Fiction and postracial passing in James McBride's *The Good Lord Bird*", *Critique: Studies in Contemporary Fiction* 59.3, 2018, 346-354.

Von Koppenfels, Werner, "Samuel Butler's *Hudibras:* A Quixotic Perspective of Civil War", *Cervantes in the English Speaking World*, eds. Darío Fernández-Morera y Michael Hanke, Kassel, Reichenberger, 2005, 25-42.

Silvia Núñez Vivar

Universidad de Castilla-La Mancha / Bergische Universität Wuppertal

La reescritura del mito de don Quijote en *Un tal Cervantes*, de Christian Lax

Resumen

Un tal Cervantes (2015), del artista y profesor francés Christian Lax, traslada con originalidad el mito de don Quijote al soporte del cómic. Cuenta la historia de Mike Cervantes, un exsoldado estadounidense que, tras haber leído *Don Quijote de la Mancha*, decide recorrer su país para luchar contra las injusticias que se encuentra en su camino. Tras haber participado en la guerra de Afganistán de 2008, el protagonista queda desencantado con la realidad en la que vive, y halla en el mundo del ideal quijotesco un aliciente para sembrar justicia. Mike se transforma en un *cowboy* anacrónico que imita la conducta de don Quijote, figura en la que encuentra la representación de los valores que quiere defender. Así pues, en este artículo se analizará, a través de la mitocrítica y del modelo de trabajo propuesto por Bautista Naranjo (2015), cómo el mito de don Quijote surge en las acciones y la personalidad del protagonista, que transformará poco a poco su realidad para adaptarla al mundo quijotesco. Esto nos permitirá desvelar de qué manera el autor logra actualizar la esencia y la relevancia del mito en el siglo XXI. Aparte del análisis del mito, también se estudiará el nivel de metaficción presente en esta novela gráfica, ya que Miguel de Cervantes aparece en varias ocasiones a lo largo de las viñetas de Lax para interactuar con Mike. Las vidas de ambos, además, muestran diferentes paralelismos que se analizarán en detalle. Así, el escritor español surge en la novela de Lax como una parte de la conciencia del protagonista, convirtiéndose en un mentor que lo reconduce hacia las sendas del quijotismo después de haber sufrido algún revés durante sus múltiples aventuras.

Palabras clave: mitocrítica, quijotismo, literatura comparada, cómic.

1. Introducción

Tras la lectura de *Don Quijote de la Mancha*, Mike Cervantes ve en la figura del protagonista de su homónimo español un espejo en el que mirarse. Desencantado de la realidad consumista, egoísta y cínica que engloba Estados Unidos a comienzos del siglo XXI, y después de haber participado en la guerra de Afganistán en 2008, Mike encuentra en el ideal de don Quijote un modelo a seguir para cambiar los sinsentidos que le rodean. Poco a poco, vemos cómo el protagonista de Lax deja atrás su vida y su propia identidad para combatir, con improductivos esfuerzos, los aspectos inmorales de la sociedad actual de su país. La ambición quijotesca de Mike llega a tal punto que se autodenomina *don Quijote*, bautiza a su coche como *Rocinante* y rescata a un inmigrante peruano al que llama *Sancho Panza*. Como podemos observar, la obra de Lax es una cristalización del mito de don Quijote, cuyos ocho mitemas[1] pueden ser estudiados en la figura de Mike Cervantes. Por ello, en este artículo aplicaremos las teorías sobre mitocrítica de Durand (1979) y Brunel (1992). Su principal propósito es el de analizar, a través del estudio comparativo de los mitemas que lo componen (Durand, 1979: 310), cómo un mito aparece en una obra determinada y cuál es su función dentro de ella. Las tres fases analíticas propuestas por Brunel (1992: 72-86) son la emergencia, la flexibilidad y la irradiación[2]. Después de haber estudiado a fondo el mito de don Quijote en la obra, analizaremos también la metaficción en *Un tal Cervantes* a través de las apariciones de Miguel de Cervantes en algunas viñetas, así como las semejanzas que mantiene con la vida de Mike Cervantes. En ellas, el escritor español charla con Mike sobre aspectos como la censura, el poder de la Iglesia y la inmoralidad de las sociedades, y se encarga, además, de concienciar al *cowboy* sobre la importancia de continuar en el camino del quijotismo. Así pues, en la segunda parte de este artículo se estudiará también cómo Miguel de Cervantes es ficcionalizado y se desvelará en detalle cuál es el papel que desempeña en *Un tal Cervantes*.

2. La reescritura del mito en *Un tal Cervantes*

2.a. Apariencia

En la obra de Miguel de Cervantes, el aspecto y el carácter de don Quijote y Sancho Panza conforman una extraña pareja. El primero es alto y delgado, y representa el ideal y la sabiduría libresca; el segundo es bajo y gordo, y su conocimiento proviene de la cultura popular. Ambos encarnan lo que podemos llamar *coincidentia oppositorium*[3]: a pesar de sus diferencias, existe una particular

---

1 Seguimos la división propuesta por Bautista Naranjo (2015) en su estudio del mito de don Quijote: apariencia, deseo triangular, desdoblamiento, individualismo, desengaño, locura, carácter luchador y polifonía.

2 La emergencia se centra en cómo los mitemas aparecen en el texto; la flexibilidad, en cuáles son las diferencias y novedades con respecto al mito original; la irradiación, en interpretar la presencia del mito en cuestión en otras obras del mismo autor.

3 Frase latina que puede traducirse como "coincidencia de contrarios". Se trata del fenómeno de complementariedad que se produce entre dos aspectos o sujetos opuestos. Este concepto ha sido muy estudiado por Carl Gustav Jung (1975) en el que, según el

cohesión y comprensión entre ellos. Esta complementariedad de contrarios se hace notar en capítulos como el de Clavileño (II, 61), en el que, sucumbiendo a las tretas y engaños ideados por los duques, ambos reaccionan de modo diferente. El mitema de la apariencia emerge en la obra de Lax a través de tres aspectos fundamentales: los nombres que adoptan los tres personajes principales, su descripción física y su actitud.

En primer lugar, podemos constatar que Mike, a medida que su afán justiciero avanza tras la lectura de la obra de Cervantes, decide autodenominarse a sí mismo don Quijote, presentándose ante el mundo con esta nueva identidad. Al inicio de su aventura, rescata a un inmigrante peruano recién llegado a Estados Unidos, Tranquillo Tobar, mientras recorre con su coche las fronteras del país. Al ver que unos policías están interrogando al joven, Mike decide hacer que suba a su vehículo para "protegerlo" así de la posible represión por haber entrado de manera irregular al territorio estadounidense. Este podría considerarse, pues, el primer acto justiciero del protagonista, quien concibe al órgano policial como un enemigo de la libertad de expresión y de movimiento del individuo. Los paralelismos con la aventura de Andrés (I, 4) son más que evidentes. Instantes después del *rescate*, Mike otorga el nombre de Sancho Panza a Tranquillo, por lo que se produce una simbiosis entre los nombres de ambos personajes: "Tranquillo, olvidémoslo. De ahora en adelante, eres Sancho. (…) Relájate, Sancho, no tienes nada que temer. ¡Te acaba de salvar don Quijote! Defensor de los débiles y de todas las categorías de oprimidos. Hay mucho que hacer. Pronto estaré desbordado" (Lax, 2017: 110-111).

Del mismo modo, Mike bautiza su coche, marca Ford Mustang, con el nombre de Rocinante. Esto está relacionado con la posesión más importante que debían tener los *cowboys* del siglo XIX para ser *auténticos*: un caballo. A través de sus dibujos, el autor establece una clara asociación entre el icono del vehículo y el rocín de don Quijote:

psiquiatra, intervienen el ser, el inconsciente colectivo y la sincronicidad, entre otros elementos.

(**Imagen 1.** Lax, 2017: 92)

Como podemos observar en la Imagen 1, se trata de una visión totalmente idealizada de Rocinante. El objetivo de esta viñeta no es mostrarnos una representación fiel de la descripción desmitificadora del rocín en el *Quijote*, sino materializar la idealización que hace de él el protagonista de Lax. Esto también lo vemos en el hidalgo cervantino: "Fue luego a ver su rocín, y aunque tenía más cuartos que un real y más tachas que el caballo de Gonela, que 'tantum pellis et ossa fuit', le pareció que ni el Bucéfalo de Alejandro ni

Babieca el del Cid con él se igualaban" (I, 1: 31). En efecto, Mike, al igual que don Quijote, idealiza el móvil de su aventura no solamente bautizándolo como Rocinante, sino también creyendo que es mucho más potente de lo que en realidad es.

El segundo elemento del mitema de la apariencia se centra en el aspecto físico de Mike, Tranquillo y Rocinante. En primer lugar, Mike no parece ser un "hidalgo de los de lanza en astillero, adarga antigua, rocín flaco y galgo corredor" (I, 1: 27); no se identifica con el semblante caballeresco del siglo XVII, sino con un *cowboy* clásico de Estados Unidos[4]. Tanto Mike como don Quijote representan la materialización burlesca de un determinado tipo social mitificado en la literatura y en el imaginario colectivo. Cuando Mike se quijotiza, lo hace englobando las características del clásico *western* estadounidense: sombrero Stetson, vaqueros y botas altas. Además, recorre el país a lomos de un caballo particular, su coche Rocinante, pasando por diversas tabernas en las que surge toda clase de aventuras. Esto se relaciona con el *leitmotiv* del viaje en el *Quijote* y con el valor simbólico de las ventas como altos en el camino y lugares de encuentro con otros personajes. Por otro lado, el aspecto físico de Tranquillo Tobar tampoco se corresponde con el de Sancho Panza. El primero es un joven inmigrante peruano, mientras que el segundo es un labrador algo mayor, rústico y poco cultivado de finales del XVI ("un pobre villano"[5] [I, 7: 72]). Ambos cumplirán, no obstante, la función contrapuntística y complementaria de sus amos. Finalmente, podemos observar que el coche de Mike, su Ford Mustang, tampoco es, en efecto, un caballo como Rocinante. Sin embargo, sí coincide la intención desmitificadora que se asocia a ambos elementos.

En cuanto al carácter de los personajes, vemos en la personalidad de Mike una clara evolución a partir de la lectura del *Quijote*. El protagonista del cómic, que desde el principio de la historia se muestra poco conforme con su sociedad, descubre en la obra cervantina un modelo de héroe caballeresco que, como él, desea cambiar todo aquello que le parece injusto. Este carácter luchador, dispuesto a enfrentarse temerariamente a cualquier enemigo, se contrasta con el comportamiento calmado y razonable de Tranquillo. Puede apreciarse, de hecho, una significativa apelación al carácter sosegado de

4 Aquí nos referimos a la imagen, especialmente a la indumentaria, del *cowboy* típico de mediados del siglo XIX en Estados Unidos.

5 Francisco Rico nos aclara la expresión: "rústico, de baja condición social" (I, 7: 72).

Sancho en el nombre del joven peruano: el adjetivo inglés *tranquil*, de donde deriva, significa "calmado", "sereno".

Al igual que los protagonistas de Cervantes, que encarnan una extraña pareja complementaria, como hemos señalado al principio de este apartado, Mike y Tranquillo también representan esta *coincidentia oppositorium*. Mientras que la aspiración vital de Mike es enfrentarse a los problemas de su sociedad y vivir aventuras, Tranquillo solo desea vivir de forma pacífica, poder trabajar y aspirar a una vida mejor en Estados Unidos. De hecho, reacciona de la siguiente manera al hojear las páginas del *Quijote*[6]: "Lo que me inquieta es más bien el entusiasmo de don Quijote por correr a ciegas hacia los problemas" (Lax, 2017: 131).

A pesar de que Tranquillo no comparta ese deseo de aventura, acompaña a Mike en su camino; en realidad, es la única persona que le ofrece sustento y compañía en su llegada al país. Pero, tal como le ocurre a Sancho con don Quijote, el peruano se ve inevitablemente involucrado en algunas de las desventuras del protagonista de Lax. Por ejemplo, cuando Mike corre con su Rocinante hacia lo que él cree que son gigantes (y que, en realidad, son monolitos), Tranquillo se muestra realmente preocupado y decide conducir él mismo el Ford Mustang; este hecho refuerza la idea de la complementariedad de contrarios mencionada anteriormente. Sin embargo, la locura de Mike no hace más que aumentar a lo largo de la obra y acaba por volverse insoportable para Tranquillo. Por ello, el joven peruano decide abandonarlo, ya que no puede tolerar más el comportamiento desequilibrado de su compañero *cowboy*: "¡Estoy hasta el gorro de todas estas gilipolleces! ¡Rocinante! ¡Sancho! ¡Se acabó! ¡Nada de Sancho! ¡Soy Tranquillo y me bajo ahora mismo!" (Lax, 2017: 162).

En definitiva, podemos observar que el mitema de la apariencia emerge, en un primer lugar, en el nombre que Mike otorga a Tranquillo, a su coche y a él mismo. El grado de flexibilidad se encuentra en su apariencia y comportamiento: Mike, Tranquillo y el Ford Mustang presentan un aspecto físico diferente, en efecto, al de los tres personajes de Cervantes, aunque sus funciones siguen siendo desmitificadoras. En cuanto a sus personalidades, sí es

6 La edición que Mike le muestra a Tranquillo está ilustrada por Gustave Doré. Lax menciona al autor francés y al propio Cervantes al final de su obra para agradecerles la inspiración: "Gracias a Miguel de Cervantes, bromista precursor de la libertad de expresión, y a Gustave Doré, virtuoso de la imagen satírica y pionero del cómic" (Lax: 2017).

posible subrayar la confrontación de contrarios y, al mismo tiempo, la complementariedad (existente entre el realismo de Sancho Panza y la idealización de don Quijote) en Mike y Tranquillo. Por último, podemos destacar que este mitema irradia en la obra para cumplir con la asociación entre sus tres personajes principales y los de la novela de Cervantes. Mike bautiza a Tranquillo como Sancho Panza y a su coche, como Rocinante, con el fin de crear a su alrededor su propio mundo quijotesco y actuar conforme a él.

2.b. Deseo triangular

La dinámica del deseo triangular defendida por el crítico francés René Girard en su ensayo *Mensonge romantique et Vérité romanesque* (1961)[7], trasladada al funcionamiento en una obra, hace referencia a la mecánica del surgimiento del deseo de un objeto por parte de un sujeto siguiendo el ejemplo o el ideal transmitido por un elemento mediador: así sucede con don Quijote (sujeto) que persigue un objeto (la plenitud vital) en imitación de un mediador (Amadís de Gaula) que encarna un código ético y un ideal de vida. En efecto, don Quijote encuentra en las hazañas de Amadís, entre otras lecturas, un héroe valeroso al que admirar e imitar. El hidalgo copia su conducta, creyendo que, convirtiéndose en un caballero andante honrado y justiciero como su modelo a seguir, conseguirá su objeto deseado. Este mitema emerge explícitamente en la obra de Lax, ya que Mike Cervantes (sujeto) descubre en don Quijote (mediador) un referente para lograr el objeto deseado (la justicia social). La reformulación del deseo triangular en *Un tal Cervantes* representa la flexibilidad del mitema en la obra. Del mismo modo que don Quijote alude a Amadís de Gaula numerosas veces para justificar sus actos, Mike hace lo propio con el protagonista cervantino, con quien simula una fusión de personalidades:

7 En esta obra, Girard explica el deseo triangular como un proceso mimético de la psique en el que un sujeto determinado desea "ser" otro con el fin de conseguir aquello que anhela y que encuentra, en efecto, en dicho modelo a seguir. A través de la imitación extrema de su referente, dicha persona (o personaje de una obra) trata de alcanzar esa culminación total. El crítico francés pone de ejemplo a personajes como don Quijote o madame Bovary, a quienes su estado de insatisfacción con la realidad los conduce a este deseo metafísico de convertirse en otros a lo largo de sus obras.

(**Imagen 2.** Lax, 2017: 192)

Este mitema irradia en la obra para señalar el modelo a imitar que toma Mike Cervantes a lo largo de la historia para conseguir su objetivo vital. Como don Quijote, quien idealiza a Amadís de Gaula e intenta seguir su ejemplo, el protagonista de *Un tal Cervantes* ve en la obra cervantina la afirmación de su latente honra. En medio de un mundo que él mismo no comprende y desea cambiar, Mike toma al famoso hidalgo como un referente: su figura e ideal encarnan la invitación perfecta para desarrollar su vocación de justicia.

2.c. Desdoblamiento

En la obra de Miguel de Cervantes podemos apreciar una dicotomía entre el "Yo real" y el "Yo deseado" en el personaje de don Quijote: a través de su actitud y sus hazañas, aspira a convertirse en su "Yo deseado", en un caballero andante, anacrónico, que consigue la aspiración vital luchando y sembrando justicia en su camino. Se encuentra continuamente batallando con su "Yo real", es decir, un anciano hidalgo cuya realidad dista completamente de aquella que él admira en sus libros de caballería, protagonizados por héroes anacrónicos. En estos textos, don Quijote encuentra los referentes valerosos y las nobles acciones que, en su opinión, son necesarios en su sociedad. Como hemos visto anteriormente, el hidalgo toma a Amadís de Gaula como su principal modelo a seguir para batallar contra las injusticias de su realidad e intentar alcanzar, de este modo, su "Yo deseado", alejándose así de su "Yo real": "Puesto nombre, y tan a su gusto, a su caballo, quiso ponérsele a sí mismo, y en este pensamiento duró otros ocho días, y al cabo se vino a llamar 'don Quijote' [...] Pero acordándose que el valeroso Amadís no sólo se había contentado con llamarse 'Amadís' a secas, sino que añadió el nombre de su reino y patria, por hacerla famosa, y se llamó 'Amadís de Gaula', así quiso, como buen caballero, añadir al suyo el nombre de la suya y llamarse 'don Quijote de la Mancha'" (I, 1: 32).

Este desdoblamiento también puede verse explícitamente en la figura de Mike Cervantes, quien renuncia a su verdadera identidad, a su "Yo real" (un exmilitar del ejército estadounidense) para acercarse a su "Yo deseado", un *cowboy* que aspira a la justicia social. Después de volver de la guerra de Afganistán en 2008, Mike se muestra desencantado con la realidad que le rodea: no comparte los ideales de una sociedad en la que, en su opinión, gobierna la desigualdad[8]. El consumismo exacerbado, el control de Internet sobre la población, el capitalismo salvaje que deja desamparados a los más débiles y, por último, la gran represión policial hacia aquellos que no se adaptan a la sociedad estadounidense son sus principales enemigos. El protagonista de Lax, creyendo ciegamente que una realidad mejor es posible, se opone férreamente al sistema y ejerce la justicia por su mano. Para ello, Mike comienza un proceso de desdoblamiento, tal como lo hace don Quijote, en el que puede entreverse el síndrome del *enfant trouvé*[9]: el protagonista se encuentra desenraizado de su patria, no está conforme con ella y se convierte así en un *homo duplex* para cambiarla. De esta forma, el protagonista de *Un tal Cervantes* deja atrás su vida anterior para alcanzar esa identidad deseada que él mismo crea a lo largo de la obra, como podemos ver en esta viñeta en la que se muestra ante el mundo como un "tipo duro", un *cowboy* justiciero, y no como un exsoldado estadounidense:

8 El deseo altruista por ayudar a los más necesitados está también presente en don Quijote. Un claro ejemplo de ello es el capítulo en el que socorre al joven Andrés, maltratado por su patrón (I, 4). Esto también lo comentaremos más adelante en el mitema del carácter luchador.

9 Este concepto fue desarrollado por Marthe Robert en su obra *Roman des origines et origines du roman* (1972). Según la crítica francesa, ciertos héroes románticos, como don Quijote o Robinson Crusoe, desean despojarse de sus orígenes (ya que no los conciben como propios o correctos) para buscar otros que se ajusten a su auténtica esencia. Esto se relaciona directamente con la renuncia de don Quijote y de Mike Cervantes a su "Yo real" con el fin de alcanzar su "Yo deseado".

(**Imagen 3.** Lax, 2017: 117)

El grado de flexibilidad de este mitema se encuentra en la identidad que Mike decide adoptar: no se transforma en un caballero andante como don Quijote, sino en un *cowboy* típico de los Estados Unidos del siglo XIX. Se trata de una figura clásica del viejo oeste popularizada por las películas *western* a lo largo del siglo XX, en las que la mayoría de los protagonistas son rudos y valerosos vaqueros que combaten el mal en sus territorios y siembran la paz. Aunque hay varios tipos de subgéneros, vemos en la fórmula genérica del *western* la intención de retratar las épocas en las que la sociedad de Estados Unidos estaba aún construyéndose. Según varios estudiosos de los géneros de la gran pantalla como Rick Altman (2000), el *western* forma parte intrínseca de la colectividad del país. En muchas películas, el *cowboy* es un tipo que, además de luchar por la justicia, desea descubrir nuevos territorios y asentarse en ellos. Además, los códigos de honor son para este personaje su base moral, y deben respetarlos incluso por encima de la ley.

Así, Mike Cervantes, mostrándose en completo desacuerdo con el rumbo que ha tomado su país, retoma un clásico personaje del pasado estadounidense que simboliza los cimientos de una nación aún por erigir. Al actuar como tal, el protagonista desea cambiar la sociedad desde sus orígenes. El *cowboy* de Lax ve en esta figura, ya plenamente simbólica en su sociedad, una actitud frente a la vida en la que puede proyectar y desarrollar su auténtico "Yo deseado". Don Quijote hace lo mismo al adoptar la figura del caballero andante; se trata de un personaje medieval que, al igual que un clásico *cowboy* en los Estados Unidos del siglo XXI, resulta totalmente anacrónico en su época.

Esta lucha entre "lo que uno es" y "lo que desea ser" forma parte del hilo conductor de las historias de don Quijote y de Mike Cervantes. Este mitema irradia en la obra de Lax para señalar el fenómeno quijotesco experimentado por su protagonista: a partir de la lectura de su homónimo español, Mike abandona progresivamente su realidad para sumergirse en la lucha por su vocación, haciéndolo a través de la figura de un personaje cuyos valores representan, para él, la esperanza de la construcción de una sociedad mejor.

2.d. Individualismo

El inicio de la transformación de Alonso Quijano en don Quijote es narrado de la siguiente forma: "[Don Quijote] vino a dar en el más extraño pensamiento que jamás dio loco en el mundo, y fue que le pareció convenible y necesario, así para el aumento de su honra como para el servicio de su república, hacerse caballero andante y irse por todo el mundo con sus armas y caballo a buscar las aventuras y a ejercitarse en todo aquello que él había leído [...]" (I, 1: 30-31). Como anteriormente vimos en el mitema del desdoblamiento, el hidalgo de Cervantes se deshace, poco a poco, de su "Yo real" (Alonso Quijano) para adentrarse en la búsqueda de su "Yo ideal" (don Quijote). Esto conduce al protagonista de Cervantes hacia la individuación[10], que lo separaría del resto de su sociedad. Acompañado por su rocín y Sancho Panza, el famoso hidalgo renuncia a su vida anterior, dejando atrás a cuantos formaban parte de ella; estos no veían con buenos ojos su aspiración de convertirse en caballero andante, tal y como sucede con su sobrina: "¿No será mejor estarse pacífico en su casa, y no irse por el mundo a buscar pan de trastrigo, sin considerar que muchos van por lana y vuelven trasquilados?" (I, 7: 71). Don Quijote no atiende a los consejos de sus allegados, y los continuos enfrentamientos en su camino con otros personajes tampoco le frenan en su búsqueda del ideal; se convierte, progresivamente, en un caballero andante solitario, enfrentado al resto, dispuesto a cambiar el mundo por su propia cuenta.

Este mitema se actualiza en el personaje de Mike, quien se convierte en un héroe individualista en medio de una sociedad en crisis. Efectivamente, tanto don Quijote como el *cowboy* encarnan la eterna lucha del *unus* vs. *mundum*: a

10 Según las teorías de Carl Gustav Jung (1980), se trata de un proceso en el que el individuo trata de buscar su propia identidad de forma independiente.

pesar de que nadie a su alrededor los entiende realmente, ellos crean y persiguen su propia vocación, convirtiéndose ambos en *self-made men*[11] . Este proceso de individuación se desarrolla en los dos protagonistas a partir de sus lecturas. Mike Cervantes comienza a separarse, pues, de su vida y de las personas que forman parte de ella para perseguir su ideal. Vemos en su personaje una batalla constante entre su ambición por combatir las injusticias y la cruda realidad que experimenta a lo largo de la historia. Su individualismo se acentúa a medida que su locura avanza: la única persona que lo acompañaba en sus aventuras, Tranquillo, termina por abandonarlo. A partir de ese momento, Mike prosigue su lucha de forma solitaria.

Así pues, *Un tal Cervantes*, al igual que el *Quijote*, puede ser considerada una especie de *Bildungsroman* transformada en cómic: el carácter individualista de Mike evoluciona conforme él va persiguiendo su "Yo deseado". El grado de flexibilidad de este mitema se encuentra principalmente en los discursos pronunciados por el protagonista, los cuales distan de los defendidos por don Quijote[12]. Mike Cervantes intenta luchar contra los problemas que él encuentra en la sociedad estadounidense del siglo XXI, como el capitalismo salvaje, el racismo o la intromisión de la religión en la vida de los ciudadanos. Este mitema irradia en la obra para mostrarnos un héroe solitario cuyos valores utópicos chocan directamente contra el mundo que le rodea. De este modo, Lax subraya el carácter individualista de Mike para preservar, en efecto, su esencia quijotesca: como el célebre hidalgo, el *cowboy* encarna un arquetipo incomprendido por todos, víctima de una realidad injusta que él no comprende y de la que se distancia para combatirla.

---

11 Este concepto es estudiado por Ian Watt en su obra *Myths of Modern Individualism: Faust, Don Quixote, Don Juan, Robinson Crusoe* (1997). Estos cuatro personajes, al encarnar valores diferentes de los de su sociedad moderna, se distancian progresivamente de ella y se forman a sí mismos. Sus logros y derrotas son el resultado de sus propias acciones individuales, fruto de su personalidad y carácter únicos, y no de condiciones meramente externas. En este caso, don Quijote y Mike son personajes que, al no encontrar su sitio en la sociedad, hacen lo propio a pesar de la oposición que encuentran por parte de su entorno y costumbres.

12 El hidalgo de Cervantes defiende aquellos valores propios de los caballeros andantes medievales. La justicia, la defensa de la honra, el deseo altruista de ayudar al otro y la adoración a la dama son valores que él abraza a lo largo de la obra. Todo ello choca con los problemas de su sociedad, como la censura de la Inquisición, el excesivo poder de la Iglesia sobre la ciudadanía y el sometimiento de los más vulnerables por parte de los órganos dominantes, entre otros.

(**Imagen 4.** Lax, 2017: 169)

2.e. Desengaño

Tras haber sufrido numerosas derrotas a lo largo de sus aventuras, don Quijote muere rodeado de sus seres queridos, quienes lamentan su pérdida. Sus ideales justicieros se ven continuamente destruidos por diferentes varapalos, lo que le conduce, poco a poco, al desengaño último de la identidad de caballero andante y al renacimiento del ideal manifestado en su conversión en Alonso Quijano "el Bueno". Al fallecer, vemos en don Quijote una metamorfosis en la que el caballero muere, pero no pierde la honra: "Yo fui loco y ya soy cuerdo; fui don Quijote de la Mancha y soy ahora, como he dicho, Alonso Quijano el Bueno" (II, 74: 1103). La emergencia de este mitema puede apreciarse en Mike Cervantes a lo largo de la obra: como don Quijote, su ideal noble y justiciero choca siempre con la realidad y, progresivamente, va perdiéndolo todo (su Rocinante, su Sancho Panza, sus libros) hasta que se encuentra solo, atormentado y sin rumbo:

(**Imagen 5.** Lax, 2017: 178)

Así como Lax nos muestra gráficamente a su protagonista derrotado, como en esta viñeta, Cervantes también nos ofrece descripciones de un don Quijote vencido tras sufrir numerosos molimientos y desengaños en su camino: "Admirole ver lanza arrimada al árbol, escudo en el suelo, y a don Quijote armado y pensativo, con la más triste y melancólica figura que pudiera formar la misma tristeza" (II, 60: 1008).

El grado de flexibilidad de este mitema se encuentra sobre todo al final de la obra: Mike Cervantes no muere, sino que acaba encarcelado a manos de la policía. Sin embargo, puede apreciarse en él un cierto atisbo de complacencia por ello: "Octubre de 2014. Mike acumula un poco más de mil días entre rejas. Esta cuarta detención lo coloca al nivel de Miguel… y siente una especie de satisfacción por ello" (Lax, 2017: 203). Como podemos observar, aquí encontramos una fusión entre personaje y autor: Mike, al igual que Miguel de Cervantes, acaba entre rejas. Y es precisamente en la cárcel donde nace la idea de *Don Quijote de la Mancha*: "Y, así, ¿qué podía engendrar el estéril y mal cultivado ingenio mío, sino la historia de un hijo seco, avellanado, antojadizo y lleno de pensamientos varios y nunca imaginados de otro alguno, bien como quien se engendró en una cárcel, donde toda incomodidad tiene su asiento y donde todo triste ruido hace su habitación?" (I, Prólogo: 7).

Mike Cervantes, como don Quijote (que muere con una sonrisa y manteniendo su honra), tampoco pierde su propio honor: acepta su destino, defendiendo sus valores hasta el final. El desengaño irradia en la obra de Lax para mostrarnos, como hace Miguel de Cervantes, el *resultado* de enfrentarse a la sociedad con espíritu quijotesco. El héroe es, en efecto, un personaje incomprendido por su entorno, el objeto de una cultura cruel que no acepta los valores de justicia que estos dos personajes encarnan.

2.f. Locura

A raíz de la lectura de libros de caballerías, don Quijote entra en un proceso de imitación de los personajes a los que admira para convertirse en un caballero andante que, además, engendra la figura de Dulcinea, la dama a la que adorar y dedicar sus *logros*. Sin embargo, su locura es ambivalente, ya que don Quijote muestra numerosos episodios de lucidez a lo largo de la obra. Es, pues, un arquetipo de loco-cuerdo que, en lo que no respecta a las caballerías, proporciona sabios consejos y muestra lúcidas reflexiones. Así lo demuestra en ciertos capítulos (I, 12), en los que don Quijote corrige el habla de los cabreros y demuestra nociones de astrología; del mismo modo, su sabiduría sale a relucir en su visita a don Diego (II, 18), tras la que este sentencia: "… él es un entreverado loco, lleno de lúcidos intervalos" (II, 18: 684).

Este mitema emerge en la obra de Lax en Mike Cervantes, quien empieza a imitar el ideal de don Quijote a raíz de la lectura de su homónimo español. Su locura crece paulatinamente en la obra, comenzando por el nombre que se da a sí mismo, a Tranquillo y a su propio coche. El episodio más representativo de la presencia de este mitema es la secuencia en la que Mike Cervantes, bajo los efectos del alcohol, confunde unos monolitos con unos talibanes y se lanza hacia ellos para atacarlos:

...RDO... ROCINANTE... MI ROCINANTE, TENEMOS TRABAJO... VAMOS A CAR... CAR-GAR CONTRA ESTA INMUNDICIA.

¡ROCINANTE!

(**Imágenes 6, 7 y 8.** Lax, 2017: 140-142)

Confundir ciertos objetos con gigantes es muy quijotesco; de hecho, podemos ver en la última viñeta el grabado de Gustave Doré relativo al capítulo de la aventura de los molinos (I, 8), en el que Sancho Panza advierte a don Quijote, al igual que Tranquillo a Mike, de la locura que va a cometer: "Y, diciendo esto, dio de espuelas a su caballo Rocinante, sin atender a las voces que su escudero Sancho le daba, advirtiéndole que sin duda alguna eran molinos de viento, y no gigantes, aquellos que iba a cometer. Pero él iba tan puesto en que eran gigantes, que ni oía las voces de su escudero Sancho, ni echaba de ver, aunque estaba ya bien cerca, lo que eran, antes iba diciendo en voces altas: 'Non fuyades, cobardes y viles criaturas, que un solo caballero es el que os acomete'" (I, 8: 75).

Además de este fragmento, en la obra cervantina también vemos otras partes en las que don Quijote confunde ciertos elementos con enemigos y se dispone a luchar contra ellos. Por ejemplo, en la aventura de los rebaños (I, 8), don Quijote corre hacia un rebaño de ovejas creyendo que son caballeros y gigantes, sin atender a las advertencias de Sancho Panza: "Y, diciendo esto, puso las espuelas a Rocinante y, puesta la lanza en el ristre, bajó de la costezuela como un rayo. Diole voces Sancho, diciéndole: 'Vuélvase vuestra merced, señor don Quijote, que voto a Dios que son carneros y ovejas las que va a embestir. Vuélvase, ¡desdichado del padre que me engendró! ¿Qué locura es ésta?'" (I, 18: 161).

A partir de la secuencia de los talibanes gigantes, la locura de Mike Cervantes se acentúa considerablemente. Sin embargo, al igual que don Quijote, el protagonista de Lax también muestra numerosos episodios de lucidez, encarnando del mismo modo la figura del loco-cuerdo. A lo largo de la historia, Mike ofrece reflexiones muy sensatas a propósito de temas como la literatura, el control de Internet sobre la sociedad[13], la justicia o el papel de la Iglesia, como podemos ver en la Imagen 9:

(**Imagen 9.** Lax, 2017: 191)

13 Mike protesta en varias ocasiones sobre el poder de Internet. De hecho, cuando le encarga a un amigo suyo la biografía de Miguel de Cervantes, se queja de habérselo comprado por Amazon. Para el protagonista de Lax, Internet es el responsable de la decadencia de librerías y bibliotecas en el siglo XXI.

Esta reflexión ilustra la dicotomía entre locura y cordura en Mike Cervantes: después de dar sólidos argumentos, busca al televangelista para propinarle una paliza, acusándole de ser "la réplica elevada a mil de los curas de la Inquisición española" (Lax: 2017, 193). Mike relaciona la opresión ejercida por la Inquisición española de la época de Cervantes con el papel de la Iglesia en su sociedad; a su parecer, no representa más que otro órgano de control sobre la población, como también lo es la policía. El protagonista de Lax concibe el *Quijote* como una obra "de rabiosa actualidad" (2017, 70), señalando en alguna ocasión que "no faltan motivos para que surjan vocaciones quijotescas" (2017, 89). Por esta razón, a veces hace referencias a la época cervantina en la obra.

La flexibilidad de este mitema se encuentra principalmente en la introducción de nuevos episodios de locura, como ya hemos podido apreciar más arriba. En cuanto a la secuencia de los monolitos, se trata de una alusión explícita a la aventura de los molinos de viento (I, 8) en el que el célebre hidalgo confunde molinos con gigantes; sin embargo, la escena de Mike se desarrolla de manera diferente, tal y como se ve en las imágenes de dicho episodio. Además, también debemos destacar la ausencia de una Dulcinea: Mike no parece interesado en imaginar una dama a la que adorar en ningún momento de la obra, como hace don Quijote. La presencia de esta es una parte fundamental del caballero medieval; sin embargo, no lo es para los *cowboys*, quienes solo necesitan su típica indumentaria y un caballo para desarrollar su función.

Finalmente, el mitema de la locura irradia en *Un tal Cervantes* para destacar, al igual que vemos en la obra cervantina, los *problemas* y *peligros* que puede acarrear la lectura (aquello que podemos llamar *locura libresca*): a raíz de leer la historia de don Quijote, Mike comienza un proceso de transformación en el que la persecución de sus ideales desemboca en enloquecimiento a ojos de sus contemporáneos. Sin embargo, tras presentarnos sus ideales nobles y justificar sus acciones, el autor pretende despertar la empatía hacia el protagonista: se trataría de una víctima de una sociedad que, por su naturaleza injusta y su rechazo a quien actúa conforme a códigos de honor, se ve abocado a la locura, convirtiéndose así en una especie de mártir de las buenas causas a ojos del lector, como también puede serlo don Quijote en su obra.

2.g. Carácter luchador

Este mitema, inherente a la figura de don Quijote, emerge en el protagonista de *Un tal Cervantes*: al igual que el escritor español, Lax nos presenta en su obra una sociedad carente de valores, necesitada de un héroe dispuesto a luchar contra las injusticias que le rodean, aunque para ello tenga que enfrentarse a la que él considera una nueva Edad de Hierro. Así lo muestra Mike Cervantes, quien es fichado y perseguido por el FBI a lo largo de toda la historia y, sin embargo, se muestra impasible ante las posibles represalias. Don Quijote tampoco parece temer a la Santa Hermandad de su época, ya que piensa que, como caballero, no puede ser apresado. Así le responde a Sancho Panza tras advertirle este de que "la Santa Hermandad tiene que ver con los que pelean en el campo" (I, 10: 91): "Pues no tengas pena, amigo [...], que yo te sacaré de las manos de los caldeos, cuanto más de las de la Hermandad" (I, 10: 91).

Como previamente hemos comentado, el respeto a la honra es indisociable del *cowboy*, aunque ello implique saltarse las leyes y enfrentarse a la policía. El protagonista de Lax está dispuesto, pues, a sufrir la penalización del FBI, ya que considera que eso es lo que debe hacer para cumplir con los códigos de honestidad y justicia. Como le ocurre muchas veces al caballero andante, los esfuerzos de Mike por luchar contra las inmoralidades resultan improductivos: no obtiene lo que desea y, además, termina en prisión por sus actos.

La flexibilidad de este mitema se encuentra en las acciones de Mike Cervantes: como "héroe" contemporáneo de Estados Unidos, se dedica a luchar contra injusticias que, como es evidente, distan de aquellas contra las que combate don Quijote a finales del siglo XVI. Aun así, Lax nos muestra ciertas analogías entre los problemas sociales que encuentran ambos protagonistas en su camino, a pesar de la diferencia geográfica y temporal existente entre sus dos realidades.

El primer acto justiciero de Mike ocurre cuando su mejor amigo le cuenta que la banca le ha arruinado; en un ataque vengativo, decide romper uno de los cajeros automáticos del banco, lo que provoca que el FBI lo fiche y comience a perseguirle. Como hemos señalado antes, el capitalismo es uno de los enemigos de Mike, pues ve en él un mecanismo de control y anulación del individuo. Después de este episodio, cuando Mike empieza su proceso de quijotización, *rescata* a Tranquillo Tobar (puesto que cree que está en peligro). Más tarde, se encuentra en su camino a un grupo de estafadores que se dedica a subastar las casas de aquellos que ya no pueden pagarlas, y decide atacarles rompiéndoles todo lo que habían montado para la venta. La justicia social y el ímpetu por ayudar a los más desfavorecidos lo encontramos también en varios capítulos del *Quijote*, como en el de la aventura de los galeotes (I, 22). El hidalgo de Cervantes, conmocionado por la injusticia de la situación, pronuncia estas palabras ante los prisioneros y sus carceleros antes de enfrentarse a estos últimos:

> Todo lo cual se me representa a mí ahora en la memoria, de manera que me está diciendo, persuadiendo y aun forzando que muestre con vosotros el efecto para que el cielo me arrojó al mundo y me hizo profesor en él la orden de caballería que profeso, y el voto que en ella hice de favorecer a los menesterosos y opresos de los mayores. [...] quiero rogar a estos señores guardianes y comisarios sean servidos de desataros y dejaros ir en paz, que no faltarán

> otros que sirvan al rey en mejores ocasiones, porque me parece duro caso hacer esclavos a los que Dios y naturaleza hizo libres (I, 22: 207).

Más adelante, Mike se enfrenta a unos patrones que maltratan a su trabajador; le humillan por ser musulmán, acusándole de no integrarse en su sociedad[14]:

(Imagen 10. Lax, 2017: 175)

En primer lugar, hay que subrayar cómo Mike se presenta ante ellos y cómo reaccionan. Toman a Mike por loco, mostrando también su desconocimiento de la obra cervantina. Esto nos recuerda a las crueles burlas que muchos de los personajes del *Quijote* dirigen al célebre hidalgo cuando se presenta como caballero y seguidor de Amadís de Gaula. Don Quijote, al igual que Mike en esta secuencia, cree firmemente en la identidad que adopta, mostrándose ante el mundo seguro de que este es su "Yo verdadero": "–Yo sé quién soy –respondió don Quijote–, y sé que puedo ser, no sólo los que he dicho, sino todos los Doce Pares de Francia, y aun todos los nueve de la Fama, pues a todas las hazañas que ellos todos juntos y cada uno por sí hicieron se aventajarán las mías" (I, 5: 58).

El carácter luchador de Mike aparece nuevamente en el episodio del escrutinio de los libros. Después de salir de prisión por primera vez, Mike comienza a trabajar en una biblioteca. Tras haber pasado un tiempo allí, su jefe le ordena deshacerse de ciertos ejemplares tildados de "impropios". Irritado e indignado por la censura, Mike, acompañado por Tranquillo, entierra las obras en un lugar alejado para que

14 Como vemos, el racismo es uno de los mayores enemigos de Mike. Primero, "rescata" a Tranquillo de ser amedrentado por su situación irregular en el país; ahora, carga contra estos sujetos que se burlan de otro por su procedencia y religión.

nadie pueda encontrarlas y destruirlas: "Aquí vamos a enterrar los libros. No se los he arrebatado a la censura para que caigan en manos de la poli si nos arrestan" (Lax, 2017: 127).

En el *Quijote* encontramos la denuncia a la censura de la época en el donoso escrutinio (I, 6). Creyendo que la locura del hidalgo cervantino procedía de los libros que leía, el cura y el barbero acompañan al ama y a la sobrina de don Quijote en la selección y posterior quema de estos *peligrosos* ejemplares. A través de dicho escrutinio y de las conversaciones que mantienen estos cuatro personajes, Cervantes nos ofrece una crítica a la falta de libertad de expresión de su época: los diferentes procesos de censura controlaban lo que podía ser leído o no por la población. Al mismo tiempo, el episodio supone una alegoría de la crítica literaria por parte del autor de forma velada y metaficcional. Así lo expresa Manuel Peña: "En el escrutinio coinciden –según Ruiz Pérez– la representación del brutal ejercicio de la censura inquisitorial –simbolizada en el comportamiento incendiario e iletrado del ama y la sobrina– y la finura del juicio crítico del cura. Así, la invención cervantina se situaría a mitad de camino de los dos modelos que van a formalizar el ejercicio crítico en prácticas estables y consolidadas: la institucionalizada censura previa y el preceptivo vejamen de las selectas academias" (2005: 941).

Una vez realizada la selección y la quema de libros, la sala es sellada para que don Quijote no pueda acceder a ella, haciéndole creer que todo ha sido obra de un encantador. Lejos de curarse de su *locura libresca*, el famoso hidalgo prosigue sus hazañas y aventuras, convirtiéndose en una auténtica biblioteca andante. Como en el precedente cervantino, en *Un tal Cervantes* la secuencia del bibliocausto representa también una crítica a la censura ejercida aún en el siglo XXI. Al prohibir ciertas obras, las autoridades controlan la información a la que puede acceder la ciudadanía y, al mismo tiempo, limitar su libertad de expresión. Esto es inconcebible para Mike, quien salva las obras estipuladas como "indecentes" de la destrucción de la censura. El espíritu luchador de Mike es una de sus características más destacadas, como ocurre con don Quijote, representando así uno de los mitemas principales que articulan la obra de Lax. Así pues, este mitema irradia en la obra para mostrarnos que la esencia combativa del hidalgo de Cervantes nace igualmente en Mike, quien afronta las injusticias de su sociedad a pesar de todas las dificultades encontradas en su camino.

2.h. Polifonía

El *Quijote* es una novela eminentemente polifónica; por un lado, encontramos el juego de narradores y, por otro, el contrapunto de personajes (Bautista Naranjo, 2015: 147-159). En la novela cervantina, observamos una variedad de voces que relatan la historia. La principal es la de Cide Hamete Benengeli, un historiador musulmán creado por Cervantes, cuyo texto "original" estaría en árabe; la novela cervantina nos sería presentada, pues, a través de la traslación propuesta por un traductor morisco. Esta novedosa dinámica de narradores en la que, además, está presente implícitamente la voz de Cervantes, se combina con la narración de los personajes, quienes nos relatan su propia historia (lo que nos ayuda a conocerlos directamente y a entender su carácter y sus acciones).

Esta multiplicidad de enunciadores del relato dota a la obra cervantina de un mayor perspectivismo. En *Un tal Cervantes*, encontramos un narrador externo que hila la historia: nos introduce las vidas paralelas de Mike y Miguel de Cervantes, contextualiza los hechos y nos presenta a los personajes. El grado de flexibilidad de este mitema se encuentra principalmente en el carácter revelador de las viñetas. Al tratarse de una novela gráfica, el lector conoce a los personajes de manera directa: podemos apreciar sus gestos visualmente, los lugares donde se desenvuelven, cómo se comportan y de qué forma interactúan entre sí. Así pues, el narrador pasa a un segundo plano, ya que son los personajes los responsables del progreso de la historia: el hilo argumental de la obra se desarrolla fundamentalmente a través de sus diálogos, interacciones y actitudes (individuales o recíprocas).

En segundo lugar, el contrapunto de personajes está íntimamente relacionado con la confrontación de contrarios entre don Quijote y Sancho Panza. En efecto, mientras que el célebre hidalgo encarna, entre otros, el ideal noble, la sabiduría libresca, el espíritu guerrero y, además, lleva a cabo acciones desafortunadas, su fiel escudero encarna lo contrario: el ideal pragmático, la sabiduría popular, el espíritu pacífico y la inclinación por las acciones grotescas. Este contrapunto dialógico emerge también en *Un tal Cervantes*, pero con un cierto grado de flexibilidad. Mike y Tranquillo, como el célebre hidalgo y su escudero, representan un juego dialéctico de contrarios en la obra (al igual que la *coincidentia oppositorium* de la que nos ocupamos anteriormente). El protagonista de Lax personifica el ideal quijotesco, la honra (propia de los *cowboys*), el carácter luchador y la persecución de la justicia social; su acompañante peruano, el pacifismo, el pragmatismo y el deseo de adaptación a la cultura mayoritaria. Podemos destacar esto último como uno de los puntos clave en la diferenciación entre ellos, ya que, sintiéndose ambos extranjeros en Estados Unidos, cada uno lo enfrenta de manera distinta según sus propios valores. Mientras que Mike (natural del país) no está conforme con la sociedad que le rodea e intenta cambiarla, Tranquillo (inmigrante que llega a un nuevo territorio) trata de adaptarse lo más rápido posible a su nueva circunstancia, por mucho que esta diste de sus propias costumbres.

La voz de Tranquillo, además, no es la única enfrentada a la del *cowboy* a lo largo de la obra. Los personajes que rodean al protagonista de Lax simbolizan también ese rol contrario: sus amigos, su madre y la policía se sitúan junto a Tranquillo en la oposición polifónica a Mike, como también ocurre en el *Quijote* entre el hidalgo y sus conocidos. Podemos destacar, pues, que la irradiación de este mitema en *Un tal*

Cervantes subraya principalmente el carácter único de la voz de Mike frente a Tranquillo y el resto de los personajes de su alrededor.

3. La metaficción en *Un tal Cervantes*

La metaficción en la obra de Lax se refleja en dos aspectos. Por un lado, en el paralelismo que el autor establece entre la vida de Miguel de Cervantes y la de Mike y, por otro, en los episodios en los que el escritor español aparece interactuando con su homónimo. En primer lugar, analizaremos cuáles son estos paralelismos, de qué forma los introduce el autor y cuál es su papel en la historia. Después, veremos cómo el escritor de *Don Quijote de la Mancha* se ficcionaliza en la obra, en qué momentos lo hace y cuál es su objetivo.

3.a. Los paralelismos entre la vida de Miguel de Cervantes y Mike Cervantes

La primera analogía entre el escritor español y el protagonista de Lax resulta evidente, puesto que el nombre del *cowboy* es la traducción al inglés de Miguel de Cervantes. A partir de esta relación, el autor nos muestra, ya en las primeras páginas de su obra, el segundo paralelismo entre las dos personalidades. Se trata de uno de los acontecimientos más destacados en la vida real de Miguel de Cervantes y en la vida ficcional de Mike Cervantes: la batalla de Lepanto (1571) y la guerra de Afganistán (2008).

Mike, que declara que no participa en los combates por patriotismo, resulta herido y pierde una mano; esta misma desgracia la había vivido Miguel de Cervantes cinco siglos atrás luchando al lado de las tropas españolas. Después, Lax narra cómo Mike es capturado por los talibanes, quienes lo mantienen preso hasta su liberación por orden del gobierno estadounidense. Al igual que él, Miguel de Cervantes también fue apresado por una flotilla turca en septiembre de 1575[15]. El escritor español tuvo que esperar cinco años para volver a su país; cuando regresó, Lax nos describe que no recibió manutención o apoyo psicológico, por lo que Cervantes debió gestionar él solo todo el trauma derivado de las miserias que había vivido durante su cautiverio.

15 Lucía Megías (2016) detalla este episodio de la vida del escritor español. Durante esos cinco años de cautiverio, el creador del *Quijote* organizó un total de cuatro intentos de fuga hasta que finalmente fue rescatado en 1580. Este largo encarcelamiento, junto a otras tres veces en las que estuvo encarcelado en España al ser acusado de delitos en su trabajo como inspector de contribuciones, pudieron despertar en Cervantes una excepcional estima hacia la libertad. Así lo destaca Vargas Llosa al referirse a estos episodios: "[…] debían de haber aguzado en él, como en pocos, un apetito de libertad, y un horror a la falta de ella" (2004: 34).

Mike Cervantes, al regresar a Estados Unidos en 2009, recibe una prótesis para su mano de parte del gobierno; aparte de ello, no se le brinda ayuda o manutención de ningún tipo, y tiene que lidiar él solo, como Miguel de Cervantes, con las secuelas psicológicas de la guerra y con el trauma del encierro.

En las primeras páginas, la historia de Mike Cervantes es contextualizada a partir de su vivencia traumática –y de los sufrimientos derivados de la misma– en la guerra de Afganistán, un año antes del comienzo de su quijotización. Esta dramática experiencia despierta en Mike un profundo desapego de su sociedad, y le hace darse cuenta, aún más si cabe, de los problemas e injusticias que le rodean en su vuelta a Estados Unidos. Podríamos considerar, pues, su evolución quijotesca como una de las consecuencias de los traumas vividos por el protagonista, ya que es la obra cervantina la que transforma ese desencanto en un deseo indómito de acción por cambiar todo aquello que le parece mal en su sociedad.

Al introducirnos al mismo tiempo las casi idénticas experiencias de Mike y de Miguel de Cervantes, Lax crea la sensación de que se trata de dos historias paralelas vividas al mismo tiempo, a pesar del gran espacio temporal entre ambos. El autor pretende conectar sus vidas para así transmitirnos un determinado mensaje: aun habiendo pasado cinco siglos, las sociedades no han cambiado tanto. La guerra, la opresión y las injusticias de la España del siglo XVI se pueden encontrar en el siglo XXI en otro país; en este caso, Estados Unidos. Estos paralelismos lanzan el mismo mensaje que la emergencia del mito de don Quijote en la obra de Lax: los acontecimientos se actualizan, pero su esencia y consecuencias permanecen intactas.

3.b. Las apariciones de Miguel de Cervantes en la obra

Además de los paralelismos que el autor establece al principio de la obra entre Miguel de Cervantes y Mike Cervantes, Lax nos introduce hasta en tres ocasiones al escritor español en su obra. Se trata de un juego metaficcional en el que el autor del *Quijote* es presentado como un personaje que interactúa con Mike; de hecho, es el único que parece comprender la ambición quijotesca del protagonista[16]. El escritor español aparece en ciertos momentos clave de la historia para conversar con el *cowboy*, que parece invocarlo a través de la ensoñación.

La primera toma de contacto entre los dos personajes sucede después del primer encarcelamiento de Mike. Tras haber leído la biografía de Miguel de Cervantes, el escritor aparece en su sueño; ambos conversan brevemente sobre el motivo del

16 La conversación entre autor y personaje en una obra es algo plenamente posmoderno. Esto lo observamos también en obras como *Niebla*, de Miguel de Unamuno (1914) o en *City of Glass*, de Paul Auster (1985). Esta última supone para Bautista Naranjo (2014) un ejemplo paradigmático de reescritura quijotesca implícita.

encierro del protagonista. La atmósfera onírica que los envuelve recrea, en efecto, el grado de locura atribuido a Mike. Unas secuencias más tarde, después de huir de la censura de la biblioteca donde trabajaba, el *cowboy* le da su carné de bibliotecario a un indigente y escapa de la policía en su coche. Tras aparcar en una carretera desierta, se queda dormido; es ahí cuando Miguel de Cervantes aparece e inician una conversación:

(**Imagen 11.** Lax, 2017: 96)

Como podemos observar, Miguel de Cervantes es ficcionalizado con un aspecto y un color diferentes a los de Mike y el resto de los personajes de la historia. Lax representa al escritor español con un tono violeta, creando así un marcado contraste visual que destaca el anacronismo existente entre ambos. La conversación que mantienen comienza por una crítica hacia la censura; Miguel de Cervantes parece conocer lo que Mike acaba de vivir en la biblioteca, y afirma que es "el viento de la revuelta"[17] el que los conduce a los dos a intentar sembrar justicia y a rebelarse contra la represión. A pesar de que hablan de obras diferentes, puesto que vienen de contextos históricos completamente distintos, ambos concuerdan en que habría un órgano superior que controla la lectura de la ciudadanía, privándola así de su libertad de pensamiento. Desde la Iglesia católica en el siglo XVI hasta el gobierno estadounidense cinco siglos después: la historia, como afirma el escritor español, "tartamudea", es decir, se repite. Miguel de Cervantes es, hasta este episodio, el único personaje que parece compartir los pensamientos de Mike; la conversación que mantienen le sirve al protagonista de apoyo y de aprobación en sus acciones quijotescas, ya que hasta entonces nadie había empatizado con él. En esta secuencia, además, se pone de manifiesto la importancia de la literatura en la obra de Lax. Mike Cervantes, siguiendo el ejemplo de don Quijote, manifiesta una gran inclinación hacia la lectura; así pues, convierte la censura en uno de sus mayores enemigos.

La segunda aparición de Miguel de Cervantes ocurre cuando Tranquillo Tobar, que se disponía a viajar con Mike en un autobús hacia Las Vegas, abandona a Mike antes de emprender el viaje. El protagonista vuelve a quedarse dormido, y es aquí cuando el escritor español aparece de nuevo. En esta ocasión, Miguel de Cervantes aparece en un momento crítico para Mike: tras el abandono de Tranquillo, se había quedado totalmente solo en su mundo quijotesco. El escritor le reprocha al protagonista sus decisiones, pero le anima a seguir su camino: "Bajad en la próxima parada y continuad a pie. A pie es como un desfacedor de entuertos encuentra su razón de ser" (Lax, 2017: 165). En esta secuencia, la aparición de su homónimo español es para Mike una reafirmación de sus acciones, un mentor; a pesar de haberlo perdido todo, su esencia y valores comulgan con los de don Quijote, por lo que no debe rendirse:

17 Anglicismo: *wind of change*, expresión para designar aquellos eventos o señales que anticipan importantes cambios.

(**Imagen 12.** Lax, 2017: 165)

Tras ello, Cervantes le aconseja bajarse justo antes de su destino para seguir a pie. Mike hace caso a su ensoñación y acaba en Flagstaff[18], donde sigue su andadura solo.

---

18 El nombre de esta ciudad, situada en el estado de Arizona, guarda una evidente relación fonética con Falstaff, el célebre personaje de Shakespeare. El hecho de que Mike siga el consejo de Cervantes y acabe ahí sugiere una analogía entre el significado de este lugar en la obra y aquel que el cómico shakesperiano adquiere para diversos expertos en la producción del escritor inglés. Falstaff, *a priori*, puede ser concebido como un simple personaje burlesco; sin embargo, críticos como Arthur F. Kinney han destacado su humanidad y sentido común (2002: 105). De hecho, su figura ha sido objeto de numerosos análisis, que destacan en ella una compleja profundidad. Don Quijote y Mike Cervantes, al igual que Falstaff, pueden ser objeto del mismo fenómeno: en la superficie pueden parecernos personajes cómicos (el hidalgo cervantino y el *cowboy* de Lax no se integran en su sociedad, no temen al peligro, cometen actos disparatados), pero, en realidad, encarnan profundos valores, como los estudiados en esta investigación. En este punto de la historia, en el que Mike parece estar perdido, Cervantes aparece para enfocar a Mike en su ambición: lo sitúa así en una ciudad cuya simbología evoca la vuelta a los cimientos quijotescos.

En estas secuencias, Miguel de Cervantes aparece como un reflejo de la conciencia de Mike: en momentos críticos, el escritor español escucha al *cowboy*, le aconseja y le pone de nuevo en el camino del quijotismo. Así pues, podríamos afirmar que su papel fundamental es el de guiar al protagonista en su transformación quijotesca; se trata de un rol demiúrgico que mueve la inspiración y la fe del *cowboy* de Lax. A través de las conversaciones que mantienen, Cervantes reafirma la necesidad de las acciones de Mike, lo que acrecienta su ambición por continuar la lucha por la justicia social.

La última vez que Miguel de Cervantes aparece en la obra lo hace luchando al lado de Mike contra la policía durante la última ensoñación del protagonista. Esto sucede justo antes de su detención por el FBI, prácticamente al final de *Un tal Cervantes*:

(**Imagen 13.** Lax, 2017: 201)

En esta secuencia, los personajes luchan en una batalla en la que se funde la policía de sus dos sociedades, produciéndose así una ruptura total del margen espacio- temporal entre ambos. Mike debe ocuparse del FBI estadounidense del siglo XXI; su homónimo, de la Santa Hermandad española del XVI. Estas dos instituciones aparecen en la obra de Lax como símbolos de represión de las libertades y del bien común, lo que dota de sentido a la misión quijotesca del protagonista. En esta ocasión, Cervantes reaparece en la ensoñación de Mike como un reflejo más de su carácter luchador, que se mezcla con su ya avanzada locura a ojos de la policía, que lo persigue y captura finalmente. Una vez apresado después de esta escena, el *cowboy* es enviado a prisión, lo que implica su derrota individual. En el *Quijote*, esto sucede tras la victoria del Caballero de la Blanca Luna sobre don Quijote (II, 64), quien promete retirarse honrosamente. Aunque la aventura de Mike Cervantes acabe entre rejas, sus ideales permanecen intactos hasta el final.

4. Conclusión

Como hemos podido constatar a través de la mitocrítica, la obra de Lax supone, en efecto, una reescritura muy original del mito de don Quijote tanto por su formato como por su modulación. A través del *cowboy* anacrónico Mike Cervantes, el autor nos muestra un *Quijote* actualizado que, como su modelo a seguir, no soporta las injusticias de su sociedad y trata de cambiar el mundo desde el ideal quijotesco. También cabe destacar el juego metaficcional que Lax establece a través de la introducción del propio Miguel de Cervantes en la obra. El escritor español, producto de la ensoñación del protagonista, es el lazo de unión en momentos clave entre Mike y la ambición quijotesca. Los paralelismos entre el escritor español, el *cowboy* y la reescritura del mito de don Quijote en la obra nos muestran cómo los valores establecidos por Miguel de Cervantes en su universo ficcional, cinco siglos antes de la publicación del cómic de Lax, siguen siendo actualizados por numerosos escritores contemporáneos. En el caso de *Un tal Cervantes*, nos encontramos con una reinterpretación fresca y novedosa de la historia del famoso hidalgo: la estética del *western*, que impera a lo largo de las viñetas, nos desvela poco a poco a cada uno de los personajes y la sociedad estadounidense en la que se desenvuelven. El juego dialéctico entre Cervantes y Mike, por su parte, cristaliza el carácter innovador de la obra. Estos dos aspectos hacen de la novela gráfica de Christian Lax una historia única en la que el mito quijotesco emerge a lo largo de una fructífera combinación entre posmodernismo, metaficción y una temática *western* revitalizada en pleno siglo XXI.

Bibliografía

Altman, Rick, *Los géneros cinematográficos*, Barcelona, Paidós Ibérica, 2000.

Bautista Naranjo, Esther, *La recepción y reescritura del mito de don Quijote en Inglaterra (siglos XVII-XIX)*, Madrid, Dykinson, 2015.

——, *El mito de don Quijote en la novela posmoderna y su reescritura paradigmática en* City of Glass *(1985), de Paul Auster*, Vigo, Academia del Hispanismo, 2014.

Brunel, Pierre, *Mythocritique: théorie et parcours*, París, Presses Universitaires de France, 1992.

Cervantes, Miguel de, *Don Quijote de la Mancha*, Madrid, Alfaguara, 2015.

Durand, Gilbert, *Figures mythiques et visages de l'œuvre: de la mytochritique à la mythanalyse*, París, Berg International, 1979.

Girard, René, *Mensonge romantique et vérité romanesque*, París, Pluriel, 2010.

Henderson, David, "The Coincidence of Opposites: C.G. Jung's Reception of Nicholas of Cusa", *Studies in Spirituality*, 20, 2010, 101-113.

Jung, Carl Gustav, *The Collected Works of C. G. Jung, Vol. 8: Structure and Dynamics of the Psyche*, Nueva York, Princeton University Press, 1980.

——, *The Collected Works of C. G. Jung, Vol. 9, Part 1: The Archetypes and the Collective Unconscious*, Nueva York, Princeton University Press, 1975.

Kinney, Arthur Frederick, "Shakespeare's Falstaff as Parody", *Connotations*, 12, 2-3, 2002, 105-125.

Lax, Christian, *Un tal Cervantes*, Barcelona, Ediciones Norma, 2017.

Lucía Megías, José Manuel, *La juventud de Cervantes. Una vida en construcción. Retazos de una biografía en el Siglo de Oro. Parte I*, Madrid, EDAF, 2016.

Peña, Manuel, "El *donoso y grande escrutinio* o las caras de la censura", *Hispania*, 65, 221, 2005, 939-955.

Robert, Marthe, *Roman des origines, origines du roman*, París, Bernard Grasset, 1972.

Unamuno, Miguel de, *Niebla*, Madrid, Austral, 2010.

Vargas Llosa, Manuel, "Una novela para el siglo XXI", *Letras Libres*, 6, 71, 2004, 38-44.

Watt, Ian, *Myths of Modern Individualism: Faust, Don Quixote, Don Juan, Robinson Crusoe*, Cambridge, Cambridge University Press, 1997.

Jasna Stojanović

Universidad de Belgrado

Don Quijote en cirílico: la crítica literaria serbia sobre la novela de Cervantes

Resumen

En este trabajo abordamos el tema de la crítica literaria serbia sobre *Don Quijote*. Desde finales del siglo XVIII hasta hoy en nuestro país se ha formado un corpus de textos que reflejan tanto aspectos de la recepción de la novela de Cervantes entre nosotros como la época en la que se crearon y la personalidad de sus autores. Definimos las etapas principales en este proceso, los eventos que han impulsado el interés por el *Quijote* (traducciones, nuevos libros, aniversarios) y demostramos cómo la crítica ha ido evolucionando y madurando, desde los primeros textos de carácter general hasta la actualidad. Apuntamos qué temas específicos han sido tratados y de qué manera, qué intelectuales nacionales han escrito sobre la novela y qué percepción sobre ella prevalece en nuestra cultura.

Palabras clave: *Don Quijote*, recepción, crítica literaria, Serbia.

1. Introducción

Como catedrática de Literatura Española en la Universidad de Belgrado, de curso a curso y de promoción a promoción, les hablo a los estudiantes de los hechos y de los lugares cervantinos, lugares entre los que La Mancha, sus pueblos, sus molinos y sus paisajes ocupan un lugar privilegiado. Es porque para mí los nombres de El Toboso, Quintanar, Alcázar de San Juan o La Puebla de Almoradiel -donde nos encontramos hoy- son lugares de ensueño, lugares míticos.

Vengo de un país de 7 millones de habitantes que se encuentra entre Oriente y Occidente, en la frontera del mundo católico y del ortodoxo, entre Roma y Bizancio. Un país de historia difícil y complicada, donde se utilizan los alfabetos cirílico y latino y donde el *Quijote* se lee con pasión. Se lee, pero también se comenta, se traduce, se adapta, se aprovecha como modelo, se ilustra. En ocasiones anteriores he hablado de recreaciones quijotescas y de traducciones, así como de adaptaciones infantiles y juveniles en las letras serbias. Hoy me centraré en algunos aspectos de crítica literaria.

El corpus de textos críticos serbios sobre el *Quijote* está formándose desde hace 250 años. Se trata de una progresión que no ha tenido siempre el mismo ritmo ni la misma intensidad y calidad, pero que con el tiempo ha ido creando un conjunto de valoraciones que reflejan tanto aspectos de la recepción de la obra más importante de Cervantes entre nosotros como de la época en la que se escribieron y la personalidad de sus autores.

2. Los comienzos

Ante todo, hay que subrayar que la percepción inicial sobre el *Quijote* ha ido moldeándose gracias a aportaciones extranjeras. En la fase temprana de recepción es sobre todo la crítica francesa la que ha desempeñado un papel importante y que ha tenido una influencia notable. Nuestros intelectuales asimilaron los juicios de Viardot, Victor Hugo, Saint-Victor y Montégut, pero también los del ruso afincado en París, Turguéñyev, quien adoptó rasgos de la interpretación francesa de la novela sobre el caballero de la Mancha (Turguéñyev era amigo del matrimonio Louis Viardot - Pauline García Viardot)[1]. Es interesante notar que el peso de la crítica francesa ha sido mucho más grande que el de la alemana, a pesar de la proximidad del Imperio austro-húngaro, de la fuerte influencia de la cultura alemana y del hecho de que numerosos intelectuales serbios se formaran en las universidades de Viena o de Presburgo (Bratislava) (Stojanović 2005: 203). Parece que la variante francesa del Romanticismo les parecía más comprensible que la doctrina del movimiento original alemán, considerado demasiado exclusivo y vanguardista (Živković 1994: III 12).

Esta primera fase se caracteriza por aportaciones escasas y breves, pero fundamentales, dado que provienen de autores de primera fila. Abogando por la educación secular en vez de la religiosa, el escritor ilustrado Dositei Obrádovich elogia los beneficios de la lectura y menciona la novela de Cervantes. Esta primera cita en nuestro idioma data de 1784 (Стојановић 2014: 35):

> Bueno: yo no puedo (y no sería posible) mencionar aquí todos los innumerables y sabiamente escritos libros ingleses, franceses y alemanes; pero puedo decir, sin más, que, si alguien les tradujera a su idioma [el serbio, *nota de J.S]*/ *Gil Blas* o *Don Quijote*, su razón se ilustraría más y su perfección y felicidad serían mayores que si todas sus narices se convirtieran en torres. Y por eso, he aquí mi opinión y mi consejo: es mucho mejor traducir a nuestro idioma un libro sabio y útil, y publicarlo, cueste lo que cueste, que construir doce campanarios con campanas enormes; nuestros hijos no se volverán más inteligentes oyendo hasta el final de sus vidas el sonido de las campanas.

Un poco más tarde, en 1838, el historiador de literatura Bózhidar Petránovich se preguntaba: "¿Y quién no lo amaría [a Don Quijote], a pesar de las tonterías

1 Louis Viardot es un conocido traductor francés de las obras de Cervantes.

que hace? Todas sus peripecias se originan en las ideas generosas que le inspiran; guiado por estos pensamientos, vemos cómo aspira a defender a los débiles, a enmendar las injusticias y a levantar al oprimido". Y concluye: "Hasta que reine el buen gusto entre la gente, se estará disfrutando de la obra perfecta del gran Cervantes, que seguirá dando alegría a la gente" (Стојановић 2014: 35).

Al igual que la mayoría de los intelectuales de entonces, el dramaturgo y poeta Yovan Stéria Pópovich tenía un parecer común: habría que traducir la novela lo antes posible y era una vergüenza que no se hubiera hecho ya, mientras que la "Europa culta" la estaba leyendo desde hace tiempo. Escribe Stéria en 1838: "Quien ha leído el *Quijote*, sé que lo conoce a fondo, y quien no lo ha leído, debe avergonzarse por ello, y los serbios deberían avergonzarse por no tenerlo traducido a su idioma, igual que las obras de Lesage, Sterne, Wieland y de muchos autores más" (Стојановић 2014: 35).

3. La primera traducción

La etapa siguiente se abre con la publicación de la primera traducción íntegra del *Quijote* al serbio, en 1895 (los tres primeros libros) y 1896 (el cuarto). Igual que tantas naciones europeas[2], hemos traducido la novela por primera vez en el siglo XIX y es solo a partir de este momento que podemos hablar de recepción amplia entre el gran público. Nuestro primer traductor y pionero del cervantismo es Jorge Pópovich, apodado Dánichar (por la revista *Dánitsa,* cuyo redactor era). Él traduce el *Quijote* del español apoyándose en la versión francesa de Louis Viardot (1836) (Stojanović 2006). La crítica del momento consideraba esta publicación como un logro extraordinario y un acto patriótico, dado que la novela se veía como "un libro de sabiduría práctica, una colección de máximas y de parábolas, una crítica sutil y sensata de la humanidad entera", que se dirige "a todos los pueblos y a todas las épocas en una lengua universal" y porque "en él la razón sana alcanzaba su cima", según anotaba Pópovich en el prólogo de su versión (Поповић 1895: 24). Los críticos Jaime Davicho y Liúbomir Nedich escribían en 1896 que, "ofrecer al público serbio la traducción del *Quijote* significaba ponerle otra Escritura Sagrada entre las manos; significaba alegrarle y fortalecerle el alma y el corazón en estos días de desaliento general" (Давичо, Недић 1896: 63).

La edición *princeps* se agotó en poco tiempo. La traducción de Pópovich ha sido durante casi cien años la única relevante y ha tenido amplia difusión no

---

2 Exceptuando a los ingleses, franceses, alemanes, italianos y holandeses que han traducido el *Quijote* a sus respectivos idiomas en el siglo XVII, y a los rusos (en el XVIII).

solo en Serbia, sino también en varias repúblicas de Yugoslavia en las que se utilizaba el serbocroata: Bosnia, Montenegro y parte de Croacia. De ella se han hecho decenas de reediciones. Tanto la traducción como el análisis del *Quijote* realizado por Pópovich en su introducción han dejado una huella profunda y duradera. Su veneración romántica al caballero y su entusiasmo por el Cervantes hombre y el Cervantes novelista han sido ampliamente acogidos y celebrados por lectores y escritores a lo largo de todo el siglo XX (Stojanović 2006; 2014: 8).

De la fase mencionada (últimos decenios del siglo XIX) datan múltiples y variados testimonios de la recepción entre literatos y críticos nacionales. Sobre don Quijote y Sancho escriben poemas, Laza Kostich y Yovan Yovánovich Zmai; relatos, Laza Lazárevich y Dómanovich, mientras que los hermanos Ilich, el poeta Voislav y el dramaturgo Dragutin dejan sendos comentarios sobre los protagonistas de la novela. Voislav opina que "en el *Quijote* todo es ilusión, como en la imaginación de un enfermo", mientras que Dragutin escribe que conoce "muchas estrellas luminosas y grandes, muchas, muchísimas; pero soles, solo tres: Homero, Cervantes, Shakespeare; la *Ilíada, Don Quijote, Hamlet!* Don Quijote – Hamlet! Son dos mitades del espíritu humano; las dos forman un todo. El entusiasmo y la duda, la fe y la polémica" (Стојановић 2014: 50; 62).

4. El período de entreguerras (1920-1941)

En esta fase el héroe cervantino es percibido como un idealista y un héroe trágico, pero también como un individuo al que sus coetáneos no entienden. En un artículo publicado en 1929 en Sarajevo los escritores nacionales se comparan abiertamente con el caballero manchego, mientras que su situación se define como "una lucha donquijotesca con los molinos en un entorno que no los acepta, no los entiende y no los lee" (Stojanović 2005: 227).

Durante los años treinta del siglo pasado en Yugoslavia se lee mucho a Unamuno. Se aprecia su peculiar quijotismo, según demuestran numerosos ejemplos en textos de autores de la época: B. Ráditsa, V. Vuich, Baruh, etc. (Stojanović 2005: 217). Anthony Close advertía, con razón, sobre las consecuencias negativas de esta lectura simbólica en la crítica posterior, en la que despertó "una serie de meditaciones abstractas" sobre la novela de Cervantes (Close 1978: 157-158). Es cierto en el caso de la crítica serbia.

La escritora y ensayista Isidora Sékulich (1877-1958) analiza el afán de gloria del héroe cervantino: "Don Quijote itinera por los caminos, opta por lo difícil y lo singular, padece crítica, risa y golpes, pero sigue con los ojos bien abiertos para ver lo que los demás no ven, siempre inclinado hacia lo que lo desgasta personalmente". Y añade: "Lo que Cervantes explora en el *Quijote* es, podemos decir, el caso de una fantasía desmesurada, auténtica, aunque desprovista de vanidad egocentrista propia de los artistas, un caso de sed por la gloria sin sed por la felicidad" (Стојановић 2014: 64).

En 1936 se publica en Zagreb la traducción de la biografía novelada de Cervantes del alemán Bruno Frank (*Un hombre llamado Cervantes*, 1934), que influye bastante en la imagen del escritor entre nuestra gente.

Los años treinta traen la Guerra Civil a España y a nuestro país un aumento de interés por temas y autores españoles. Los yugoslavos de izquierdas (pero también los de derechas) siguen de cerca los acontecimientos en el frente. En las brigadas internacionales se encuentran muchos combatientes yugoslavos; algunos de ellos son escritores y/o críticos. Entre otras numerosas contribuciones, la revista *Student* publica un texto de José Bergamín sobre la literatura española y otro de Jean Cassou sobre Cervantes (1938). En dicho período el caballero se define como el símbolo del destino trágico del hombre español, pero también como el símbolo de cualquier idealista en tiempos revueltos, según afirma el ideólogo del surrealismo serbio, el poeta Marko Ristich (1897-1985) en un ensayo publicado en 1939. Digamos que con esta postura Ristich se suma a la tradición romántica, todavía vigente en este momento, en la que la semejanza entre el manchego y el poeta, ambos encerrados en sus respectivos mundos de fantasía, se impone por sí misma:

> Este símbolo del pueblo español, este soñador inmortal, pero soñador que lucha, seducido por la más noble locura, magníficamente loco de ideales, don Quijote, es el símbolo de todos los soñadores y de todos los poetas. Bajo el signo de quimeras quijotescas han soñado y cantado los auténticos poetas de todos los siglos [...]. Y este carácter moralmente inquebrantable, exigido por la fidelidad a las quimeras (sin las que no hay poesía), este carácter moral quijotesco del hombre, es el criterio ineludible de cualquier poesía auténtica, es la medida de su autenticidad. Y por eso en esta lucha, esta lucha inconcebiblemente enorme del pueblo español, cada poeta auténtico reconoce su lucha, igual que en don Quijote, encarnación del pueblo español, reconoce un aspecto de sí mismo. (Стојановић 2019: 136)

5. Después de la Segunda Guerra Mundial

En 1945 empieza una etapa completamente nueva en la recepción crítica del *Quijote*. El libro entra a formar parte del sistema educativo a través de la lectura obligatoria y se reedita numerosas veces. Se publican versiones completas, pero asimismo ediciones adaptadas y abreviadas. Los análisis crecen en número, pero también en calidad; las consideraciones generales ceden el paso a textos más analíticos y maduros, en los que la narrativa del alcalaíno se examina no solo a partir de criterios literarios, sino también desde la perspectiva de la filosofía, la psicología, la sociología, etc. Parece obvio que el cenit de la crítica yugoslava se refleja en las meditaciones sobre el *Quijote*. Este fenómeno puede explicarse por el bienestar económico, la apertura del país hacia Occidente y una actividad traductora muy viva. Se publican textos angulares de Heine, Thomas Mann, Auerbach, Lukácz, Borges, Arnold Hauser y otros.

En los años 60 se multiplican las aportaciones de relieve sobre la novela cervantina. En un ensayo original y altamente valorado, titulado "Don Quijote y el nihilismo" el escritor y filósofo Níkola Milóshevich considera que la novela de Cervantes es una crítica encubierta del cristianismo, basando su postura en la actitud "nihilista" del autor ante la vida y la naturaleza humana. Rádovan Vúchkovich, por su parte, opina que la sonrisa triste del hidalgo es un mimetismo con el que el hombre se defiende de la melancolía, mientras que el filósofo Milan Damiánovich estima que Cervantes no mira hacia el futuro sino todo lo contrario, hacia el pasado, y que está volcado hacia la tradición cristiana. Otro crítico, el comparatista Svétozar Kóllevich, destaca en su análisis el componente humorístico de la novela (Стојановић 2014: 86-125).

6. La crítica académica (a partir de 1980)

Es aproximadamente en los años ochenta del siglo XX cuando aumentan las contribuciones de la crítica académica en la explicación del *Quijote*, iniciando una nueva fase. Aumenta la calidad de los textos y, muy importante, su mirada se vuelve cada vez más hacia España y su cervantismo. La Cátedra de Lengua Española y Literaturas Hispánicas de la Facultad de Filología de la Universidad de Belgrado se inaugura en 1971, lo que supone un estudio sistemático de la obra literaria más prominente de la literatura española. A ella se dedican los trabajos de la que fue profesora de la cátedra durante muchos años, Líliana Pávlovich Samúrovich (1935-2006), primera socia serbia de la Asociación de Cervantistas. En su afán por presentar la obra de Cervantes de manera rigurosa y fiable, la profesora Pávlovich Samúrovich publica un número notable de trabajos y dos monografías: *Don Quijote de Miguel de Cervantes* (1981) y el *Libro sobre Cervantes* (2001). Por otro lado, dedica una faceta de su actividad al estudio de las huellas del alcalaíno en las letras serbias. Pávlovich Samúrovich es la continuadora del trabajo iniciado por Pópovich y la fundadora del cervantismo universitario moderno en nuestro país (Stojanović 2005: 250-251).

En el seno de esta misma crítica universitaria se viene evaluando la segunda traducción del *Quijote*, publicada en 1988 y realizada por Dushko Vrtunski (1936-2002), traductor también de las novelas cervantinas. Varios críticos han comentado en sendos artículos esta versión y el método del traductor. Vale la pena mencionar que la versión de Vrtunski es en serbio moderno; se edita continuamente desde su primera edición y sirve de lectura obligatoria en colegios e institutos.

La tercera traducción sale en 2005 (su autora es Aleksandra Manchich) y se enmarca en la conmemoración de los cuatrocientos años de la *editio princeps* de la novela. Es la primera traducción realizada por una hispanista; tiene dos volúmenes y se basa en la edición dirigida por Francisco Rico y publicada por la editorial Crítica y el Instituto Cervantes (1998). Hay que decir que esta nueva versión supone un gran paso adelante para el hispanismo serbio. Entre las primeras evaluaciones hay elogios que apuntan que se trata de "una traducción experta" en la que el lector puede confiar, pero también algún que otro reproche, por ejemplo, que la traductora, "jugando demasiado con las palabras", dificulta el acceso a la "complicada esencia de la gran obra" (Стојановић 2019: 142). En todo caso, es la tercera traducción íntegra de la que disponemos en nuestro idioma.

Registramos asimismo la publicación de varias monografías, estudios y antologías cuyos autores son especialistas nacionales, hecho que confirma un interés pronunciado por la obra cervantina: *Cervantes en la literatura serbia* (2005, Jasna Stojanović), *Molinos de lengua* (2005, Aleksandra Manchich), *Cervantes en la cultura serbia* (2006, Jasna Stojanović), *Los molinos de Europa* (2012, Goiko Chélebich), *¿Cómo hemos leído el Quijote?* (2014, Jasna Stojanović). La producción editorial del momento abarca también los libros de F. Sevilla y A. Rey, Ortega y Gasset, Azorín y A. Trapiello sobre Cervantes, traducidos al serbio (Стојановић 2014: 31-34).

7. Las conmemoraciones cervantinas (2005, 2015, 2016)

Después del año 2000 el acontecimiento principal es la conmemoración de los 400 años de la publicación de la primera parte de la novela (2005). Con este motivo salen en la prensa varias decenas de artículos, de informaciones y de notas y se organizan eventos que testimonian la presencia durable de este mito de la cultura contemporánea en el ámbito serbio. El héroe cervantino sale de las páginas del libro y se convierte en uno de nosotros; el comparatista Konstantínovich observa una semejanza impactante entre el caballero y el hombre serbio, apuntando lo siguiente:

> En su *Libro sobre Milutin,* Danko Pópovich /novelista contemporáneo/ no menciona a Don Quijote, pero su figura se impone por sí sola cuando hablamos de desilusiones y de esfuerzo inútil. [...] Milutin es un verdadero Quijote, igual al serbio a lo largo de todo el siglo XX. Siempre luchó por ciertos ideales imaginados, participó en las guerras sangrientas para la liberación de sus hermanos oprimidos y después resultó que ellos

> no querían ser liberados, o por lo menos que no lo quería la mayoría de ellos. [...] Si continuáramos la historia de Milutin después del *Libro sobre Milutin* de Pópovich, veríamos cómo se manifiesta durante semanas e irrumpe en la Asamblea Nacional subido en un tractor, aunque, cinco años más tarde, sigue en el mismo sitio donde estaba antes (Константиновић 2005: 52).

De una manera parecida, el psicólogo Zharko Trebíeshanin se refiere al "donquijotismo de los serbios" (Требјешанин 2005).

Después de 2005 la crítica vuelve en gran medida a cauces académicos. Sus puntos principales de interés son el estudio de las traducciones serbias, el papel de la obra cervantina en la formación de la novela nacional, su impacto en nuestros escritores de diferentes épocas, el *Quijote* como libro juvenil/infantil y su huella general en nuestra cultura. Mediante ponencias pronunciadas en congresos internacionales y publicados en volúmenes, revistas internacionales, blogs y plataformas tales como la *Biblioteca Virtual Miguel de Cervantes* y otras, el *Quijote* sigue siendo tema de interés tanto entre el público lector como entre los especialistas. Mencionemos que la primera traducción serbia, la de 1895/6, ha sido digitalizada por los estudiantes de Filología Hispánica de la Universidad de Belgrado y que se encuentra en el enlace https://www.cervantesvirtual.com/obra/el-quijote-en-serbio.

En el contexto cultural serbio *Don Quijote* es un clásico que nunca se ha cuestionado. Cualquier lector se dará fácilmente cuenta de la admiración incondicional hacia la novela y su protagonista. No obstante, siendo los Balcanes en el pasado, y Serbia en particular, una zona sin fuerte tradición hispanística, el interés por el escritor alcalaíno dependía de unas circunstancias concretas (aniversarios, nuevas traducciones o estudios destacados) y provenía de la curiosidad personal de escritores o de especialistas dedicados al estudio de la literatura general, de la filosofía o de otras ramas de las humanidades). Habrá que esperar los años 80 del siglo XX para asistir a la formación de profesionales dedicados a la literatura española, que acometen un estudio profundo de la obra cervantina y de su recepción en nuestro país.

8. Conclusiones

En este rápido repaso cronológico de la crítica sobre el *Quijote* en Serbia hemos podido seguir los altos y los bajos, los avances y las vacilaciones de la crítica nacional, condicionada por circunstancias sociales e históricas desde finales del siglo XVIII hasta la actualidad. Este proceso específico revela que algunos acontecimientos clave han impulsado el interés por el autor español y su obra, desde la primera mención (1874), hasta hoy. Son, a saber:

— La publicación de la primera traducción íntegra (1895/6).
— La Guerra Civil en España y sus ecos en nuestra región (1936-39).
— La fundación y las actividades de la Cátedra de Estudios Ibéricos de la Facultad de Filología de la Universidad de Belgrado (1971).
— La inauguración del Instituto Cervantes en Belgrado y las conmemoraciones de los 400 años de la primera y de la segunda parte de la novela (2005, 2015) y de la muerte del escritor (2016).

La mayoría de las aportaciones críticas y de eventos se aglutinan alrededor de esos acontecimientos.

Para terminar, me gustaría reproducir las palabras de Stefan Krílovich, protagonista de *La versión de Sancho*, novela de Rátomir Damiánovich (1999). Considero que refleja fielmente la apreciación general del caballero manchego en nuestro país: "El código genético de don Quijote está en mis genes. He leído veinte veces la historia del caballero manchego y he llorado como un niño otras tantas por su sufrimiento. [...]. Mi imaginación no para. Mis fantasías me hacen feliz aunque me traen desgracias y conflictos" (Дамјановић 1999: 87).

Y la razón de esta aprehensión del hidalgo a lo mejor hay que buscarla en un rasgo de nuestra mentalidad, en el sentimiento trágico de nuestra secular mala fortuna, pero también en la resistencia inquebrantable, legendaria, y en la fe poética en el futuro. Es de allí, probablemente, que provienen la afinidad emotiva y la solidaridad fraternal con el sufrimiento del caballero quien se enfrenta a los golpes del destino con tesón y obstinación, sin rendirse nunca (Stojanović 2005: 274).

Y qué ilustre lo dicho en el dibujo del artista contemporáneo Nénad Níkolich en el que vemos una fusión singular de dos individuos muy apreciados por mis compatriotas: por un lado el hidalgo de la Mancha y por el otro san Jorge. El *don* y el *San* se encuentran juntos en este *Triunfo del Santo don serbio* en el que ya no es san Jorge quien mata al dragón, sino don Quijote quien derrumba el molino.

Nénad Níkolich, *Triunfo del Santo don serbio*

Bibliografía

Close, Anthony, *The Romantic Approach to Don Quixote*, Cambridge, Cambridge University Press, 1978.

Stojanović, Jasna, *Servantes u srpskoj književnosti*, Beograd, ZUNS, 2005.

——, "Génesis y significado de la primera traducción serbia de *Don Quijote*", *Cervantes*, 26, 2006, 57-72.

Živković, Dragiša, *Evropski okviri srpske književnosti*, Beograd, Prosveta, 1994, I-V.

Давичо, Хајим, Недић, Љубомир, „О српском преводу *Дон Кихота*", *Босанска вила*, 4, 1896, 62-63.

Дамјановић, Ратомир, *Санчова верзија*, Београд, СКЗ, 1999.

Константиновић, Зоран, „Србин као Дон Кихот", *НИН*, 2868, 15.12, 2005, 50-52.

Поповић, Ђорђе, „Сервантесов живот и дела му", Сервантес Саведра, Мигел де: *Велеумни племић Дон Кихоте од Манче*. Београд, Задужбина И.М. Коларца, 1895, I, V-XXIX.

Секулић, Исидора, „Белешке уз читање: Сервантес", *Зборник у част Богдана Поповића*, Београд, Издавачка књижарница Геце Кона, 1929, 212-215.

Стојановић, Јасна, *Како смо читали Дон Кихота, Српска књижевна критика о Сервантесовом роману*, Београд, Фокус – форум за интеркултурну комуникацију, 2014.

——, *Шпанске теме и јунаци у огледалу српске књижевности / Temas y escritores de España en el espejo de las letras serbias*, Београд, Филолошки факултет, 2019.

Требјешанин, Жарко, „Донкихотизам у Срба", *Глас јавности*, 30. 04, 2005.

Alicia Villar Lecumberri

Universidad Internacional de Valencia-VIU

Cervantes y Toledo en la literatura de viajes de Nikos Kazantzakis

¡Oh flor de la andante caballería! ¡Oh luz resplandeciente de las armas! ¡Oh honor y espejo de la nación española! (*Quijote II*, 7: 682)

Resumen

La personalidad de Nikos Kazantzakis (1883-1957) fue colosal. Este pensador, el nuevo Odiseo de la civilización griega, fue un hombre muy inquieto y ávido de experiencias personales. Kazantzakis defendía que en el mundo existía un bien mucho más valioso que la vida en sí misma y más dulce que la felicidad: la libertad. Viajero incansable, recorrió varios continentes y escribió libros de viajes. Así, en 1932-33, Kazantzakis viajó España y escribió un libro de viajes, *Ταξιδεύοντας. Ισπανία* (*Viajando. España*), en el que escribe sus impresiones sobre nuestro país. Esta obra comienza como sigue: «Doble es el rostro de España. Por una parte, la alargada cara llameante del Caballero de la Triste Figura, y por otra, la cabeza cuadrada práctica de Sancho». A su vez, Kazantzakis llega a La Mancha, y dedica un capítulo a Toledo, la ciudad que embelesó y atrapó a su paisano, El Greco. De ahí que en este estudio se aborde el viaje a La Mancha de Kazantzakis, un autor griego que rindió tributo a la figura de su admirado Cervantes.

Palabras clave: *El Quijote, Viajando: España,* literatura comparada, literatura de viajes.

1. Nikos Kazantzakis: pensador y escritor

La literatura española se dio a conocer en Grecia gracias a las traducciones y artículos de Nikos Kazantzakis, un escritor y corresponsal del periódico griego Καθημερινή, que visitó España en cuatro ocasiones (1926, 1932-33, 1936 y 1950) y supo ahondar en el espíritu literario, social y político español, en la primera mitad del siglo XX. De Kravzov (1967) apunta que Kazantzakis, en su segundo viaje a España, gracias a su viejo camarada Juan Ramón Jiménez, conoció a Lorca, Valle Inclán y Unamuno. Por otra parte, en la correspondencia que mantuvo con su amigo Prevelakis le cuenta, el 21 de enero de 1933, que está leyendo poesía española y traduciendo muchos poemas, que va al Ateneo de Madrid y está estudiando libros, de modo que estaba profundizando en el alma española, la cual era muy parecida a la suya. "Garcilaso, Fray Luis de León, Góngora, Ruiz, San Juan de la Cruz, me inquietan y me conmueven. Tal vez esto me ayude en la vida" (Καζαντζάκης, N., 1984: 354-355). Además, fruto de sus lecturas y traducciones, publicó en una revista ateniense, *Κύκλος*, poemas de Juan Ramón Jiménez, Antonio Machado, Miguel de Unamuno, Pedro Salinas, Moreno Villa, Federico García Lorca, Rafael Alberti, Concha Méndez Cuesta, Altolaguirre, etc. (De Kravzov, 1967: nota 15).

La personalidad de Nikos Kazantzakis (1883-1957) no admite simples caracterizaciones, ya que se escapa a todo tipo de previsiones. Con todo, a riesgo de quedarnos cortos, pero con la intención de hacerle justicia, diremos que fue colosal. Pensador que se veía obligado a crear ideas para dar rienda suelta a su pensamiento, el nuevo Odiseo de la civilización griega, desbordante de vida intelectual, fue un hombre muy inquieto y ávido de experiencias personales. Kazantzakis defendía que en el mundo existía un bien mucho más valioso que la vida en sí misma y más dulce que la felicidad: la libertad. Pensemos que nació a finales del siglo XIX, en Heraclión, la capital de la isla de Creta, una ciudad que todavía estaba bajo el yugo turco. A este menester se entregó de por vida y luchó con toda su alma. Y es que, como escribe en la *Ascética*, la virtud más excelsa no es ser libre, sino luchar por la libertad.

Así pues, este es el tema crucial que constituye un eslabón de la cadena literaria engarzada con dos genios de la literatura española y griega. Al otro lado del Mediterráneo, un escritor heleno retoma el tema cervantino: "La libertad, Sancho, es uno de los más preciosos dones que a los hombres dieron los cielos; con ella no pueden igualarse los tesoros que encierra la tierra ni el mar encubre; por la libertad así como por la honra se puede y debe aventurar la vida, y, por el contrario, el cautiverio es el mayor mal que puede venir a los hombres" (II, 58: 1094).

1.a. La literatura de viajes: *Viajando: España* de Nikos Kazantzakis

Viajero incansable, recorrió varios continentes y escribió libros de viajes. Así, en 1932-33, Kazantzakis viajó España y escribió un libro de viajes: *Ταξιδεύοντας. Ισπανία (Viajando. España)*, en el que escribe sus impresiones sobre nuestro país. Esta obra comienza como sigue: «Doble es el rostro de España. Por una parte, la alargada cara llameante del Caballero de la Triste Figura, y por otra, la cabeza cuadrada práctica de Sancho». Así, Samouil (2011: 217) señala:

> A través de un diálogo imaginario con un joven español, expresión de la España moderna, Kazantzakis expone su opinión sobre lo indivisible del alma española: «Aquí reside la gran confusión de todos los extranjeros. Don Quijote y Sancho son uno. Los dos juntos constituyen el alma única e indivisible de España. Cervantes la repartió en

dos mitades para que podamos verla más claro [...] He aquí el verdadero drama de don Quijote, eso es de España. El alma española es, por épocas, ora quijotesanchesca o sanchoquijotesca. A veces prevalece uno de estos principios eternos, otras veces el otro».

A su vez, Kazantzakis llega a La Mancha, y dedica un capítulo a Toledo, la ciudad que embelesó y atrapó a su paisano, El Greco.

Partamos del hecho de que Cervantes, si bien escribió muchas otras obras de gran nivel, en primera instancia es reconocido como el artífice de don Quijote, lo mismo ocurre con Kazantzakis, creador de Zorba el griego. Harto conocidas son las andanzas de don Quijote y Sancho Panza para los cervantistas; sin embargo, es oportuno señalar el binomio sobre el que está basada la novela *Vida y andanzas de Alexis Zorba* (1946). Así pues, si nos trasladamos a El Pireo, a principios del siglo XX, un joven intelectual griego, decide abandonar los libros durante un tiempo y trasladarse a la isla de Creta, para volver a abrir una mina y llevar la vida propia de los campesinos de la isla. Es allí donde conoce a un sesentón, Alexis Zorba, que le pide trabajo, y será contratado como capataz. Zorba es una persona llena de vitalidad y que le enseña a disfrutar de la vida al joven, que en la novela es el narrador. Nikos Kazantzakis, a lo largo de la novela, les hace compartir una filosofía de vida que es propia de uno de los pensadores europeos más representativos del siglo XX.

Llegados a este punto, si reflexionamos sobre los datos expuestos, tanto Cervantes como Kazantzakis elaboran su discurso tras estar convencidos de que la lectura de libros no trae nada bueno y la mente humana necesita distanciarse y así dejar paso a un modo de vida diferente que depara la aventura de vivir. En efecto, se pueden constatar muchos paralelismos entre ambas obras. Y es que, además, la novela griega plantea la historia de una profunda amistad, en la que dos personajes están convencidos de que los que no están un poco locos, no viven. Será Zorba el que pronuncie estas palabras: "Las personas necesitan un poco de locura, de otro modo nunca se atreven a cortar la soga y liberarse". Lo que está claro es que una vida sin pasión no merece la pena ser vivida, y esa es la mayor enseñanza de la que se va a beneficiar el amigo de Zorba. Por lo tanto, el intelectual va a contagiarse de las ganas de vivir del trabajador encargado de la mina. Un enfoque con muchos aspectos paralelos al universo cervantino en los que se oye el eco de don Quijote y Sancho Panza. En efecto, en ambos casos, sobre un diálogo vital se construyen ambas novelas.

Tras este planteamiento inicial, con el que hemos percibido cómo Kazantzakis había asimilado el pensamiento de Cervantes, es el momento de proponer un viaje a La Mancha de Kazantzakis, un autor griego que rindió tributo a la figura de su admirado Cervantes. Este va a ser un viaje literario en el que se invita al lector a una lectura meditada de algunas páginas, traducidas para esta ocasión, de la obra *Ταξιδεύοντας. Ισπανία (Viajando. España)*, escrita en 1932-33.

Comienza el periplo trazando una semblanza de una tierra en la que

> [...] se mezcló la sangre de íberos, celtas, fenicios, griegos, cartagineses, romanos, vándalos, visigodos, árabes y judíos [...] y finalmente llegó el fruto secreto, la profunda síntesis, el héroe de toda esta tierra, que entremezcló los mal avenidos personajes efímeros, en un personaje eterno, que representa ya España en los grandes congresos de nuestro tiempo: el 'santo gran mártir don Quijote' y a su lado, su mujer mística –la pareja sagrada de España–, 'Santa Teresa' (2009: 14).

A propósito de la admiración del escritor cretense por la escritora abulense, el helenista chileno Castillo Didier indica cómo

> [...] sin duda, al poeta de la *Odisea*, poema en el que viste a los más elevados pensamientos filosóficos con variados elementos sensibles, debía atraer especialmente aquello que según Américo Castro domina en la obra de Santa Teresa: "la transposición de la experiencia sensible al mundo de lo que estrictamente aceptado debiera ser inefable, y que felizmente para nosotros y para el arte, no quiso la santa que fuera así. (2016: 273-274)

A continuación, Kazantzakis describe el país al que ha llegado y al "ciudadano" por antonomasia, don Quijote:

> España es 'don Quijote' en medio de las naciones. Se lanza a salvar la tierra. Menosprecia los bienes seguros y persigue la emperifollada intangible quimera. Se agota en esta 'quijotesca' más allá de la misión 'lógica'. Se despueblan sus poblaciones, quedan baldíos sus terrenos, se atascan los canales árabes y se secan sus huertas. Se está creando su leyenda. ¿Qué hacer con la felicidad y el bienestar, 'la cordura' y la paz? La voz del ferviente monje de Sevilla, cuando hablaban sobre qué templo, grande o pequeño, iban a edificar, conformó, durante muchos siglos, la voz de España: "¡Edifiquemos un templo tal que nos tomen por 'locos'!"
> Este fue siempre el grito de la vida. Así se elevaron del barro las plantas, venciendo las leyes de la 'lógica' y de la gravedad. Así saltaron entre las hierbas los espíritus salvajes y las aves. Así destacó el hombre entre los animales, erigiéndose en las dos extremidades inferiores, con una chispa dentro de su embarrado cráneo. Y así saltó por los aires, entre los hombres cuerdos, prácticos, este 'grito quijotesco de la locura', a saber, el anhelo más profundo de la 'lógica' (2009: 14-15).

Kazantzakis nos relata su viaje en tren desde el que nos va describiendo lo que ve a través de la ventanilla, hasta que repara en un compañero de viaje que no le deja indiferente, antes bien, lo va a utilizar como fuente de información y así llega a captar la visión de un joven que da un vuelco a los valores preestablecidos. Nada tendrá que ver la interpretación que hace el joven de Carmen, don Quijote, Sancho Panza y Dulcinea comparada con la visión tradicional, llena de tópicos. Antes bien, a través de Carmen, reivindica el voto de la mujer; a don Quijote le ha entrado el juicio y es un ingeniero, absorto por las máquinas; Dulcinea es un ama de casa que se ha cambiado de nombre y ahora se llama Democracia y vive en Madrid, con su esposo don Quijote. Por su parte, Sancho no es diferente a su amo, pues "los dos juntos constituyen una única alma, unitaria, de España. Cervantes repartió nuestra alma en dos para que veamos mejor". El texto dice así:

> Felizmente cautivado por estos pensamientos, estaba mirando desde el vagón la España que se iba alejando a diestro y siniestro: las piedras, los campos, los pueblos pobres abandonados en medio de las rocas. De vez en cuando, un campanario en pie que custodia las casas. De cuando en cuando, un pastor desgastado por el sol y las lluvias, inmóvil, con la barbilla apoyada en el cayado, contempla con una mirada inmensa y eterna sus enflaquecidas cabras que andan rebuscando en vano entre los grises pedernales.
> Un joven español, de ojos pequeños chispeantes, que está sentado enfrente de mí, contempla también él los campos de España, desde la ventanilla del vagón. Nuestras miradas se encuentran en las mismas piedras y en las mismas vides, revestidas de otoño. Al poco rato nos hicimos amigos. Don Manuel es un español moderno poseído por el culto a las máquinas. Su meca es Nueva York, rascacielos, aviones, cine, bandas de *jazz*, deportes, amor, un ritmo violento y trepidante, desdén por el ensueño y el arte.
> Me alegro de ver una nueva generación que desprecia los viejos principios y encuentra otros nuevos. Me alegro porque así siento palpablemente la zancada que ha dado la vida desde una juventud, la mía, en paralelo a la otra, la moderna. A mí también me gusta el ritmo trepidante, no soporto la pelea segura imperceptible; quisiera, antes de morir, ver que la vida sigue el mayor curso posible. Así pues, ¡qué alegría conversar con un chico más joven que tú y ver que se ríe y que silba lo que en tu juventud gustaba! ¡Qué alegría ver que la vida quiere dejarte atrás, que ya no le importas, que salta a otros jóvenes y se agarra a otros cabellos negros! Pero a ti no te importa, no te quedas atrás, porque ni te enojas ni te enfadas, molestando a los jóvenes, sino que te ríes y silbas también tú con ellos. Quiero picarle a mi joven amigo para hacerle hablar. El español es callado, como todos los hijos del desierto. Para que hable –y entonces no para fácilmente– tiene que irritarse. Así que, irritémosle a don Manuel.
> –¿Veremos *Carmen*?
> –¿Qué *Carmen*? Me responde exasperado. ¿Esa que bailaba con bolero, con una falda corta, con castañuelas, con una rosa sangrienta en el pelo? ¿Esa que les volvía locos a los desvergonzados turistas? ¡Eso era antes! ¡Ahora Carmen se ha convertido en maestra, es una mujer trabajadora, reivindica el voto!
> –¿Y don Quijote?
> –Ingeniero.
> –¿No es eterno?
> –Es. Pero cambia. Antes era caballero. Leía viejos pliegos, llevaba una lanza oxidada, se ponía por yelmo una bacía de barbero, montaba un rocín e iba a salvar al mundo. Ahora es ingeniero. Estudió en la Politécnica, obtuvo el título, ejerce su profesión. Ve molinos de viento y los demuele, con carga explosiva. Construye molinos de vapor, carreteras, puentes, estaciones ferroviarias, aeropuertos. Acamante murió. Se encuentra ya en el cubo de la basura del Paraíso.

–¡A don Quijote le ha entrado el juicio! ¿Y qué valor tiene ya?

–Claro que ya no tiene público, y los turistas, que vienen a verlo, pierden su dinero. Pero es que España no es una escena teatral, ni nosotros actores secundarios con indumentaria medieval. Estamos vivos, modernos. Así pues, moderna también nuestra alma, don Quijote. ¿Qué era don Quijote? Un héroe que se echó a salvar al mundo armado con armas antiquísimas: escudos y cascos, cuando ya habían sido inventados los fusiles y los cañones: ideales e imaginación, en el momento en el que todo había ido a la quiebra y reinaban el interés, la rapiña y la codicia. Sin embargo, ahora don Quijote le ha entrado el juicio. Se ha vuelto práctico. Lleva gafas americanas de montura gruesa, holgados y cómodos zapatos, blanda gorguera. Cree en las máquinas, en la materia, en el éxito y en los placeres rápidos. Se implica en la política, proclama libertades populares, está de parte de los trabajadores, es pacifista, un poco socialista, lo sacrifica todo por sus ideales –todo excepto sus intereses. Así debe ser. ¡De otro modo acabaría siendo otra vez el viejo inadaptado pendenciero errante!

–¿Y Dulcinea?

–También ella ha cambiado. Ha bajado de las nubes de la imaginación, subió de su humilde pueblo. Ahora vive en Madrid, se ha casado con el moderno don Quijote, se ha convertido en ama de casa. Cocina, lava, se embronca, tiene hijos. Ha cambiado de nombre.

–¿Cómo se llama ahora?

–Democracia.

Estaba mirando los árboles, las tierras. Pequeñas estaciones, gritos repentinos, mujeres con pañoletas resplandecientes, ancianos de alto talle, que dan la impresión de estar tallados en la madera rosada del olivo. La vida es muy ardua, toda esta tierra ha fermentado con sudor y lágrimas. Me giré hacia mi amigo:

–Pues ¡viva don Sancho!

–Aquí está el gran error de todos los extranjeros. Quijote y Sancho son uno. Los dos juntos constituyen una única alma, unitaria, de España. Cervantes repartió nuestra alma en dos para que veamos mejor. El alma española es una rica unidad de medida, porque en nuestra seca y dura cáscara se abrazan dos almendras gemelas, dos fuerzas opuestas. El hombre mismo sabe que Dulcinea no existe más que dentro de él. Sabe que justicia, libertad, ideal existen tan solo dentro de él. Pero piensa: "¿Entonces, lo que existe dentro de nosotros no es lo único verdadero? ¿La única realidad? ¿Acaso todo lo que ve y toca el hombre práctico es engaño y sueño?" "¿Tan solo nuestro deseo interno es verdad y vida? Grita una cumbre del alma española" –don Quijote. "¡Tan solo lo que vemos y tocamos es verdad y vida! Grita la otra cumbre del alma española –Sancho. ¡Lo que tú dices, amo, son desvaríos!".

Pues bien, este planteamiento le lleva a Kazantzakis a cerrar su teoría con una reflexión propia en la que radica la tragedia de España:

Hete aquí el profundo drama de don Quijote, a saber, de España. El alma española es "quijotesanchesca" o "sanchoquijotesca", según la época. Unas veces prevalece un elemento eterno, otras veces el otro. Pero siempre luchan y sufren conjuntamente. No te

> sorprendas por los rascacielos que vas a ver en Madrid. Ni tampoco por las preocupaciones económicas y políticas. Tras esa contemporánea cara regordeta sanchesca aparece, basta con que sepas ver, el rostro santo, triste, lleno de brillo y elevación de espíritu del gran patrón de España, don Quijote. Y yo sigo siendo el hombre andante, el ingeniero, el moderno, ¿lo ves? Has rascado un poco en Sancho y ha salido volando de dentro de mí don Quijote…
> No hablé. Me estaba acordando del sabio matemático y poeta musulmán, Abú Alí, el eterno enamorado. Le gustaban por igual todas las mujeres y no podía tomar una decisión y elegir: "Todas las mujeres, escribe en una de sus canciones, conforman un círculo a mi alrededor. Mi corazón es el centro y desde ahí salen disparados a la misma distancia los rayos de mi amor".

Este episodio concluye con una reflexión de este gran pensador: "… similar es el corazón del libre pensador: todos los aspectos del pensamiento le son igualmente queridos, caras tristes o alegres del mismo anhelo" (2009:15-18).

2. Nikos Kazantzakis y sus impresiones sobre España

Abrimos una segunda parte de este estudio, en la que abordaremos el sentir de Kazantzakis cuando llegó a la ciudad de Toledo, cuya imagen conservaba en su mente por el cuadro que había pintado su ilustre paisano, Domenicos Theotocopoulos, El Greco. De ahí que esa era la imagen que se esperaba. Kazantzakis lo relata de este modo:

> Toledo
> Yo tenía en mente el Toledo que había pintado El Greco, en medio de la tempestad: en lo alto, ascético, azotado por repentinos destellos, y la flecha[1] de la célebre catedral gótica, la flecha del alma, del hombre que atraviesa las nubes cargadas del rayo de Dios. La mitad de las torres, la mitad de las murallas, la mitad de las casas están iluminadas por el brillo azul del relámpago; la otra parte, se desmorona, ennegrecida, en el caos. Toledo se erigía en mi mente de la misma manera que el espíritu de El Greco: con un haz de luz por un lado, oscuro por el otro, inaccesible, en la cumbre del esfuerzo, de donde no empieza, como dice el místico bizantino, el no esfuerzo, sino la locura divina (2009: 82-83).

Y sin embargo, cuando llega a Toledo se topa con una ciudad harto diferente. El texto es toda una estampa costumbrista:

> Pero, cuando llegué a Toledo y empecé a subir por sus estrechas callejuelas, era una mañana tranquila, muy dulce, las mujeres volvían de la famosísima plaza arábiga

---

1 Nótese el paralelismo con la flecha de la Catedral de Notre-Dame de París, cuya restauración fue dirigida por Viollet-le-Duc, en 1859.

> Zocodover, con las cestas llenas de verduras y pimientos rojos, las pesadas campanas de la Catedral repicaban con un sonido profundamente cansado, las casas, llenas de luz, estaban abiertas, y en los frescos patios interiores las chicas jóvenes regaban las decoradas macetas. Como suele ocurrir, el increíble contacto no llegó ni como rayo ni como incendio ni como una gran idea: llegó como una suave brisa primaveral.
> Ante esa realidad, el escritor se recrimina a sí mismo su comportamiento:
> ¡Qué vergüenza pedir a las célebres ciudades antiguas ruinas pintorescas y soledades románticas y toda una decoración pintada toscamente, en la que la curva de nuestra imaginación suele alegrarse y gritar de júbilo! Es difícil ver un lugar con tus ojos cuando, antes que tú, ha pasado por ese lugar un gran poeta. España es la invención de algunos poetas y pintores y de unos cuantos turistas apasionados: desde entonces, las mantillas, los toreros, las castañuelas, los gitanos de Granada, las cigarreras de Sevilla, las huertas de Valencia han inflamado la imaginación (2009:83).

Es en este momento en el que reaparece el genio, el pensador, que da solución a su propia realidad:

> Lucho por desuncirme de ese yugo. Como dicen los santorales, dos espíritus invisibles se asientan en los hombros del hombre: en el hombro derecho, el ángel y en el izquierdo, el demonio. Esta mañana he sentido que esos dos espíritus contemplaban Toledo y estaban discutiendo.
> El diablo, de labios delgados sarcásticos, tartamudeaba a mi izquierda: "Pues bien, esta es ciudad imperial, la célebre Toledo, que tanto anhelábamos ver! ¿Esta regordeta, sobrecargada nodriza es la famosísima Catedral, y este polvoriento puente oxidado es el maravilloso Alcántara? ¿Dónde están las poblaciones que hemos visto y que hicieron que nuestro corazón palpitara –¡acuérdate de Jerusalén, Miconos y Moscú! ¡Acuérdate de Samarcanda y de Bujara! ¡Acuérdate de Jaroslaw, Novgorod y Asís! ¡Y después no dejes que te embauquen los románticos antojos! ¡Qué calles tan sucias, qué mujeres tan feas, qué insoportables rebaños de turistas, qué tedio! ¡Venga, vámonos!"
> Y el ángel, con voz serena y dulce, murmuraba en mi oído derecho: "¡Vamos a ver al Greco!" (2009:83-84).

El capítulo lo cierra con una coda en la que sopesa la aportación que Cervantes y El Greco hicieron a su época:

> Cervantes, en la misma época inmortalizó, unas veces llorando, otras riendo, a los caballeros de la triste figura. Pero El Greco, compartiendo el elemento cómico efímero, empezando por esos cansados caminantes señoriales, logró trazar con línea y color un espectro eterno: la indestructible, desesperada alma del hombre. (2009: 87-88)

El siguiente tramo de viaje le llevó a Kazantzakis a tierras andaluzas. De camino a Córdoba, deja atrás las tierras toledanas y contempla desde el tren los molinos de viento:

> Córdoba
> Desnudas, rubias, despobladas las sierras, después de Toledo. [...]

> De cuando en cuando, piedras blancas relucen entre la tierra rojiza, como cardotas florecidas. En ninguna parte, sombra: por todas partes, luz a plomo. De pronto, en una cumbre, vi el primer molino de viento. Alzado, con el escudo delante del aspa, así, a pleno sol, la verdad es que parecía un guerrero medieval, con un casco gris, bien encajado, como corresponde. Y sientes, con lógica castellana, lo acertado que estuvo don Quijote al tomar los molinos de viento por gigantes. Al poco, a la vuelta de la colina, apareció una hilera, uno tras otro, cual ejército. Como un riachuelo poco profundo se oyó de repente, en una estación, cacarear, de piedra en piedra, la risa de Sancho (2009: 95-96).

Así las cosas, Kazantzakis llega a Sevilla, a la Catedral, y cuando está ante la tumba de Colón hace una comparación con nuestro hidalgo:

> Sevilla
> La amargura del trágico destino de 'Colón' me envenena la mente. Se había «emborrachado de estrellas» montado en la proa. Miraba a lo lejos, al atardecer el vacío mar. Se derretía. Se derretía cual gusano de seda, que está ya lleno de seda y sale de las entrañas y teje el capullo. Del mismo modo, diríase que 'el don Quijote del mar' sacaba de sus entrañas, día y noche, en silencio, empecinado, y creaba, carne de su carne, el nuevo continente (2009: 114).

Siguiendo la narración, Kazantzakis recuerda a "otro héroe nacional de España, el intrépido explorador de las mujeres, el don Juan" (2016: 115) y recaba una apreciación:

> Don Quijote y don Juan, estos dos grandes españoles, son dos de las más profundas y seguras máscaras de Dios. Por eso me alegra tanto esta noche, en el puerto de Sevilla, este nuevo chaleco violeta y la media roja alta, hasta la rodilla. Ahora se ha sentado enfrente de las chicas y les dedica una canción de amor. (2009: 117)

Por su parte, el capítulo que le dedica a la corrida de toros, concluye así: "Lo venía adivinando, pero aquel día mi alma pegó un brinco, estaba ya segura: la vida es una lucha erótica mortal, 'una increíble aventura quijotesca', sin esperanza, sin pusilanimidad. He aquí el mayor botín de esta expedición española" (2009: 133).

Señalábamos al principio de este artículo que Kazantzakis visitó España en cuatro ocasiones y una de ellas coincidió con la fatídica fecha de 1936, hecho que dio lugar a unas páginas que tituló "¡Viva la muerte!". Son días en los que el escritor va a volver a Toledo y nos proporciona otra estampa de la ciudad:

> El verdadero Toledo
> Toledo se había convertido en un cuadro de El Greco con llameantes formas que vibraban, elevadísimos muros inesperados, absurdo, ilógico, urbanizado según una arquitectura visionaria, variable. El espectáculo era tan atractivo que no quería marcharme. Algún instinto de catástrofe tiene que existir en las entrañas del ser humano, y el espectáculo de una ciudad saqueada puede hacer que surja una alegría inhumana. Toledo se

había vuelto duro, como le corresponde, por fin había encontrado el cuerpo que concuerda con su alma altiva guerrera. "¡Me siento saciado ya!" Estas palabras, de las pocas que nos quedan de El Greco, ¡qué bien se adecúan a esta imagen de Toledo, que tengo delante de mí esta noche! "Me han saciado" las formas lógicas indudables, las formas equilibradas, la vida tranquila, las tiendas, las casas, las iglesias, las tabernas... De este modo, en la explosión de mi insumisa mente en llamas, sería sacudido Toledo y estallaría encima de él, todo destello, el séquito de los ángeles. Ahora, en vez de ángeles, aviones, pero el objetivo secreto era el mismo. ¿Cuál? Que Toledo sufriera una sacudida, que fuera redimido de la seguridad, sensatez, mediocridad, hacerlo cenizas, excelsa visión, tenue, totalmente herido, testigo de una idea. La idea que devora el cuerpo, que no exista ya para deslumbrar la llama. Quedó la esencia de Toledo, todo lo superfluo se ha hecho cenizas.

Me avergüenzo de escribirlo, pero no he sentido tristeza alguna. Todo lo contrario. Me inunda una alegría brutal. Este Toledo es más útil al ser humano que el otro Toledo que había conocido y que tanto me había defraudado cuando lo vi por primera vez. Me esperaba una roca sin agua, sin verdor, con hombres enjutos y taciturnos. Y me encontré con una risueña ciudad de provincias con comerciantes, fotógrafos, sacerdotes. Ahora existen todos ellos –su parentela no se aniquila fácilmente de la faz de la tierra–, pero en sus ojos se reflejan las ruinas y las terribles escenas que vieron y el miedo que pasaron; y esto les hace menos comerciantes, fotógrafos, sacerdotes.

Un rabino dice: "Dios reveló con letras y palabras, en la Biblia, su voluntad. Pero todavía no ha revelado el sentido último de lo que hay entre las palabras, en los huecos del texto". Las palabras, aquí en Toledo, han desaparecido, se ha derrumbado el texto. Y ahora estas simas, entre las ruinas, han revelado por segunda vez (la primera revelación la vemos en la obra de El Greco) el sentido último de Toledo. No solo de Toledo, sino del inesperado, implacable ser humano. (2009: 163-164)

3. Conclusión

Concluye aquí nuestro viaje por la España de Kazantzakis, el escritor griego al que más le impactó Cervantes. A modo de colofón, en nuestro cuaderno de viajes, podríamos terminar con dos anotaciones: una escrita en lengua española "por la libertad así como por la honra se puede y debe aventurar la vida", y otra en lengua griega, "Δεν ελπίζω τίποτα, δεν φοβάμαι τίποτα, είμαι ελεύθερος"[2].

Bibliografía

Castillo Didier, Miguel, "Santa Teresa y Don Quijote en tres poemas griegos", *Byzantion Nea Hellás*, 35, 2016, 269-286.

2 "No espero nada, no temo nada, soy libre".

Castro, Américo, “La mística y humana feminidad de Teresa la Santa”, *Santa Teresa y otros ensayos*, Santander, Editorial Historia Nueva, 1929.

Cervantes, Miguel de, *Don Quijote de la Mancha*, ed. Francisco Rico. Barcelona, Crítica, 2001.

De Kravzov, Lily Litvak, “Nikos Kazantzakis y España”. *Hispanófila*, 29, 1967, 37-44 (consulta el 22 de septiembre de 2023) <http://www.jstor.org/stable/43806822>

Καζαντζάκης, Νίκος, *Ταξιδεύοντας. Ισπανία.* Αθήνα. Εκδόσεις Ελένη Καζαντζάκη, (1937) 2009.

Καζαντζάκης, Νίκος. *Τετρακόσια γράμματα του Καζαντζάκη στον Πρεβελάκη.* Αθήνα, Εκδόσεις Ελένη Καζαντζάκη (1965), 1984.

Samouil, Alexandra, “Don Quijote en Grecia: Su presencia en la obra de Nikos Kazantzakis”, Hagedorn, Christian (ed.), *Don Quijote en su periplo universal: aspectos de la recepción internacional de la novela cervantina*, Cuenca, Universidad de Castilla-La Mancha, 2011, 215-232.

IV. SOBRE LOS AUTORES

Esther Bautista Naranjo es profesora titular en la Universidad de Castilla-La Mancha, donde ejerce su docencia sobre crítica literaria, literatura comparada y literatura francesa de los siglos XVI, XVII y XVIII. Sus ámbitos de especialización son el mito y la recepción francesa e inglesa del *Quijote*, la mitocrítica y la literatura fantástica, sobre los cuales ha asistido a numerosos coloquios internacionales, pronunciado conferencias y organizado catorce congresos.

Es autora de las monografías *Ficciones subversivas: por una teoría de la antinovela* (2023); *El mito de don Quijote en la novela francesa de los siglos XIX y XX* (2020); *La recepción y reescritura del mito de don Quijote en Inglaterra (siglos XVII-XIX)* (2015); *El mito de don Quijote en la novela posmoderna y su reescritura paradigmática en City of Glass (1985), de Paul Auster* (2014); *Un americano en La Mancha tras las huellas de don Quijote: traducción y estudio de On the Trail of don Quixote (1897), de August Jaccaci* (2010), así como de más de sesenta artículos.

Ha recibido la Mención de Honor al III Premio de Investigación Cervantista José María Casasayas (2014) y el Accésit al VIII Premio Internacional de Investigación Científica y Crítica "Miguel de Cervantes" (2013). Forma parte del Comité evaluador de *Amaltea: revista de mitocrítica*, y del Consejo de Redacción de *Cédille: revista de estudios franceses* y *El Guiniguada: revista de investigaciones y experiencias en Ciencias de la educación*, además del Consejo Editorial del Servicio de Publicaciones de la Universidad de Castilla-La Mancha. Ha sido miembro de los proyectos de investigación "El Quijote transnacional" (2019-2022) del Ministerio de Economía y Competitividad y "Estrategias de Innovación en Mitocrítica Cultural" (2019-2022) de la Comunidad de Madrid y el Fondo Social Europeo.

Matías Barchino es catedrático de Literatura Hispanoamericana en la Facultad de Letras de la Universidad de Castilla-La Mancha en Ciudad Real. Se licenció en Filología Hispánica y obtuvo su doctorado en la Universidad Complutense de Madrid. Ha impartido docencia y organizado seminarios y reuniones académicas sobre literatura hispanoamericana. Impulsó la Cátedra de Literatura Cubana Nicolás Guillén y coordinó el Congreso de la Asociación Española de Estudios Literarios Hispanoamericanos sobre el tema "Territorios de La Mancha: versiones y subversiones cervantinas en la literatura hispanoamericana". Sus líneas de investigación principales han estado vinculadas a la literatura cubana, chilena y guatemalteca y a otros autores hispanoamericanos y ha publicado artículos, capítulos de libros y publicaciones en revistas españolas y extranjeras. También ha hecho ediciones de textos de Pablo Neruda, Bernardo de Balbuena o Diego Galán Escobar. Su producción investigadora y de divulgación incluye trabajos sobre temas y autores castellano-manchegos y estudios cervantinos. Ha participado en proyectos de investigación como "El Impacto de la guerra civil española en la vida intelectual de Hispanoamérica" con trabajos como *Chile y la guerra civil española. La voz de los intelectuales* (2012), junto a Jesús Cano, y *Guatemala y la guerra civil española* (2019). Es miembro del Grupo de Investigación en Estudios Históricos y Culturales de la UCLM. Coordina el Programa de Doctorado en Investigación en Humanidades, Artes y Educación de la UCLM y el Máster U. en Investigación en Letras y Humanidades de la UCLM en la Facultad de Letras. Es presidente de la Fundación Grupo A7, para la promoción poética y secretario de la Asociación Amigos de Juan Alcaide. Ha organizado actos y premios literarios como Premio Novelas Ejemplares y el Premio de Poesía Juan Alcaide.

Alexia Dotras Bravo es licenciada en Filología Hispánica (2000) y Filología Galega (2002), doctora europea en Filología Española (2006) por la Universidade de Vigo, con una tesis sobre *Los trabajos cervantinos de Salvador de Madariaga. Historia de una idea doble: sanchificación y quijotización* (Alcalá de Henares: Centro de Estudios Cervantinos, 2008) y máster en Literatura Infantil y Promoción de la Lectura por la Universidad de Castilla-La Mancha (2009). Trabaja desde abril de 2012 como profesora adjunta de la Escola Superior de Educação de Bragança. Fue profesora adjunta de la Escola Universitaria de Maxisterio de Vigo e investigadora auxiliar, en el Centro de Literatura Portuguesa de la Universidade de Coimbra.

Ha publicado más de ciento treinta trabajos científicos, como artículos en revistas especializadas, libros, edición de libros, capítulos, entradas de enciclopedia y variadas reseñas; ha participado en más de ciento cincuenta congresos, seminarios y cursos nacionales e internacionales desde 2000 y ha editado varios libros en el área de la literatura cervantina, la literatura siglodorista, la LIJ, las relaciones literarias y culturales entre Portugal y España –y Galicia y Portugal–, la enseñanza de la literatura para extranjeros, además de especializarse en la obra de Salvador de Madariaga. Además, es escritora de ficción con la publicación de la novela *Jugar al palacio de Rosa* (Libros Indie, 2021) y el libro de relatos *Querido Peles y otros relatos* (Libros Indie, 2022).

En la actualidad, dirige dos tesis doctorales: una sobre lectura y álbum ilustrado en la UNED, junto a Nuria Polo Cano, y otra sobre enseñanza de la literatura para extranjeros en la Universidade de Vigo, en codirección con José Montero Reguera. Ya fue defendida en la Universidade de Trás-os-Montes e Alto Douro (UTAD), en abril de 2022, la tesis de Marisa Afonso sobre el mito de Pedro e Inês en codirección con Elisa Gomes da Torre.

Jorge Fco. Jiménez Jiménez es licenciado en Historia del Arte por la Universidad de Castilla-La Mancha, en la que se doctoró *cum laude* con la tesis *La imagen de La Mancha en las ilustraciones de El Quijote. Daniel Urrabieta Vierge y el cambio de siglo*. Esta resume bastante bien las líneas de investigación en las que ha trabajado en los últimos años donde se unen, por ejemplo, el interés por las formas de representación del paisaje y La Mancha con la búsqueda de nuevos análisis surgidos del *Quijote* y el ámbito de la ilustración. Dedicado actualmente a la docencia en las escuelas de arte de Castilla-La Mancha y en la UNED, cuenta también con experiencia en la gestión cultural y el diseño gráfico por cuenta propia o en empresas de reconocido prestigio como *El Gremio Diseño*. Es actualmente colaborador de la Fundación Amelia Moreno como director de proyectos y ha comisariado diferentes exposiciones como "Visiones de La Mancha. Antonio y Joaquín Arnau"; "Del Grupo José Antonio a la Felipe Villa"; o "El Quintanar de Cervantes". Entre los proyectos museográficos se deben mencionar algunos como el Centro de Interpretación de la Molinología, el Centro de Interpretación del Castillo de Doña Berenguela o Momo. Centro de Interpretación del Carnaval. Ha realizado publicaciones sobre La Mancha, el *Quijote* o historia de la fotografía y libros como *El Grupo José Antonio de Quintanar de la Orden. El debate de la arquitectura y la vivienda en la Autarquía* (2014), y *Joaquín Arnau Itarte (1892-1965). Fotógrafo en La Mancha* (2016), le valieron dos veces el Premio Colección Bibliográfica "Cuadernos Quintanareños".

Reyes Lázaro Gurtubay es licenciada en Filosofía por la Universidad de Deusto, Bilbao. Realizó estudios de periodismo en la Universitat Autònoma de Barcelona. Obtuvo un diploma en American Studies Smith College; Másters en Filosofía y Doctorado en Español por la Universidad de Massachusetts, Amherst. Profesora asociada del Departamento de Español y Portugués de Smith College, Massachusetts, Estados Unidos, donde enseña literatura y estudios culturales de la península ibérica. Es miembro del Programa de Literatura Comparada (World Languages) y dirige la concentración de Estudios de la Traducción. Entre otros temas ha publicado sobre literatura y culturas de la península ibérica (por ejemplo, sobre *Don Quijote, Don Juan* a través de la historia española como proyección de concepciones diversas de la nación, el "Entremés de los Negros" de Simón Aguado (1602), Rosa Chacel, Mercé Rodoreda, Bernardo Atxaga, la desmemoria de la "Desbandá" (el crimen fascista contra la humanidad cometido contra civiles que huían en la carretera de Málaga a Almería en 1937). Ha editado una antología de traducciones de textos en literaturas minorizadas de Europa (*Words and Worlds*, 2004). Sus artículos y cursos más recientes interpretan *Don Quijote* desde la perspectiva de la traducción, y analizan la desmemoria histórica de la Iberia de dominio hispanohablante y las relaciones entre poder y representación (literaria, gráfica, televisiva). Entre otros cursos, desde hace seis años enseña "Naughty Translators", dedicado a la lectura de *Don Quijote* en tanto que "transficción" (o ficción sobre la traducción), y el seminario "Black Spain", una exploración histórica de la afrodiáspora y la racialización en España. Actualmente, está completando la traducción al español de *Une vie de Boy* de Ferdinand Oyono, novela camerunesa de 1956, pionera entre las novelas anticoloniales africanas. También trabaja en un libro sobre *Don Quijote*, la traducción y los tapices con el que propone una lectura novedosa del clásico de Cervantes.

Carlos Mata Induráin, catedrático acreditado de Literatura Española, es investigador y secretario del Grupo de Investigación Siglo de Oro (GRISO) de la Universidad de Navarra, secretario del Instituto de Estudios Auriseculares (IDEA, Madrid/Nueva York) y secretario de la Asociación de Cervantistas. Es también correspondiente en España de la Academia Boliviana de la Lengua. Ha sido profesor invitado en la Universidad de Piura (Perú), en la Pontificia Universidad Católica de Chile (Chile) y en la Université de Toulouse-Jean Jaurès (Francia). Además de pertenecer a la Asociación de Cervantistas, forma parte de la Asociación Internacional Siglo de Oro (AISO), la Asociación Internacional de Hispanistas (AIH) y la Asociación Internacional de Teatro Español y Novohispano de los Siglos de Oro (AITENSO). Sus líneas de investigación se centran en la literatura española del Siglo de Oro: comedia burlesca, autos sacramentales de Calderón, Cervantes y las recreaciones quijotescas y cervantinas, piezas teatrales sobre la guerra de Arauco... También se ha interesado por la literatura colonial (en especial la de ámbito chileno), la literatura española moderna y contemporánea (drama histórico y novela histórica, novela de la guerra civil, cuento español del siglo XX…) y la historia literaria de Navarra. Como investigador, ha participado en una veintena de proyectos de investigación subvencionados. Ha publicado diversas monografías y artículos en prestigiosas revistas científicas de la especialidad, y ha sido, asimismo, editor de numerosas obras literarias. Es autor del blog Ínsula Barañaria (insulabaranaria.com).

José Manuel Martín Morán es catedrático de Literatura Española en el Dipartimento di Studi Umanistici de la Università del Piemonte Orientale. Se licenció en Filología Hispánica en la Universidad de Salamanca y se doctoró en la de Turín en el mismo ámbito. En sus investigaciones se ha ocupado de la narrativa y su declinación en varios subgéneros y épocas: el Renacimiento (*La Lozana andaluza*, *El patrañuelo* y los libros de caballerías), la novela realista y naturalista del XIX, la novela de Unamuno y la narrativa de posguerra, en especial la de

Juan Goytisolo. Fruto de sus investigaciones en estos campos son los volúmenes: *Ginevra y Finea: Novela y cuento* (1986), *Semiótica de una traición recuperada. Génesis poética de "Reivindicación del conde don Julián"* (1992) y un largo ensayo sobre la narrativa realista y naturalista del siglo XIX ("Il romanzo", en Maria Grazia Profeti [ed.], *L'età moderna della letteratura spagnola. L'Ottocento*, Firenze, La Nuova Italia, 2000, pp. 261-450, 521-576, 594-609).

De su dedicación cervantina ha surgido más de un centenar de títulos, entre artículos y libros. Cabe destacar *El "Quijote" en ciernes*; *Autoridad, palabra y lectura en el "Quijote"* (1990); *Autoridad, palabra y lectura en el "Quijote"* (2008) y *Cervantes y el "Quijote" hacia la novela moderna* (2009). Actualmente, prepara una monografía sobre el diálogo en la narrativa cervantina.

José Manuel Martín Morán ha sido profesor invitado en las universidades de Toulouse-Le Mirail (1999, 2012), Madison-Wisconsin (2001), Tübingen (2009), Lille 3 (2010) y Düsseldorf (2023). Desde junio de 2023 es presidente de honor de la Asociación de Cervantistas.

José Montero Reguera (Segovia, 1967) es catedrático de Literatura Española en la Universidad de Vigo, a la que se incorporó en 1995. Ha sido profesor también en las universidades de Carleton (Canadá), Valladolid, Universidad Internacional Menéndez Pelayo (Escuela de Filología Ramón Menéndez Pidal) y Seminario de Filología Románica de la Westfälische Wilhelms-Universität, Münster (Alemania).

Ha desempeñado diversos cargos de gestión académica: vicedecano de Relaciones Internacionales (2005-2009), director del Departamento de Literatura Española y Teoría de la Literatura (2014-2020) y, entre otros, decano de la Facultad de Filología y Traducción (desde 2020 y en la actualidad), todos ellos en la Universidad de Vigo.

Vicepresidente (2004) y presidente (desde 2004 a 2012) de la Asociación de Cervantistas. En junio de 2012 fue elegido, por votación unánime de los socios, presidente de honor. Miembro numerario del Instituto de Estudios Madrileños.

Ha sido, durante diez años secretario y editor de *Edad de Oro* (1990 a 2000; sello de calidad de la FECYT). En 1997 funda y se desempeño como editor (hasta 2022) de la revista *Hesperia. Anuario de Filología Hispánica de la Universidad de Vigo* (sello de calidad de la FECYT). En la actualidad dirige *Anales Cervantinos* (C.S.I.C.; desde 2019; sello de calidad de la FECYT). Pertenece asimismo al consejo de redacción de *Lectura y Signo* (Universidad de León), desde 2006, y *Anuario Calderoniano* (desde 2013).

Es autor de dos centenares de publicaciones de tema cervantino y sobre otros autores y obras de la literatura española con especial atención a los pertenecientes a los siglos XVI y XVII, publicadas en revistas especializadas españolas y extranjeras. Entre sus publicaciones recientes cabe destacar los libros *Periodismo y literatura en el cruce de dos siglos: José Montero Iglesias (1878-1920)* (2020) y *Miguel de Cervantes. El poeta que fue novelista* (2021).

Alfredo Moro Martín es licenciado en Filología Inglesa y en Filología Alemana por la Universidad de Salamanca, en la que se doctoró con una tesis doctoral sobre la recepción del Quijote en la literatura inglesa y alemana de la segunda mitad del siglo XVIII. Ganador del III Premio de Investigación Cervantina "José María Casasayas" en 2015, es autor de varias publicaciones que abordan la influencia de Miguel de Cervantes en autores como Henry Fielding, sir Walter Scott, C. M. Wieland, Johann Wolfgang von Goethe o Mary W. Shelley, así como aspectos más generales de las relaciones literarias entre España, Gran Bretaña y Alemania. Es autor de la monografía *Transformaciones del Quijote en la novela inglesa y alemana del siglo XVIII* (2016) y ha traducido y editado, junto a Javier García Albero, *El Don Quijote alemán* (1753), de W. E. Neugebauer, la primera novela cervantina de la literatura alemana (Ediciones Universidad de Salamanca, 2022). Forma parte del equipo investigador del proyecto "Quijote transnacional", un proyecto de investigación financiado por el Ministerio de Ciencia, Innovación y Universidades (Ref. PGC2018-093792-B-C21). Moro ha realizado estancias de investigación en la Westälisch-Wilhelms Universität de Münster, en la Universidad de Cambridge y en la Universidad del Piamonte Oriental, y ha impartido conferencias invitadas en diversas instituciones españolas y europeas. A su vez, ha sido director del Aula de Letras de la Universidad de Cantabria entre 2017 y 2021, y en la actualidad es vicedecano de Relaciones Internacionales de la Facultad de Educación de la Universidad de Cantabria.

Silvia Núñez Vivar es doctoranda en cotutela en Literatura Comparada y Filología Románica por la Universidad de Castilla-La Mancha y la Universidad de Wuppertal, para lo que recibe una beca del Servicio Alemán de Intercambio Académico (DAAD). Su tesis se centra en el estudio tematológico de novelas infantiles de España, Francia, Reino Unido y Alemania del siglo XX y su relación con la construcción de la memoria y la identidad europeas. En 2019 se graduó en Lenguas y Literaturas Modernas por la Universidad de Castilla-La Mancha con el Premio Extraordinario de Fin de Estudios. Completó su formación académica en Francia y Alemania con dos becas Erasmus de estudios y prácticas. En 2021 fue becaria de investigación del Departamento de Filología Moderna de la Universidad de Castilla-La Mancha y finalizó su trabajo de fin de máster obteniendo la máxima nota. En estos últimos dos años ha impartido Italiano en la UCLM, así como Español y Literatura Española en la Universidad de Wuppertal, donde ha dado clases sobre el Quijote. Ha pronunciado conferencias sobre literatura comparada y estudios de género en España y en universidades extranjeras y ha participado en seminarios internacionales. Sus investigaciones giran en torno a la literatura infantil europea, la literatura comparada, los estudios de memoria, los estudios feministas y la mitocrítica; en este aspecto, le interesa especialmente el estudio del mito de don Quijote en la novela gráfica y la literatura infantil. Su última publicación indaga en los arquetipos femeninos en la literatura infantil española y británica de mediados del siglo XX (FemCrítica, 2023).

Jasna Stojanović es catedrática de Literatura española en la Universidad de Belgrado. Sus principales líneas de investigación son la literatura española de los Siglos de Oro, el teatro español, los vínculos entre las literaturas y las culturas española y serbia, la literatura comparada, la crítica de la traducción y la literatura infantil y juvenil. Es autora de libros *Temas y escritores de España en el espejo de la literatura serbia, Cervantes en la literatura serbia, Teatro español del barroco* y de otros títulos. Es autora de más de 70 trabajos publicados en revistas científicas, monografías y obras colectivas, coautora y coordinadora de varios manuales/volúmenes..

J. Stojanović traduce del español y del francés. Hasta la fecha ha vertido al serbio obras de Cervantes, Moratín, Lope de Rueda, Jorge Semprún, Juan Mayorga, Blasco Ibáñez, Joan Margarit, M. V. Atencia y el *Lazarillo de Tormes*, entre otros.

Es socia de la Asociación de Cervantistas, de la Red de hispanistas de Europa Central y de la Asociación serbia de traductores literarios.

El Instituto Cervantes le ha otorgado un diploma de reconocimiento por su destacado apoyo y colaboración en la difusión de la lengua y la cultura en español.

Alicia Villar Lecumberri es doctora en Filología por la Universidad Complutense de Madrid y Premio Extraordinario Fin de Carrera. Fue colaboradora del *Diccionario de Griego-Español (DGE)* del CSIC, dirigido por D. Francisco R. Adrados, de 1986 a 1998, proyecto que dejó para trasladarse a la Universidad Jónica (Corfú) a crear la Especialidad de Lengua y Cultura Españolas (1998-2001). Profesora y traductora e intérprete de griego moderno y de literatura griega contemporánea. Ha editado la *Poética* de Aristóteles y ha traducido al griego moderno la *Historia de la lengua griega* de D. Francisco Rodríguez Adrados. Es autora de la *Literatura Griega Contemporánea* una obra de referencia en este campo, fruto de una estancia en Atenas gracias a una beca de investigación de la Fundación Onassis, cuya reedición ampliada y actualizada, ha sido publicada con el título de *Literatura Griega Contemporánea* (1821-2021). Pertenece al consejo de redacción de la revista *Tribuna abierta* de *Estudios Hispano-Helenos* de la *Hellenic Open University* y al de la revista digital griega *Θεωρία και Έρευνα στις Επιστήμες Εκπαίδευσης* (*Theory and Research in the Sciences of Education*). Actualmente es miembro del equipo de investigación del proyecto Transficción, sobre la *Literatura de la transición democrática española y las narrativas transicionales europeas*, de la Universidad de Zaragoza. Tras haber sido miembro de la Junta Directiva de la Asociación de Cervantistas: vocal, tesorera y secretaria (2004-2018), ha sido elegida vicepresidenta (2023-2027). También, es bachiller de honor de la Argamasilla, distinción otorgada por el Ayuntamiento de Argamasilla de Alba. En el ámbito del cervantismo ha sido editora de Actas de Congresos Internacionales sobre Cervantes y ha publicado diversos artículos sobre didáctica del griego moderno, didáctica del español como lengua extranjera, literatura comparada, de literatura griega y Cervantes. Actualmente, es profesora en el Departamento de Traducción e Interpretación de la Universidad Internacional de Valencia (VIU).

www.ingramcontent.com/pod-product-compliance
Lightning Source LLC
Chambersburg PA
CBHW060756310726
48980CB00002B/121

* 9 7 8 3 6 3 1 8 7 3 2 7 4 *